东北师范大学青年学者出版基金资助

中央高校基本科研业务费专项资金资助

吉林省社会科学基金项目"'交流美学'视角下吉林省青少年媒介素养现状及教育策略研究"（项目号：2013BS19）资助

媒介美育通论

霍美辰 / 著

中国社会科学出版社

图书在版编目(CIP)数据

媒介美育通论/霍美辰著.—北京：中国社会科学出版社，2018.1
ISBN 978-7-5203-2330-7

Ⅰ.①媒… Ⅱ.①霍… Ⅲ.①传播媒介-美育-研究 Ⅳ.①G206.2

中国版本图书馆 CIP 数据核字(2018)第 071991 号

出 版 人	赵剑英
责任编辑	曲弘梅
责任校对	朱妍洁
责任印制	戴 宽

出　版	中国社会科学出版社
社　址	北京鼓楼西大街甲 158 号
邮　编	100720
网　址	http://www.csspw.cn
发 行 部	010-84083685
门 市 部	010-84029450
经　销	新华书店及其他书店

印刷装订	北京君升印刷有限公司
版　次	2018 年 1 月第 1 版
印　次	2018 年 1 月第 1 次印刷

开　本	710×1000　1/16
印　张	14.5
插　页	2
字　数	203 千字
定　价	66.00 元

凡购买中国社会科学出版社图书，如有质量问题请与本社营销中心联系调换
电话：010-84083683
版权所有　侵权必究

序　言

　　本书以互联网时代的媒介美育为研究对象，以马克思人学思想为哲学基础，以"人的全面发展"为最高目的，将研究问题锁定在探讨"超越保护主义范式"的媒介美育理念内涵与实践路径。全书通过与"保护主义范式"的理念内涵对比，以及分析互联网时代媒介环境生成的内外逻辑机制变迁，阐明"超越保护主义范式"存在的必然性与合理性；进而结合互联网时代新生的典型网络文化现象，论述"超越保护主义范式"如何通过审美教育引导受众应对媒介化生存危机，打破二元对立的媒介审美意识，培养多元而又符合"人的媒介社会关系"调和发展的审美趣味，建构"主体间性论"的媒介审美价值观。与此同时，挖掘互联网时代新媒介艺术对于提升受众审美能力的实践教育价值，结合典型网络艺术文本，探寻提升受众"审美感知力、审美情感力、审美创造力"的综合媒介美育实践策略。本书主体共由八个部分组成：

　　绪论作为全书总纲，介绍本书写作的研究背景，明确研究选题，同时回顾相关国内外已有研究，并简要介绍了全书的创新亮点。

　　第一章，媒介美育的思想史回溯。通过对"甄辨时期""去迷思化时期""后现代理论时期"的媒介美育发展史进行梳理，论证了"保护主义范式"以强调文化防御、政治防御与道德防御来实现"主体性美学"的审美价值观教育特征；通过符号学批判来培育受众与媒介"二元对立"的审美意识教育特征；以及借助单极化的"灌输式"教育强化对受众的精英式审美趣味的教育特征。对于"保护主义范式"学理特征的归纳成为阐发超越的新范式的内在理论线索和基础。

在19世纪中期,随着报刊、广播、电影、电视逐渐普及为日常化的大众媒介,"传统文化"与"媒介流行文化"、"政治权利"与"意识形态渗透"、"消费社会"与"文化工业逻辑"等问题逐渐成为困扰西方传媒产业发达国家知识精英的社会问题,"保护主义范式"的媒介美育理念也由此而生。尔后在半个多世纪的时间跨度中,法兰克福学派、结构主义符号学、后现代理论等都在密切关注着"媒介与人的审美生活"这一话题,利维斯、霍克海默、阿多诺、罗兰·巴特、波德里亚等人的美学思想和理论著作本身就是"保护主义范式"时期重要的媒介美育理念和教学材料。因此,他们美育思想的共性之处也构成了"保护主义范式"时期审美观、审美意识、审美趣味等教育理念和实践的根本特征。

第二章,时代变迁:媒介美育的时代转变。分别从"主体间性论"的社会文化逻辑对"保护主义范式"审美观教育的瓦解;以及新媒介技术逻辑对"保护主义范式"审美趣味教育的冲击两方面,阐释"超越保护主义范式"的媒介美育思想在互联网时代产生的理论必然性和存在的实践合理性。作为人的社会生活的一部分,媒介活动必然要受到外在的社会发展背景以及内在的媒介新技术发展的共同制约。"保护主义范式"时期,媒介美育审美观的培育是围绕着"主体性美学"建立的,它不仅把"自我"作为理论认识的中心,而且把它作为媒介社会活动和媒介关系的中心,带有明显的人类中心论、自我中心论以及"占有性的"内涵。虽然,从人类历史的整体发展而言,现代性主体的兴起和以人为中心的个体主义可以看作人的解放和成熟的一个阶段,但是发展至后工业化时期,现代化危机不断加重,"主体性"的合法化地位不断受到质疑。于是在这样的社会文化逻辑语境中,"保护主义范式"的"主体性"审美观教育已经无法应对复杂的现实问题,开始呈现理论的颓势。与此同时,来自互联网内部的技术变革也重新整合着人的媒介活动,"交互性、超文本性、超媒体性、虚拟现实性"彻底改变了人们"传受二分"的媒介角色身份,这也从内部转变了美育过程中"教与学"的逻辑机制。上述内外两方面制约因素的变革已成为互联网时代的媒介美育理念发生裂变的动机和逻辑机制，成为媒介美育"超越保护主义"范式产生的前提和基础。

第三章，批判的鉴赏：媒介美育的审美意识发展论。审美意识的产生，首先源自于对客体审美意义的态度和价值判断，只有在主体发现并认可了客体的审美属性和价值，或者对其"反审美"的特性判定之下，主体的审美意识才会产生。在"保护主义范式"时期，媒介审美客体主要指涉的是大众传播媒介所承载、传播、表达的大众媒介文化。在这一时期，相对于代表国家和民族主流意识形态的"官方文化"或称"主导文化"，以及代表知识精英文化立场的"精英文化"或称"高雅文化"，大众媒介文化被看作是大众媒介传播并被大多数普通人接纳的"通俗文化"。站在二元对立的保护主义立场，前互联网时代的媒介教育将"通俗文化"等同于"商品文化"和"流行文化"，着意于强调媒介文化作为社会文化构成中的一种不和谐音响的"边缘文化"属性，希望通过对媒介文化所带来的"道德恐慌、娱乐至死、文化断裂、社会失序"等负面影响的批判，进行自我反思，进而提升个体的审美意识。

然而，早在20世纪60年代英国伯明翰大学的文化研究学派就对此种审美意识的教育思想提出过质疑，他们重新界定"文化"的概念，以青年亚文化的"风格化仪式的抵抗价值"召唤人们重新思考大众媒介文化的审美属性和文化价值。而发展至互联网时代，网络媒介技术的普及从根本上改变了媒介文化的传播方式，从空间转变来说，网络环境给媒介亚文化的生产、传播和共享提供了"普泛化""即时性"的工具和平台。"网络音乐、Flash动画、在线游戏、动态相册、多媒体视频软件以及MSN、QQ等在线聊天工具、Twitter和微博、微信、搜索技术"等新的手段和技术装置极大地丰富了受众自我表达的方式。由此"虚拟现实文化、恶搞文化、迷文化、黑客文化、自拍文化、御宅族文化、搜索文化、Cosplay文化"等多元媒介文化此起彼伏，活跃于整个互联网时代的社会文化语境中。

很显然，继续延续"保护主义范式"时期对媒介文化的单纯排斥与指控已经失去意义，因为此时的互联网媒介文化发展已经削弱了传统媒介镜像下和主流意识形态话语中关于媒介文化的"妖魔化"叙述，也溢出了意识形态对抗和阶级斗争论对媒介通俗文化的界说。互联网媒介文化更大程度上是通过新媒介技术而自我界定，自我指涉，并直接呈现，从而具有更多属于媒介文化主体的言说权利。媒介文化不再是作为社会主导文化、精英文化的补充和对立面而存在，它正在深刻地反作用于主流社会、主流群体、主流文化以及主流意识形态，"互存共赢"才是未来媒介文化的生存空间。在这样的总体背景下，"保护主义范式"时期二元对立的审美意识，以及通过彻底批判来培养审美意识的教育途径也亟须理论和实践的调整与修正。因此，本书第三章首先聚焦互联网时代媒介技术发展的现阶段，论证大众媒介审美文化的多元性及其"亚文化"的价值呈现，以此破除"保护主义范式"二元对立的媒介审美意识。同时，阐释"超越保护主义范式"的媒介审美意识是生成于受众对大众媒介文化的接纳与包容的基础之上的。并以"网络虚拟现实游戏"和"网络伪狂欢"为典型案例论述了如何在"保守的绝对批判"和"全面接纳的民粹化倾向"中，确立调和有度的审美意识培养策略，即通过培养受众"带有反思精神的鉴赏"来发展媒介审美意识。

第四章，多元并蓄：媒介美育的审美趣味发展论。尽管前文在第二章已经探讨过网络媒介的技术逻辑在审美趣味教育上强调个体的独特性与文化的多元并蓄，但审美趣味同时作为社会群体的观念意识，也有一定的审美价值取向共性。审美趣味的形成与培养既受到特定社会生活条件和对象审美特性的制约，又受到人的审美观、价值观、人生观、文化艺术素养以及社会习俗、时代风尚的影响。因此审美趣味必然存在程度上的广狭之分，以及性质上的健康与粗俗、高尚与鄙下之分。本章立足于互联网时代，通过量化数据和典型文本分析，论证受众审美趣味存在的"消费化、娱乐化、低俗化、道德非理智化"四方面突出问题。进而剖析产生上述问题的原因：主要是由于新的媒介语境下"人与自我""人与媒介技术""人与他人"之间的三层社会关系出现了断裂与失衡。在此基础上，提出"培养人的媒介社会关系的全面发展"为提升当下审美趣味的关键环节所在。

第五章，美在间性：媒介美育的审美观发展论。该部分为全书的理论核心部分，上文第三章、第四章分别从审美意识教育和审美趣味教育的层面论述了互联网时代"超越保护主义范式"的理念变革与实践的新视野，提出以"反思性鉴赏"来实现互联网时代"批判与理解并重、解构与建构同在"的审美意识教育理念；提出互联网时代提升审美趣味的关键是从视角上变"客观批判为主观自省"，以解决"人的媒介社会关系的全面发展"为审美趣味教育的主要策略。那么，审美观作为一个人总体的审美价值观念和指导思想，同时作为在审美趣味教育和审美意识教育基础上的哲理性升华，必然也会因互联网时代的媒介环境变迁而发生重大的变革。在打破了"二元对立"的媒介审美态度的同时，"主体性美学"在当下的媒介语境中已举步维艰。在"多元、交互、关联"的总体文化氛围中，"主体间性"思想为我们探寻"超越保护主义范式"的审美观教育找到了认识论、实践论和本体论的突破口。本章借鉴胡塞尔、哈贝马斯、马丁·布伯等美学理论家的"间性思想"，尝试从认识论、实践论、本体论三个维度建构更符合互联网时代媒介环境特点的审美观教育框架和实践策略。

第六章，融合式体验：媒介美育的审美能力发展论。福柯在他的"生存美学"理论中提到如何实现人的"审美化生存"的两项主要技能："自我呵护"与"自我建构"，这实际上清晰地概括了自古以来审美教育于人的根本意义。美育的意义与价值就在于：一方面，通过"自我呵护"在生活中涵养发现非美、批判非美、反省非美的技巧、能力和素养，进而摒除一切非本真的"遮蔽"，涤除内心危险的诱惑，实现人自身的平静和与外在一切的和谐共存；另一方面，通过"自我建构"即在生活中关注发现美、欣赏美、创造美的技巧、能力和素养，从而实现对自我认知、自我认同以及自我价值的带有审美色彩的本真的、自由的、超越的甚至永恒的组织体系的建构。借鉴福柯的思想，如果说本书上述部分基本围绕"自我呵护"来试图构建"超越保护主义范式"媒介美育的理论和实践体系，那么本章将转变视角，从"自我建构"的维度进一步拓展互联网时代个体的审美能力发展空间，全面分析互联网时代个体审美活动的心理流程，借助"感知力培养、情感力培养、创造力培养"三方面活跃的心理效应提高个体的审美能力。

对理论的建构最终是为了更好地指导实践，而媒介美育作为当代素质教育重要的组成部分，如何落实到具体的教育过程也是极具挑战性的议题。虽然，本书各章节对媒介美育的实践策略提出了尝试性建议，但很显然还缺乏更符合国情和地方特色，以及能与我国教学体制良好对接的更完整的落实方案，这也为本书的后续研究预留了广阔的探索空间。

结语对全书论述逻辑通盘回顾，再次强调全书的思想主旨，并指明该领域未来的发展空间。

目　录

绪论 …………………………………………………………… (1)
 第一节　研究背景 …………………………………………… (1)
  一　"互联网时代"的释义 ………………………………… (1)
  二　作为媒介教育重要维度的"媒介美育" ……………… (9)
 第二节　研究问题 ………………………………………… (17)
  一　问题的提出 …………………………………………… (17)
  二　本书选题 ……………………………………………… (21)
 第三节　相关研究综述 …………………………………… (22)
  一　国外媒介美育研究的焦点 …………………………… (22)
  二　国内媒介美育的研究现状 …………………………… (27)
 第四节　创新之处 ………………………………………… (36)
  一　跨学科研究方法的创新 ……………………………… (36)
  二　案例分析层面的创新 ………………………………… (36)
  三　学理层面的创新 ……………………………………… (37)

第一章　媒介美育的思想史回溯 ………………………… (38)
 第一节　媒介美育理念的发生及发展进程 ……………… (38)
  一　20世纪30—70年代媒介美育的甄辨时期 ………… (38)
  二　20世纪70—90年代媒介美育的表征分析时期 …… (40)
  三　1990—2000年媒介美育的后现代理论时期 ……… (42)
 第二节　防御性的主体美学——"保护主义范式"的审美观
    培养 ……………………………………………… (43)
  一　"保护主义范式"审美观教育的文化防御性 ………… (43)

· 1 ·

二　"保护主义"范式审美观教育的政治防御性 ………… (47)
　　三　"保护主义"范式审美观的核心 ……………………… (49)
　第三节　二元对立的批判——"保护主义"范式的审美意识
　　　　　培养 ……………………………………………………… (51)
　　一　与大众媒介的二元对立——"保护主义"范式的审美
　　　　意识生发 ………………………………………………… (51)
　　二　文化批判与符号批判——"保护主义"范式的审美意
　　　　识培养路径 ……………………………………………… (53)
　第四节　单极化的精英指向——"保护主义"范式的审美趣味
　　　　　培养 ……………………………………………………… (55)

第二章　时代变迁：媒介美育的时代转变 …………………………… (58)
　第一节　"主体间性论"的社会文化逻辑对"保护主义范式"
　　　　　审美观的瓦解 …………………………………………… (58)
　　一　媒介化生存时代的危机——主体性美学的黄昏 ……… (58)
　　二　解构之后的建构——美学的"主体间性论"兴起 …… (63)
　第二节　互联网时代的媒介技术逻辑对"保护主义范式"审美
　　　　　趣味和审美意识教育的冲击 …………………………… (64)
　　一　传受主体的交互性对单极化审美趣味培养路径的
　　　　冲击 ……………………………………………………… (65)
　　二　信息本体的超文本性对文字时代理性自我的"精英
　　　　化审美趣味"的冲击 …………………………………… (69)

第三章　批判的鉴赏：媒介美育的审美意识发展论 ……………… (74)
　第一节　多元媒介审美文化中"超越保护主义"范式审美
　　　　　意识的裂变 ……………………………………………… (74)
　　一　Web 3.0时代的媒介草根文化及其"亚文化"价值
　　　　呈现 ……………………………………………………… (74)
　　二　破除二元对立——大众媒介的"亚文化"价值再
　　　　判定 ……………………………………………………… (76)
　第二节　批判的局限——"虚拟现实"的审美意识教育

　　　　价值……………………………………………………（83）
　　一　"虚拟现实"的审美特性及审美意识启蒙价值 ………（83）
　　二　沉浸感与审美意识的心理生成 ……………………（88）
　　三　"网络虚拟现实游戏"的审美意识教育创新 ………（91）
　第三节　接纳的尴尬——"网络伪狂欢"的审美意识教育再
　　　　思考……………………………………………………（97）
　　一　网络身体化流行语的"伪狂欢" …………………（97）
　　二　"网络红人"现象折射出的"伪狂欢" …………（105）

第四章　多元并蓄：媒介美育的审美趣味发展论 ……………（111）
　第一节　媒介化生存时代的审美趣味现状及典型问题 ……（111）
　　一　审美趣味低俗化与媒介淫秽成瘾 …………………（111）
　　二　审美趣味娱乐化与媒介暴力影像沉溺 ……………（115）
　　三　审美趣味消费化与媒介中扭曲的"身体意象" …（124）
　　四　审美趣味的道德二重性与媒介舆论暴力 …………（133）
　第二节　媒介审美趣味提升的关键环节——培养"人的媒介
　　　　社会关系"的全面发展观 …………………………（141）
　　一　主体的漂浮与沉溺——自省人与自我关系的新
　　　　矛盾 …………………………………………………（141）
　　二　感性自由的悖论——反思人与媒介技术关系的新
　　　　问题 …………………………………………………（145）
　　三　无物之词——正视人与他人的媒介关系的新发展 …（151）

第五章　美在间性：媒介美育的审美观发展论 ………………（156）
　第一节　主体间性美学启发下的审美观认识论 ……………（156）
　　一　"主体间性"的认识论价值 ………………………（156）
　　二　主体间性美学启发下的媒介审美观认识发展 ……（157）
　第二节　主体间性美学构建的审美观实践论 ………………（160）
　　一　"主体间性"的实践论价值 ………………………（160）
　　二　主体间性美学启发下的媒介审美观教育实践 ……（161）
　第三节　主体间性美学引导下的审美观本体论 ……………（166）

一　"主体间性"的本体论价值 …………………………（166）
　　二　主体间性美学启发下的媒介审美观本质 ……………（167）
第六章　融合式体验：媒介美育的审美能力发展论 …………（169）
　第一节　审美能力的意义与媒介化生存时代的审美心理
　　　　　变迁 ………………………………………………（169）
　　一　作为审美素养提升基础的审美能力 …………………（169）
　　二　媒介化生存时代的审美心理变迁 ……………………（170）
　第二节　网络博物馆与个体审美感知力的培养 ……………（175）
　　一　审美感知经验的积累、拓展、革新 …………………（175）
　　二　审美感知力教育的可操作性提升 ……………………（179）
　　三　审美知觉力的内在"审美图示"教育强化 …………（182）
　第三节　"微信公益"与个体审美情感力培养 ……………（186）
　　一　审美情感力生发与积极情绪 …………………………（186）
　　二　审美情感力的动力释放培养 …………………………（192）
　　三　审美情感力的体验培养 ………………………………（195）
　第四节　阿普艺术与个体审美创造力的培养 ………………（197）
　　一　审美创造力与阿普艺术审美属性 ……………………（197）
　　二　审美创造力提升与阿普艺术的创作革新 ……………（198）
　　三　审美创造力提升与阿普艺术的传播与欣赏革新 ……（201）
结语 ……………………………………………………………（204）
参考文献 ………………………………………………………（207）

绪　　论

第一节　研究背景

一　"互联网时代"的释义

迄今为止，人类文化史先后经历了口语审美文化、书写审美文化、印刷审美文化、电子审美文化和数字审美文化共五次与媒介信息技术变革相适应的审美文化变迁。究其根源，是因为以语言、文字、印刷术、电磁波、数字计算机为标志的五次媒介技术变革必然带来新的审美体验方式，每一种媒介技术的诞生都为审美创作提供了新的技能，造就了新的艺术作品形态，也为审美信息的传播和欣赏提供了新的平台。而审美教育是以人的审美经验为基础的综合性人文教育，这也就意味着当人的审美经验因不同时代的媒介技术变迁而发生革新时，审美教育的内涵和实践也必然呈现区别于以往的新特征。这也成为本书以媒介发展的不同时代来重新界定和审视美育的思考缘起。

"互联网时代"的出现是数字计算机为元技术的数码媒介文化内部的一次格局的变迁。"自从通用数字电子计算机在20世纪40年代问世以来，数码文化经历了分别以大型计算机、个人计算机和互联网为中心的三个历史阶段，到21世纪迎来了移动互联时代"[①]。而之所以用"时代"一词来单独强调互联网的媒介本体属性，则是由互联

---

① 黄鸣奋：《阿普艺术：移动互联时代的新品》，《艺术百家》2015年第4期。

网的技术特性、互联网的使用普及率和互联网影响下的人的媒介化生存的出现这三方面因素共同决定的。

1. "互联网时代"的媒介技术特性及其本体性价值

1946年世界上第一台数字计算机"ENIAC"（埃尼阿克）的诞生，标志着数字媒介技术革新的开始。尔后，从实验室里的巨型计算机到普通家庭所用的个人计算机，数字媒介改写了人们的生活，正如未来学家尼葛洛·庞蒂所言："计算不再只和计算机有关，它决定我们的生存……比特正在取代原子成为人类社会的基本要素。"① 数字技术本身也在不断向前推进，发展至21世纪90年代中期，互联网技术开始成熟并逐渐普及。如果说数字技术为多媒体信息的传播提供了统一的信息格式，那么互联网技术就是提供了信息间相互连接的通道。两种技术的融合，使得网络中的计算机实现了数字化交互传播，这样的媒介技术特性是从根本上区别于过往的单纯数字媒介时代的，因而需要用"互联网时代"来明确这种区别，并标明"数字化交互技术"的本体性价值。

这种本体性价值在社会学家曼纽尔·卡斯特（Manuel Castells）看来，是它使整个人类进入了网络社会："因特网作为通讯媒体，第一次允许在特定时间以全球规模进行多对多的通讯，正如西方印刷媒体扩散创造出麦克卢汉（Marshall Mcluhan）命名的'古登堡星系'一样，我们正在进入通讯的新世界：'因特网星系'。"② 具体来看，"互联网时代"的媒介技术本体性价值首先体现在，媒介重塑了时空观念。时间与空间是人类生存根本的物质向度，而在"互联网时代"，"新的沟通系统彻底改变了人类生活的基本向度：空间与时间。地域性解体脱离了文化、历史、地理的意义，并重新整合进功能性的

---

① ［美］尼葛洛·庞蒂：《数字化生存》，胡泳、范海燕译，海南出版社1996年版，第1页。

② ［美］曼纽尔·卡斯特：《网络星河》，郑波、武炜译，社会科学文献出版社2007年版，第2页。

网络或意象拼贴之中，导致流动空间取代了地方空间"①。决定这一变化的根本在于互联网媒介对时空的压缩能力已经有了指数性提升。从传统的邮政传输过渡到电子传输再到今日的数字传输，时间与空间已被压缩至趋零化，世界已经变成了麦克卢汉预言中所说的"地球村"。

其次，互联网媒介技术的本体性价值还体现在媒介即意识形态。媒介技术作为现代社会发展最迅速的技术形态，也是被人们最广泛、最频繁使用的技术工具，它同时也具有意识形态的内涵和价值，它正在改变我们对"知识、真理"的观念，改变深藏于人们内心的思维习惯。"互联网时代"的媒介技术正在塑造人们思想的量化价值判断，人们已经在用数字媒介技术所倡导的数字观念建构另一种现实——虚拟真实，也许未来"用数字来判定思想的品质、用数字来衡量慈悲、爱心、仇恨、美好、创造性、智能甚至心智健全的品质都是有可能的"②。正如伊尼斯（Harold Innis）所言，意识形态是"镶嵌在"每一种技术工具中的特殊的"偏向"，因此在现代媒介技术所营造的环境中，与人类生存息息相关的"何为自然秩序、何为合理、何为必须、何为必然、何为真实"等的感觉也都将因媒介技术的存在而被赋予特定的价值倾向。"只有那些对技术历史一无所知的人才会相信，技术是完全中立的。每一种技术都有自己的议程，都是等待被揭示的一种隐喻"③。

2. "互联网时代"作为媒介断代史的时间划定

当以"时代"一词评估一种媒介的时候，除了该媒介本身的技术属性具有了根本上区别于其他时期媒介技术的独特性，即有了一种

---

① ［美］曼纽尔·卡斯特：《网络社会的崛起》，夏铸九等译，社会科学文献出版社2001年版，第465页。

② ［美］尼尔·波兹曼：《技术垄断——文化向技术投降》，何道宽译，北京大学出版社2007年版，第6页。

③ ［美］尼尔·波兹曼：《娱乐至死》，章艳、吴燕莛译，广西师范大学出版社2009年版，第74页。

"元技术"的本体价值以外，同时从传播效果的普及率和使用增长速度来衡量这一媒介在某特定时间段的主导性地位也是评价的重要标准。"按照传播学的共识，当一种媒介的使用者人数超过总人数的20%亦即1/5以上，它就跨越了'普及'的门槛"[1]。根据国际通讯联盟提供的调查数据，北美和欧洲等发达国家自1997年开始进入互联网发展的快速时期，1997—2007年上述发达国家每年的互联网用户增长率超过100%。另有数据显示，北美和欧洲等国基本于2000年前后突破了20%的互联网用户普及率，美国更是突破了24%的普及率。这就使得2000年作为特殊的时间点，成北美和欧洲地区进入"互联网时代"的历史起点。

即使是在中国等传媒产业发展中国家，2000年这一"互联网时代"的时间节点也有存在的合理性。据一项由美国发起，欧洲、亚洲、澳洲等近20个国家和地区共同参与的"全球互联网研究计划"（World Internet Project）显示："中国的北京、广州和香港地区2000年12月底的互联网用户都已达到了'普及'标准，北京的互联网用户已超过30%，广州已超过24%，香港地区已超过40%。这些发现与ACNielson、Iamasi等跨国公司在香港与内地的调查结果基本吻合。"与此同时，从2000年开始，整个亚洲的互联网用户增长率已经超过164%，这就意味着从全球范围来看，无论是普及率还是增长速度，在2000年都进入了快速蓬勃发展的新"互联网时代"。

很显然，作为媒介断代史的"互联网时代"是当下仍在进行的时间概念。国际互联网数据库2015年11月底发布的调查显示，"截止到2015年11月30日，全世界网络用户普及率占总人口的46.4%，2000—2015年的互联网用户增长了832.5%，其中亚洲地区仍在以每年48.2%的高速增长率扩大着互联网的使用范围"[2]。与此同时，中

---

[1] 张国良：《上海市民与媒介生态抽样调查报告》，《新闻记者》2007年第7期。

[2] Internet World Stats, *Internet Users in the World by Regions*, November 2015, http://www.internetworldstats.com/stats.htm, 2016.3.1.

国互联网络信息中心（CNNIC）发布的《第37次中国互联网络发展状况统计报告》显示，"截至2015年12月，中国网民规模达6.88亿，互联网普及率达到50.3%，半数中国人已接入互联网。同时，移动互联网塑造了全新的社会生活形态，'互联网+'行动计划不断助力企业发展，互联网对于整体社会的影响已进入到新的阶段"①。

3. "互联网时代"人类的"媒介化生存"

进入"互联网时代"开启后的第十五个年头，无论何处的成年人大概都会有相同的生活轨迹："他们手中掌握着十几个甚至更多的网络服务账号，随时获取大量信息的供应。他们写博文，发帖子，上Twitter。大部分时间都泡在网上，他们的手指在台式机、笔记本以至手机的键盘上敲打着。不管是在工作中，学习中，还是在社会交往中，互联网对他们变得至关重要，不可或缺。"② 个体生活的媒介浸染可见一斑，而放眼整个人类的媒介使用现状更是令人瞠目："截至2009年，北美地区成年人每周花在网络上的平均时间是12小时，这个数字比2005年的平均水平翻了一番。对年轻人而言这个数字还要更高，二十多岁的年轻人平均每周上网时间超过19个小时。2009年2—11岁的美国儿童，平均每周上网时间约为11小时，比2004年增加了60%以上。一个典型的欧洲人2009年每周的上网时间将近8小时。2008年一项针对27500名介于18—45岁的成年人的国际性上网时间调查发现：人们把大约30%的闲暇时间用于上网。其中，中国人上网时间占他们业余时间的44%，成为投入时间最多的网上冲浪者。"③

这种互联网媒介的"包围"究竟意味着什么呢？让·波德里亚（Jean Baudrillard）在他的《消费社会》中举了这样的例子："铁路所

---

① 中国互联网信息中心：《第37次中国互联网络发展状况统计报告》，2016年1月，中国互联网信息中心官方网站（http://www.cnnic.cn/hlwfzyj/hlwxzbg/hlwtjbg/201601/t20160122_53271.htm）。

② [美] 尼古拉斯·卡尔：《浅薄——互联网如何毒化了我们的大脑》，刘纯毅译，中信出版社2010年版，第7页。

③ 同上书，第91—92页。

带来的信息，并非它运送的煤炭或游客，而是一种世界观、一种新的结合状态等等。"① 可以说，"互联网时代"的现代传媒正深刻影响着人们的生存方式，它们甚至正建构着民主、文化与意识形态，就如社会学家曼纽尔·卡斯特所言："世界上核心的经济、社会、政治和文化正在被因特网和其他计算机网络重组。"② 人类面临"互联网时代"媒介对物质环境和精神环境如此无孔不入的掌控，生存样态从感知模式、行为方式、思维方式到最终的生活方式也都在悄然发生着改变，这种由媒介特性决定的人的生存方式即为"媒介化生存"，而正是这种改变值得反思。

"媒介化生存"首先意味着人的感知模式的改变。媒介的改变、革新正在重塑我们的感受和知觉的方式，互联网媒介以高强度的流动时空牢牢掌控人们的注意力，人的认知系统开始迷恋上同时并行处理多种信息刺激；数字电脑通过鼠标在屏幕上的阅读改变了我们的感知专注度和沉浸程度；数字媒介的超文本链接因为增强了认知负荷，反而削弱了领悟、记忆所阅读内容的能力；互联网上的搜索引擎使我们的注意力随时可以被分散，而网络多媒体的兼容更加剧了人们认知的内容碎片化，并因此进一步加大了认知疲劳，影响了人们的学习能力。与此同时，数字媒介越来越人性化的搜索引擎、应用软件使得用户开始习惯于使用更直接、更轻松、更经济的方式认知一切，解决问题。然而就在媒介大力鼓动的这种"聪明"的认知模式影响下，用户却越来越"愚蠢"，因为人们正在不断地把解决问题的工作及其他任务"外包"给媒介，这也同时削弱了人类大脑建立稳固知识结构的能力。与此同时，"随着网络的繁盛，愚昧、低品位、个人主义和

---

① ［法］让·波德里亚：《消费社会》，刘成富、全志钢译，南京大学出版社2000年版，第132页。

② ［美］曼纽尔·卡斯特：《网络星河》，郑波、武炜译，社会科学文献出版社2007年版，第3页。

极权统治也大量涌现"①。由于缺乏职业编辑、职业新闻记者、职业作家等把关人，网络民众随意的创作将会侵蚀人们所获信息的真实性、准确性和可靠性。这也正是网络 Web 2.0 时代最大的"诱惑"，即"信息民主化"所带来的负面产物："'民主化的危机'正在于所谓的民主破坏了真理、腐蚀民众的智慧、削弱经验、天才和专业技能的作用"②，"计算机无处不在，会带来人类身体能力的各种退化，包括想象力、应变力，甚至判断力"③。

"媒介化生存"还意味着人的行为方式的改变。以前人们很容易沉浸在一本书或一篇长文当中，但现在我们不得不承认，上网的时间越多，人们就越难集中注意力阅读长篇文章。密歇根大学医学院的病理学家弗里德曼（Friedman）曾以自己的亲身经历为例："我再也读不了《战争与和平》了，我已经丧失了通读长篇文章的能力。甚至就连三四段以上的博文，我都觉得内容太多，很难聚精会神地读下来，只能走马观花的一瞥而过"④。当我们越来越适应于扫描式阅读和略读时，我们正在丧失的却是专注能力、沉思能力和反思能力。2008 年，美国名为 NGenera 的研究公司针对 6000 名伴随互联网应用成长起来的年轻人，进行了一项关于互联网对人类阅读习惯的调查研究，结果显示："数字浸染甚至已经影响到他们获取信息的方式。他们无须从左到右，从上到下的看完一页内容，他们可以腾挪跳跃，一瞥而过，到处寻找自己感兴趣的相关信息。"⑤

"媒介化生存"还会深入改变人的思维方式。所有信息技术都将带

---

① [美] 安德鲁·基恩：《网民的狂欢——关于互联网弊端的反思》，丁德良译，南海出版公司 2010 年版，第 1 页。

② 同上书，第 15 页。

③ [美] 尼尔·波兹曼：《技术垄断：文化向技术投降》，何道宽译，北京大学出版社 2007 年版，第 70 页。

④ [美] 尼古拉斯·卡尔：《浅薄——互联网如何毒化了我们的大脑》，刘纯毅译，中信出版社 2010 年版，第 5 页。

⑤ 同上书，第 7 页。

来一种智能伦理，印刷图书让我们进入聚精会神的状态，从而促使深度思维和创造性思维的发展。相比之下，互联网则鼓励我们蜻蜓点水般的从多种信息来源中广泛采集碎片化的信息，其伦理就是工业主义，这是一套速度至上、效率至上的伦理，也是一套产量最大化、消费最大化的伦理。并行思维、非线性思维、碎片式思维与协同式思维，这些都是与互联网媒介高度匹配的思维方式。这些思维模式的变化带来的是，"原来平心静气、全神贯注、聚精会神的线性思维被上述新的思维模式取代。而这些新的思维模式希望以简短、杂乱而且经常是爆炸性的方式收发信息，其遵循的原则是越快越好"[①]。以互联网为代表的媒介环境不断地发出各种刺激的声音，可能是短信提示，可能是邮件提示，可能是闪动的头像，这都打乱了意识与潜意识的思维进程，因而阻碍人们进行深入的思考，也打乱了创造性思考的节奏。

最终，"媒介化生存"必将带来人的生活方式的改变。从感知模式到行动方式，再到思维模式，在现代媒介构建的精神环境中人类的生存方式的改变已经成为必然。最突出的就是，人们越来越离不开媒介，全天24小时的媒介伴随成为越来越普及的生活方式。造成这一现象的原因有很多，比如，互联网的交互性在促进信息交流、沟通、创新的同时也会造成某种程度的网络依赖甚至是网络沉溺。每个人都有自我意识，都有表达自我意识并希望受到肯定与尊重的心理需求，这在马斯洛的人类动机研究中早有论断。在互联网普及之前，个人的自我意识表达和反馈的路径多是通过面对面的交谈，或者跨距离的纸质媒介传递为主，通过电话的沟通交流历史也并不算长久。然而互联网交互性的开放，使得人们的自我意识前所未有地被激发和膨胀，每一天都有数以亿万计的互联网使用者通过博客、微博客、微信、朋友圈，表达自我意识，并随时关注着他人的回应。这在客观上加剧了人们对媒介环境的依赖性，据调查，今天的青少年在不睡觉的时候，平

---

① ［美］尼古拉斯·卡尔：《浅薄——互联网如何毒化了我们的大脑》，刘纯毅译，中信出版社2010年版，第8页。

均每隔几分钟就会发送或接收一条信息。美国斯坦福大学医学院主持的一项调查显示，"在接受调查的2513名成年人当中，超过1/8的人表现出一定程度的网瘾症状"①。

综上，从21世纪以来，仍处于进行时态中的"互联网时代"无论从媒介技术特性、媒介使用普及率以及对人类社会产生的影响来看，都具有作为单独的历史时段进行深入的特殊考察的必要性。

二 作为媒介教育重要维度的"媒介美育"

"媒介美育"在人类文明史上早已有之，自口语媒介出现伊始，经文字印刷媒介时代、广播、电影、电视等电子媒介时代再到今天的数字互联网媒介时代，任何与媒介信息的生产、制作、传播、接收等环节相关的审美活动都属于媒介美育的研究对象。早期萌芽状态的媒介美育研究在不同国家多数以零散的、非正规教育的、自发的民间组织形式存在，例如中国最早的电影媒介美育是以蔡元培先生1931年在金陵大学的一次演讲为发端，在这篇题为《电影与教育》的演讲中，蔡先生提出："电影是唤醒民众之利器，也是教育之有力工具；电影对兴我中华有大用处，我国应当提倡电影教育化和教育电影化；从教育学的原理看，一切电影都是教育电影。"②尔后为了发展中国电影美育，郭有守在蔡元培的支持下，联络当时的多名高官和学界泰斗于1932年7月8日在南京成立了"中国电影教育协会"③，这是中国媒介美育的第一个正式的民间社会活动组织。

但是，"媒介美育"真正意义上成体系的规模化发展实际上是作为"媒介教育"的一部分出现的。"媒介教育"在欧洲一般译为"Media Education"，在北美和亚洲地区则多称为"Media Literacy"，

---

① ［美］安德鲁·基恩：《网民的狂欢——关于互联网弊端的反思》，丁德良译，南海出版公司2010年版，第156页。

② 李龙：《从"电影教育"到"媒介教育"》，载《北京电影学院首届电影教育国际论坛论文集》，中国电影出版社2015年版，第6页。

③ 同上。

也译为媒介素养教育。从世界范围而言，剑桥大学英国文学系的教授弗·雷·利维斯（F. R. Leavis）和他的学生丹尼斯·汤普（Denies Thompson）合著的文学批评著作《文化与环境：批判意识的培养》一书的出版，为媒介教育研究正式诞生的标志。尔后媒介教育活动迅速在美国、加拿大等国普及壮大，经过半个多世纪的演变发展，媒介教育目前已经成为英国、德国、法国、瑞典、挪威、芬兰、澳大利亚、美国、加拿大等国家全国或部分地区大、中、小学正规教育内容。亚洲的日本和我国台湾、香港等地，媒介教育理论及教育实践发展也日益普及。随着联合国教科文组织自20世纪80年代先后出版《媒介教育》《多种声音，一个世界》《了解媒介：媒介教育与传播研究》《将大众媒介用于公共教育国际研讨会的最后报告》等多种读物，"媒介教育"已经发展成为国际化的公民素养教育运动。

目前，国内外学者对"媒介教育"的概念界定虽有共识之处，但仍未达成完全一致的标准。比较有影响力的几种概念界定包括：1992年美国"阿斯彭媒介素养（教育）领袖会议"将"媒介教育"界定为："培养近用、分析、评价和创作各种媒介的能力"；1998年著名的美国媒介文化研究学者约书亚·梅罗维茨把媒介素养（教育）划分三种类型："内容素养（Content Literacy），语法素养（Grammar Literacy），媒体素养（Medium Literacy）"[1]。此外，英国资深媒介教育学者大卫·巴金汉姆（David Buckingham）给出的媒介教育定义是："为了使用和解读媒介所必须的知识、技巧和能力。"[2] 与此同时，国内学者在对国际媒介教育经验借鉴与本土化过程中，也提出了我国"媒介教育"的概念，比较有代表性的，如：中国传媒大学媒介研究学者张开认为："媒介素养（教育）是一种能力和知识模式，是通过一定的教育途径和生活经历逐渐建立起来的获取媒介讯息、讯息的意

---

[1] Judith Van Evra, *Television and Child Development*, Lawrence Erlbaum Association, Publishers, Inc. 2004, p. 216.

[2] David Buckingham, *Media Education: Literacy, Learning and Contemporary Culture*, Polity Press, 2003, p. 36.

义和独立判断讯息价值的知识结构；是培养起来对复杂的媒介讯息的选择、理解、质疑、评估、表达、思辨性应变的能力，以及创造和制作媒介讯息的能力。"① 东北师范大学闫欢教授则将媒介素养（教育）定义为："人们批判性的解读和欣赏多种媒介讯息与作品以及利用媒介获得自身和谐发展的能力。"②

1. 媒介美育与媒介教育的关联

美国加利福尼亚大学的传播系教授詹姆斯·波特，在其1995年首度出版的媒介教育学术专著《媒介素养》（*Media Literacy*）一书中指出："为了更深入地阐释媒介（素养）教育，我需要指出它最重要的两个特征。第一媒介教育是一个多维概念，包括很多有意思的方面。因此我们需要从许多不同的视角来观察它，进而理解它所具有的完整含义。第二，媒介教育是一个连续统一体，而不是一个种类。认知的、情感的、美学的、道德的四个维度是划定的四个媒介教育的维度。"③ 很显然，在詹姆斯·波特的论述中，媒介美育更多被定义为一种以媒介信息、作品为文本展开的，形式美的艺术鉴赏活动以及鉴赏能力的提升。尽管詹姆斯对于媒介"美学领域"研究范畴的划定是否全面、深入这一问题还有待考量，但他却首次以媒介教育主体为立足点，明确地指出了媒介教育所涵盖的四个知识和技能领域，也清楚地阐明了媒介美育隶属于媒介教育，它是媒介教育的重要组成部分。与詹氏有相似观点的英国媒介教育学者大卫·巴金汉姆（David Buckingham），在其著作《媒介教育——素养、学习与现代文化》一书中，以当下英国媒介教育中"电影素养"的教学方案为例，具体

---

① 张开：《媒介素养理论框架中的受众研究》，2008年1月（www.chuanboxue.net）。
② 白传之、闫欢：《媒介教育论——起源、理论与应用》，中国传媒大学出版社2008年版，第27页。
③ W. James Potter, *Media Literacy*, SAGE Publications of New Delhi, London: Thousand Oaks, and Singapore, 2008, p. 20.

阐释了他对媒介美育内涵的理解。① 分析大卫·巴金汉姆的观点可知，在媒介教育的第一阶段和第三阶段，他对于媒介美育的结构框架理解也主要是从文本艺术鉴赏角度入手，对形式美感的观照，此点与詹姆斯·波特的观点相仿。但他同时也在第五阶段提出了媒介美育的另一方面内涵，即"解释美学形式与社会、政治意义间的关系"，这一观点实际上拓宽了媒介美育的社会思辨视角，在启发受教育者关注文本的艺术美同时，也关注其社会美的属性。结合以上两位学者的观点，本书将媒介美育与媒介教育的基本关系归纳为：媒介美育是媒介教育的一个重要维度。

在明确媒介教育与媒介美育关联的基础上，对媒介美育概念的界定也更为清晰。综合国内外学者对媒介教育的相关界定，本书将媒介教育定义为：以媒介为教育中介，提升受众应用媒介、分析媒介、评价媒介以及传播、制作多种形式的媒介信息的知识构架、分析技巧、反思能力以及自身和谐发展的能力综合人文教育。那么在构成媒介教育的"认知、情感、美学、道德"的四个维度中，"媒介美育"即是特指针对美学层面的媒介教育。简而言之，媒介美育是指以媒介为教育中介，提升受众应用媒介、分析媒介、评价媒介，以及传播、制作多种形式的媒介信息的审美知识构架、美学分析技巧、审美批判反思

---

① 在第一阶段，学习者要能够：识别与谈论不同写实主义的层次，例如自然主义式的戏剧相对于卡通动画。当解释个人的回应与偏好时能够使用电影语言的元素，例如场景、剪辑、影像伸缩、特写镜头、焦距。能辨识诸如倒叙、梦幻情节、夸张等方法；同时讨论为何需要这些方法与它们如何被传播。在第二阶段，学习者要能够：能分辨电影、录影带与电视中呈现一些非真实发生事件的方法，例如暴力或是魔法。探讨赞成与反对审查制度、年龄分级制与广播分界的理由。在第三阶段，学习者要能够：解释社会团体、社会事件与社会理念在电影、录影带与电视中如何再现，并使用一些名词如"刻板印象""有原味的"与"再现"。解释以及正常化美学的判断与个人的回应。提出再现团体、事件或理念的替代方式。在第四阶段，学习者要能够：讨论及评价具有强烈社会或意识形态讯息的电影、录影带与电视文本，并使用诸如"宣传""意识形态"等词语。在第五阶段，学习者要能够：讨论及评价在主流电影、录影带与电视文本的意识形态讯息，并使用诸如"霸权"与"故事"等词。描述及说明在电影、录影带与电视文本里不同程度的写实性。解释美学形式与社会、政治意义间的关系。

能力以及自我审美发展能力的综合人文教育。需要强调的是，与一般意义的常态审美教育不同，媒介美育是特指在媒介传播环境中展开的，以媒介活动（包括传播信息、接收信息）中的艺术审美、社会审美、科技审美为主要施教范畴的审美教育活动；但与常态美育相同的是，媒介美育同样关注涵养人的审美能力，树立正确的审美观，并以完善审美人生境界为主要功能，最终实现"人的全面发展"为教育目标的一种人文性教育。

2. 媒介美育的教育形态发展简史

自19世纪30年代媒介教育作为学术研究领域正式诞生以来，媒介美育的存在形态先后经历了："分辨时期"的文学批判形态，"文化与大众艺术时期"的美学分析形态，"去迷思化时期"的符号分析形态，"后现代主义时期"的文化批评形态。巴金汉姆所言的"分辨时期"时间跨度为20世纪30—50年代，这一时期媒介教育独尚文字识读，以英国文学批评家利维斯为代表的媒介教育先驱，秉承欧洲社会精英主义的价值理想，针对当时流行的报纸、杂志所刊载的新闻、流行小说、广告等媒介文本，以"保护文学传统以及其内涵与呈现的民族语言、民族价值与民族的健全状态"[1]为目标，展开了免疫式保护主义的审美教育。

20世纪50年代末至60年代，媒介教育进入了"文化研究与大众艺术时期"，以威廉斯、霍加特和斯图亚特·霍尔为代表的"英国文化研究"学派将媒介研究的视野转向当时有代表性的工人阶层，质疑"精英文化"的特殊权威，将流行文化代表的通俗美学价值引入媒介美育，特别是霍尔所著的《大众艺术》（*The Popular Arts*，1964）围绕流行电影的审美价值展开了广泛讨论。电影艺术的历史、视听语言、制作流程与范式以及电影的剪辑技巧、如何鉴赏电影美学品质的优劣等美学分析成为该阶段媒介美育的主要内容。

---

[1] [英]大卫·巴金汉姆：《媒体教育——素养、学习与现代文化》，林子斌译，巨流图书公司2006年版，第8页。

进入20世纪90年代，随着媒介文化工业的扩张，特别是电视作为新兴电子媒介的普及使用，媒介教育开始进入关注意识形态批判的"去迷思化时期"，而此时的媒介美育也开始引入符号学批判的研究方法，电影与电视媒介中的色情、暴力以及刻板印象所带来的种族歧视、性别歧视、过度娱乐消费等涵化问题成为媒介美育的重要内容，"符号学批判"主要围绕电视以及广告的视听和图像语言中所建构的带有特殊意识形态的审美趣味展开系统的"祛魅"辨析，培养受众对媒介再现的质疑精神，解构媒介消费者的潜藏危机。

20世纪90年代后媒介教育逐渐受到后现代主义社会思潮的卷席，在媒介技术日新月异与消费社会成熟化发展的合力推动下，大众媒介以"日常生活审美化"的营销方式将受众推入"美不胜收"的媒介奇观，此时的媒介美育旨趣已不再是"从非美中求美""从无知中求知"，而是转向"美中立美""知中求知"。以波德里亚为代表的后现代主义学者，围绕电子媒介运作规律中的"仿真""超真实""内爆"等中心概念为媒介美育引入了"以反思消费社会中电子媒介所造成人的主体性沦丧"为核心内容的文化批判形态。

综观而言，一种新媒介的诞生并无法完全取代之前的旧媒介，正如广播的诞生并没有使报纸、杂志消失，电影、电视的出现并无法取代广播的传播价值，而互联网等数字媒介也无法完全覆盖电影、电视的传播功能，甚至也无法完全取代广播、报纸、杂志等传统媒介，这就意味着媒介美育的存在形态是一个空间概念，而非线性发展的时间概念，面对愈加复杂而多元化的媒介环境，媒介美育的教育形态实质上是文学批评、美学分析、符号学批判与文化批评等多种存在形态的杂糅体。

3. 媒介美育的教育途径发展简史

媒介教育是一种过程性的活动，媒介美育作为其组成部分亦是如此。因而美育在媒介教育中的具体实施途径和方法也是必须考察的问题。大卫·巴金汉姆在其2000年出版的著作《媒体教育——素养、学习与现代文化》中界定媒介教育的研究途径为"产制、语言、再现和阅听大众"① 四个途径。以上研究结论在欧洲获得了广泛的认可，被普遍应用于英国、法国等媒介教育发达国家。它的影响甚至波及亚洲一些国家和地区②，成为目前国际普遍流行的媒介教育途径界定。与此同时，美国加利福尼亚大学的詹姆斯·波特教授，他在2012年第四版的《媒介素养》(Media Literacy)一书中也提出了与大卫·巴金汉姆相似的观点，他将教育途径确定为"受众、效果、产业、内容"四个核心要素。

结合媒介教育史不难发现，"产制""语言""再现"这三个方面都曾经是媒介美育的重要途径，在当下也依然行之有效。早期的法兰克福学派以赫伯特·马尔库塞 (Herbert Marcuse)、西奥多·阿多诺 (Theodor Wiesengrund Adorno) 为代表的一批美学家就曾围绕报纸、广播、流行音乐等大众媒介对资本主义社会文化工业的产制流程、运营逻辑、文化隐喻所将造成的生活在"文化工业"时代的"单面人"发出过震耳欲聋的反思警示。

而自英国文化研究学派兴起开始，以斯图亚特·霍尔 (Stuart Hall) 为代表的学者站在通俗美学视角为大众流行文化的存在价值辩论，这一研究脉络在后来的皮埃尔·布迪厄 (Pierre Bourdieu) 和约翰·菲斯克 (John Fiske) 的媒介文化研究中得到了继承和发展。他们关注图像、声音、动态图像三者以及三者的融合体作为电影、电视等

---

① [英]大卫·巴金汉姆：《媒体教育——素养、学习与现代文化》，林子斌译，巨流图书公司2006年版，第68—75页。

② 以亚洲地区发展媒介教育较早的台湾省为例，2005年由毛荣富、周典芳、陈国明等多名媒介教育专家合著的《媒介素养概论》一书中，也提出了与大卫·巴金汉姆教授对媒介教育途径相似的分类，包括：媒介内容之识读（媒介的产制过程、媒介的种类与呈现方式、媒介中的刻板印象）、媒介与现实（媒介与真实建构、传播再现效果之探讨）、媒介与文化（媒介与消费社会、媒介与性别、网络网际与人际传播）等。稍后，台湾媒介教育研究室召集人吴翠珍与台湾政治大学教授陈世敏在合著的《媒体素养教育》(2007年) 一书中，则直接沿用巴金汉姆的研究成果，将媒介教育的主要途径面向归纳为"了解媒体讯息内容与符码特质""思辨媒体再现""反思媒体阅听人意义""分析媒体组织""实践媒体近用"几个部分。

新兴电子媒体的符号语言所具有的审美价值，以及新的媒介语言将如何改变口语媒介和文字媒介所形成的千百年来受众的审美体验、审美范畴、审美趣味甚至审美期待等问题逐渐得到人们关注。"电影、电视中演员的表演方式、画面的色彩和光线构成、摄影机的运动、配音与音效的设计和搭配，以及影音素材的剪接与编辑"，媒介美育试图通过培养受众对与上述新媒介视听语言的了解、认知和理解提升其欣赏的技巧和能力，帮助人们在获得媒介审美快感的同时成为"文本意义的生产者"。

随着结构主义——符号学的兴起，以罗兰·巴特（Roland Barthes）为代表的美学家又展开对大众媒介文本的"再现"分析。在巴特眼中，广告、招贴画、新闻标题都透露着潜藏的符号隐喻，"媒介内容中的年龄、性别、种族、职业、阶级、性倾向以及权力阶级间的关系"等问题都存在这"媒介真实""社会真实"与当事人所经历的"主观真实"之间的差异，因而，此时的媒介美育一方面引导阅听人检视媒体再现中真实与虚构，如何影响自身认知真实世界的方式；另一方面则使阅听人反思自己诠释特定媒介信息时所抱有的主观价值与意识形态，认识自己思辨的基础，从而学会尊重多元与差异。

4. 国内媒介美育发展

相比于西方传媒产业发达国家，中国的媒介教育和媒介美育研究起步较晚。1997年中国社会科学院新闻研究所的学者卜卫在《现代传播》上发表论文《论媒介素养教育的意义、内容和方法》[1]，此文成为中国大陆地区媒介教育研究发端的标志。经历了20年的发展，国内媒介教育研究从资料来源和研究视角来看，主要的是翻译引入早年国外媒介教育研究成果，同时结合国内新闻传播学、教育学、心理学、文化研究的一些本土化理论进行的主观评述，还有一部分就是通过实际的数据调查、教学经验总结而得来的现状分析和操作经验

---

[1] 卜卫：《论媒介素养教育的意义、内容和方法》，《现代传播》1997年第1期。

分析。

而实践领域，虽然2004年以来中国传媒大学、复旦大学、东北师范大学等都进行了带有实验性质的实践教学，但迄今为止，这些行动似乎也只成为短期的培训和阶段性的尝试，并没有全国哪一个地区正式将媒介教育课程列入正规学校课程体系中。这也从另一个方面证明当前我国媒介教育理论研究存在误区，而误区导致理论与实践脱节，无法产生共鸣，教学实践无法实现全面有效的进展。在实践领域调查重于分析实证调查的强调，在理论研究领域信息素养重于电影、电视等素养，还有对认知层面技术知识的技能培训为核心，特别缺乏对互联网媒介的关注。这些必然造成对媒介教育概念的狭隘理解、媒介教育分析教育手段的匮乏，以及教育效果的不稳定。因此，填补上述国内媒介教育理论和实践上存在的盲区，从美学的研究视角明辨人的生存处境和生存危机，为实现"人的全面发展"探寻媒介教育的新理念和实践策略就成为本书的选题初衷。

第二节 研究问题

一 问题的提出

1. 对于"保护主义范式"媒介教育哲学的质疑

"保护主义"一词最早见于英国媒介教育专家大卫·巴金汉姆在1999年发表的一篇题目为"Media Education in the UK: Moving beyond Protectionism"（英国媒介教育：超越保护主义）的论文，在文章中，他明确提出"上一代媒介教育工作者在坚守保护主义的教育立场"[1]。就历史脉络而言，"保护主义"的时间范围涵盖了从20世纪30年代媒介教育诞生之初的"甄辨时期"至20世纪90年代。在这个时期，

---

[1] David Buckingham, "Media Education in the UK: Moving beyond Protectionism", *Journal of Communication*, Winter 1999, pp. 33-43.

媒介教育在教育理念、目的、方法和途径上体现出的共同特征，被巴金汉姆定义为"保护主义"，即"力求通过媒介教育，使学生免受媒介所传播的不良文化、道德观念或意识形态的负面影响的教育立场"①。

巴金汉姆对于"保护主义"的历史断代和特征总结，一经提出就得到了媒介教育研究学界的普遍认可，只是在不同地区的学者用于定性这种"保护主义"的名称有所不同。在欧洲习惯使用"保护主义教育立场"一词②；中国台湾地区倾向于使用"保护主义典范"一说③；而中国大陆则常见有"保护主义模式""保护主义范式"两种用法。本书倾向于选择"范式"一词来准确地描述"保护主义"的教育哲学属性。在《牛津高阶英汉双解词典》中，"范式"指"事物的形式、样式、模型"。首先，"范式"区别于"教育立场"，它更准确地概括了"保护主义"的学理价值，它不仅代表了从"立场"角度看待研究对象的视角和方式，同时也含有这种"立场"在教育理论中所代表的规范性和指导性价值。其次，不同于"模式"一词在教育范畴里主要指"在一定思想支配下的对于教育因素的组合，以形成具体的实施方案，如教育目标、内容、评价方法等对于中观层面的关注"④，"范式"则更多需要深化提炼为教育理念，具有明确的价值取向判断。

从20世纪90年代末开始，随着数码媒介逐渐进入"互联网时代"，一场来自媒介教育内部的"自下而上"的针对传统的"保护主义范式"教育哲学的反思运动逐渐扩大开来。"20世纪90年代以来，

---

① David Buckingham, "Media Education in the UK: Moving beyond Protectionism", *Journal of Communication*, Winter 1999, pp. 33-43.

② Ibid..

③ 毛荣富等：《媒介素养概论》，五南图书出版股份有限公司2005年版，第21页；吴翠珍、陈世敏编著：《媒体素养教育》，巨流图书公司2007年版，第61—62页。

④ 白传之、闫欢：《媒介教育论——起源、理论与应用》，中国传媒大学出版社2008年版，第54页。

英国的媒介教育已经逐步脱离了保护主义思路，这样的情形也同样发生在澳大利亚，加拿大和拉丁美洲国家。"① 这场源于媒介教育课堂实践的反思运动，产生的原因主要有三个方面：第一，长期以来"保护主义范式"忽略青年人的媒介体验。面对在大众媒介环境中成长起来的"视听一代"，完全隔绝受众与大众传媒的日常接触已经很难实现，而在媒介文化的"流行性、时尚性、娱乐性、消费性"逐渐成为"日常审美"的环境中，再孤立地倡导文字传统时期的精英文化意识很显然只会带给受众对"灌输式"媒介教育的抗拒。第二，"保护主义"已经不能够应对互联网时代的媒介环境变化。随着电子媒介的日常应用多样化，受众与媒体间关系的观点也在发生改变，以往将媒体视为单一意识形态或是信念的承载物，视媒体都具有相同伤害力或缺乏文化价值的观点已经趋于下风。互联网传播发展成为一种更异质化的、碎片化的环境，在这种环境里高级文化与大众文化的界限是非常模糊的。第三，教师与学生之间的关系也变得很微妙。原因在于大量研究证明受众远比想象的更了解自身的文化及快感，青少年具有更高度的自主性与批判性，他们会反抗或拒绝学校"家长制"教育的媒介价值观。

2. "超越保护主义范式"的概念性框架

在这种对"保护主义范式"的质疑不断升温的情况下，部分学者提出了"超越保护主义"的媒介教育哲学新范式。"过去的10年里，在英国以及其他国家的媒体教育已经开始朝向一个更深入的新阶段移动。当'保护主义'的观点尚未完全被证明是无用的同时，已有一种朝向较无防御性的渐进化出现了。普遍来说，在媒体教育实践中有最成熟形式的国家，是指那些已有长期实施媒介教育历史的国家，已经顺利朝'超越保护主义'的方向移动。"② 巴金汉姆通过将"保护

---

① ［英］大卫·巴金汉姆：《英国的媒介素养教育：超越保护主义》，《新闻与传播研究》2000年第2期。

② ［英］大卫·巴金汉姆：《媒体教育——素养、学习与现代文化》，林子斌译，巨流图书公司2006年版，第15页。

主义"的旧范式与"超越保护主义"新范式进行对比来阐释其教育哲学的变化：如果说旧范式的主要思想是保护与免疫主义，那么新范式则将生涯准备和传播人权看作其主要思想；在旧范式中对文化的定义是以"精英文化"为主要评判标准，那么新范式更倾向于"英国文化研究学派"所推崇的将文化定义为"全部的生活方式"；另外，巴金汉姆认为旧范式的教育目的主要在于培养受众的媒介识读，并最终形成对媒介的理性对抗，而新范式则强调全面重视受众的媒介知识和技能，将媒介素养的最终形成建立在与媒介共存共生的环境中，因而旧范式的教育途径和方法比较强调分析与批判媒介的内容，进化至新范式时期，参与媒介内容制作，并最终以公民身份影响媒介产业则成为新的教学方法。广泛而言，这种新的范式取向试图由学生已有的媒体经验开始，配合尊重学生对媒体已有的品位与快感，而不是预设学生对媒体仅仅是无效的被害者或者是"意识形态"的受压抑者，它给予媒体快感一种"中立"的定性。其目的也更侧重于发展一种具有反省式的教学，在这种教学过程中学生能反思他们自己作为媒体文本"读者"与"作者"的行为。批判依然是行之有效的媒介分析方法，但此时其被视为一种对话的过程，而非达成一个共识或预设的立场。

对于"超越保护主义范式"的呼吁，在北美和中国台湾地区则被表述为媒介教育哲学"赋权"概念的提出①。例如，美国学者莱恩·马斯特曼（Len Masterman）在他的媒介素养教育十八项原则中也明确了从"家长制"（Paternalism）到"赋权"（Empowerment）过渡的媒介教育内涵的发展。按照中国社会科学院新闻所研究员卜卫多年来对

---

① 所谓的"赋权"（Empowerment）是指"人们掌握自己的条件、参与社区民主生活、深思生活环境的过程"，"赋权"的概念来自教育学者弗雷勒（Paulo Freire），他提倡教育不仅传授知识，更应该是一个鼓励民众去观察、分析、反省、行动的过程，教育就是赋权。而延伸到媒介教育中，"赋权"的媒介教育要教导民众从阅读文字来阅读世界，然后来书写世界，在识字过程中产生自信，认识自己和环境，界定自己的问题，相信自己有能力来改变现状。

国外媒介教育的研究经验，对"赋权"的理解如下：一是从建构内容上，"赋权"意味着对主体经验的充分重视，受众并不像我们想象的那样"脆弱"，而且也有自己关注的东西，如青少年的亚文化，而且他们每个人之间都存在差异；同时从建构目标来看"赋权"的最终目的也是实现主体的个性、自我发展和真正的自由。二是"赋权"意味着教育的方法途径应该采取互动参与式样，将主动思考的权利交给受众，使受众的自发式"自我"教育成为继家庭、学校、社会组织以外又一种充满灵活性和活力的教育方式。其实"反控制"不仅表现在批判和颠覆上，更表现为一种重建，教学实践领域运用个人的审美欣赏和创作来实现媒介素养的提升。

笔者认为，此时媒介教育的"赋权"实际上也意味着媒介美育不再只是知识、技能等认知层面的教化，而是需要加入媒介活动者对自我的反思与反观，并付诸对自我行为的管理与规划。在理性与感性、自我与他人、技术与真实之间寻找到适合人的全面自由发展的"平衡点"。面对新媒体进入千家万户，媒介使用的技术、资本、经济限制越来越少，这也导致人们被媒介控制的可能性与日俱增。怎样通过媒介审美和媒介创作以期达到完善自身、净化媒介环境，创建良性媒介社区的目标，将不止是一种理想。

上述以"赋权"为核心的"超越保护主义范式"的媒介教育，在当前的北美和欧洲以及亚洲的中国台湾、中国香港等地已受到普遍认可。

二 本书选题

在上述媒介教育哲学发生重大转变的总体背景下，本书选择以互联网时代的媒介美育为研究对象，将研究问题锁定在：深入探讨"超越保护主义范式"的媒介美育理念内涵与实践路径的问题。具体而言，通过与"保护主义范式"的理念内涵对比，以及分析互联网时代媒介环境生成的逻辑机制变迁，阐明"超越保护主义范式"的存在必然性和合理性；进而，结合互联网时代新生的典型网络文化现象为分析文本,论述"超越保护主义范式"如何通过审美教育引导受众应对"媒介化生存危机",打破二元对立的媒介审美意识,培养多元而又符合"人的媒介社会关系"调和发展的媒介审美趣味,建构"主体间性美学"的媒介审美价值观。与此同时,挖掘互联网时代新媒介艺术对于提升受众审美能力的实践教育价值,结合典型网络艺术文本,探寻提升受众"审美感知力、审美情感力、审美创造力"的综合媒介美育实践策略。

第三节 相关研究综述

一 国外媒介美育研究的焦点

进入20世纪90年代,互联网络兴起,手机、数字电视等数字化媒介也快速走入大众生活,由此也掀起一场媒介文化和美学研究热潮。此时后现代理论者,如沃尔夫冈·韦尔施(Wolfgang Welsch)、弗雷德里克·杰姆逊(Fredric R. Jameson)、道格拉斯·凯尔纳(Douglas Kellner)、迈克·费瑟斯通(Mike Featherstone)、肖恩·库比特(Shawn Cupit)、保罗·莱文森(Paul Levinson)等对媒介美育问题进行了直接或者间接的探讨。总体来看,当前媒介美育理论研究领域呈现出浓厚的后现代主义倾向。导致这一结果的内在原因其实与人类精神的某种抗争性或称超越性有关。因为批判学派在20世纪30年代将人类正在被媒介技术理性吞噬的危机展现在世人面前,人类精神的超越性便开始以"批判"态度,接着以"解构"的姿态来否定理性,而否定的方式则自发地表现为对感性的沉醉迷恋。继而又陷入由高科技制造出来的"复制""虚拟"的感官世界怪圈。此时的人类就如被束缚住双手的囚徒,一边是被技术理性辖制,另一边却无法承受否定一切价值后无意义的感官审美之轻,而面对人类精神的这般困境,什么样的美育理论才更有救赎价值?立足"批判",超越"解构",走向"建构",媒介美育研究发展至后现代以后呼吁的应是全新的美学理论，目的是实现人类在无法回避的媒介环境中，更健康、有序地行动、交往、发展。

马克·波斯特在《信息方式——后结构主义与社会语境》（1990年英文版出版）和《第二媒介时代》（1995年英文版出版）两部著作中，集中阐释了作为社会学者眼中后结构主义理论与电子媒介交流的关系，力证"双向型、去中心化的"电子媒介以大众媒介"第二时代"的名义，搅扰了传统印刷媒介文化的现代性的自律主体。"信息方式的出现，以及电子媒介的交流系统，改变了我们思考主体的方式，也带来了改变社会形态的前景"①。在广泛论借鉴了丹尼尔·贝尔（Daniel Bell）、波德里亚、米歇尔·福柯（Michel Foucault）、雅克·德里达（Jacques Derrida）、让·弗朗索瓦·利奥塔（Jean-Francois Lyotard）等后结构主义理论家学术思想中与电子媒介相关的修辞、交流、电子书写、媒介技术等思考的同时，波斯特也试图在哈贝马斯的交往理论中，找寻关于媒介交流中主体构建的未来前景。而他思考的核心问题即"电子交流手段因为其电子化特点，在某种程度上便成为新的语言经验，但是他们与普通言说及写作有何差异？此差异的意义又是什么呢？"②

德国哲学家沃尔夫冈·韦尔施1997年出版了《重构美学》（2002年中文版出版），他从现象学出发，集中研究了数字本体的超速度、数字形象和本质的同一性、数字空间的横向连接和延伸的多元性等问题，并由此讨论电子和数字媒体的本体论的哲学意味，即"可变性替代了稳定性，浅表替代了深沉，可能性替代了现实性"③，以及由此生成的审美思维，"超速、轻盈、变幻性和虚拟性，而位居这

---

① ［美］马克·波斯特：《第二媒介时代》，范静晔译，南京大学出版社2001年版，第84页。
② ［美］马克·波斯特：《信息方式——后结构主义与社会语境》，范静晔译，商务印书馆2000年版，第7页。
③ ［德］沃尔夫冈·韦尔施：《重构美学》，陆扬、张岩冰译，上海译文出版社2006年版，第204页。

一切之上的是参与感的延伸"①。韦尔施并不认为电子世界即是"人工天堂",他也表明了对"传媒现实对日常现实的渗透,现实和模拟之间的边界模糊"等问题的反思,最终他倾向于将人工电子世界的笛卡尔式的科学传统与16世纪人文主义智慧的互补调和视为"两元性"的媒介文化价值观。

新西兰学者肖恩·库比特在《数字美学》（1998年英文版出版）一书中,具有前瞻性地探讨了电脑文化的美学特质和美学目的,深入研究了网络媒体对主体性和社会性的影响。他不无担忧地借助斯坦·布雷克奇"关于视觉比喻"的论述,利奥塔在《非电影》中对"主流视觉组织商品化形"所映射的对图像力量的恐惧,以及爱森斯坦蒙太奇美学的"自主能指性"对中心主体的蓄意破坏的反思,建构了独特的带有伦理色彩的数字美学理论。从电脑的阅读界面开始,库比特分别观察了电脑作为电影之后的新型数字媒介在"空间效果、声音特性、虚拟现实作为机器感知"等方面所呈现出来的带有伦理学意义的审美特征。

麦克卢汉的媒介乐观主义后来也得以在美国人保罗·莱文森的研究中延续。在《数字麦克卢汉》一书中,莱文森以数字化时代媒介发展的具体事例,通俗地解释了麦克卢汉的理论,并再一次肯定了麦克卢汉媒介本体论中对媒介本身就是一种感知模式的命题,这实际上是进一步把媒介性质作为艺术形式和种类演变的基础,与社会现实、经济结构或艺术形式本身对艺术演变的影响不同,这一命题是对于媒介美学新的阐释参考点。除此之外,莱文森的关于数字媒介时代研究的作品《手机：挡不住的呼唤》《思想无羁——技术时代的认识论》等,大大发展了媒介"人性化趋势",认为不是人被动地适应媒介,同时媒介也会按照人的意志和设想发展。如此,极大地缓和了批判学派眼中人类与大众媒介之间不可调和的矛盾,同时也在某种程度上承认了人类审美的感性化发展事实。

---

① ［德］沃尔夫冈·韦尔施：《重构美学》,陆扬、张岩冰译,上海译文出版社2006年版,第205页。

以上四位学者的研究成果中都直接或间接地关注新媒介艺术的美育研究问题，他们观点的共同性体现在：第一，新的媒介技术必然带来媒介艺术的新形态。第二，新的艺术形态又会呈现与以往不同的审美特征，这也将改变人的审美体验、审美心理和审美价值观。第三，该如何看待这种变化，通过审美教育引导人们提升审美素养，是一味固守陈规，还是完全抛弃过往？如何在新旧交迭的媒介文化形势下建构有利于"人的全面发展"的文化价值观？这依然是有待商议的焦点话题。而本书也正是要围绕第三个问题，尝试结合媒介教育与美学研究中的新的理论资源，探寻更合理的解答。

与此同时，"媒介环境学"成为媒介教育超越保护主义"新典范"的理论依据。"媒介环境学"诞生在 20 世纪 60 年代末的北美大陆。作为游离于批判学派和经验学派之外的第三种媒介研究理论，一直被置于传播学研究的边缘地带。媒介环境学（国内也译为"媒介生态学"）的英文为 Media Ecology，早在古希腊时期亚里士多德就使用过 Ecology 一词，意指"家庭"或"家居环境"，意思是让我们的家庭保持精神上的安稳。而 Ecology 的第一个现代意义则是德国生物学家恩斯特·海克尔（Ernst Haeckecl）赋予的，即我们现在所用的意义"自然界诸元素的互动，他特别强调这样的互动如何产生一个平衡而健全的环境"。1968 年"媒介环境学"被正式命名为一个学术研究领域和理论团队，其标志性事件即纽约大学尼尔·波兹曼教授在 1968 年举办的美国英语教师协会理事会上发表题为《改革后的英语课程》（"The Reformed English Curriculum"）的论文。文章中他首次提出"媒介环境学"的名称，并将其解释为"把媒介当做环境的研究"。因为受到思想先驱麦克卢汉的影响，尼尔·波兹曼感兴趣于从生态学角度去理解媒介和文化，这个视角认为"媒介对文化的影响表现在形式上和环境上，而人们的思维方式和社会组织则是由业已形成内化的主导性的传播模式塑造的"，这也意味着媒介和技术对文化和社会在形式上和根本问题上会产生冲击。进而波兹曼在 1976 年发表的《纽约大学学报》中将"媒介环境学"的研究内容阐释为："媒介环境学研究人的交往、人交往的讯息及讯息系统。具体说媒介环境学研究传播媒介如何影响人的感知、感情、认识和价值。它试图说明我们对媒介的预设，试图发现各种媒介迫使我们扮演的角色，并解释媒介如何给我们所见所为的东西提供结构。"在已有的媒介环境学研究文献中较有影响力的人物和作品有：刘易斯·芒福德的《技艺与文明》(Techinics and Civilization，1934)被视为媒介环境学的奠基之作，雅克·吕艾尔的《技术社会》(The Teleological Society，1954)、《宣传：态度的形式》(Propaganda：The Formation of Men Attitudes，1962)，尹尼斯的《帝国与传播》(Empire and Communication，1950)，马歇尔·麦克卢汉的《机械新娘：工人的民俗》(1954)、《理解媒介：论人的延伸》(1964)，尼尔·波兹曼的《作为颠覆活动的教学》(1969)、《作为保护活动的教学》(1979)、《童年的消逝：家庭生活的社会史》(1982)、《娱乐至死：娱乐时代的公共话语》(1985)、《如何看电视新闻》(1992)、《技术垄断：文化向技术投降》(1992)、《教育的终结：重新界定学校的价值》(1996)、《修建通向18世纪的桥梁：历史如何帮助改进未来》(2000)等。

"媒介环境学"的阐释价值逐步被国际媒介教育研究领域发现并认可，正在成为媒介教育哲学发展的前沿理论。除了大卫·巴金汉姆在1999年明确发文提出这一观点以外，美国威廉·帕特林大学教授、美国媒介环境学会副会长林文刚在《媒介环境学》中也曾指明，"尼尔·波兹曼在出版《作为颠覆活动的教学》时，媒介教育理论已经得到充分的阐述，《作为保存活动的教学》出版时，媒介教育理论又得到最好的阐释。有趣的是美国的媒介环境学研究是走在广为人知的英国媒介教育的前头的，但得到承认的却是英国的媒介教育运动。"[①]我国台湾学者吴翠珍和陈世敏在《媒体素养教育》一书中更是直接将媒介环境学理论与英国文化研究、意识形态研究、文化主导权研

---

① [美]林文刚编：《媒介环境学——思想沿革与多维视野》，何道宽译，北京大学出版社2007年版，第187页。

究、传播政治经济学并列,称为媒介教育的学术基础。[①] 在现有研究文献中,除了直接陈述媒介环境学作为理论发展趋势的书籍和论文之外,还有部分资料是从不同侧面间接提及媒介环境学对于当下媒介教育发展的重要启示价值,例如,Ramos "Understanding Literacy: Theoretical Foundations for Research in Media Ecology" (2000); Mittell, Jason "The Cultural Power of an Anti-Television Metaphor" (2000); Martion, Robin "From Pretense to Real Meaning: A Book Review of Teaching as Subversive Activity" (2000); Lum, Cassey Mam Kong "Introduction: The Intellectual Roots of Media Ecology" (2000); J. M. Vander Laan "Postman, Neil and the Critique of Technology" (2004) 等学术论文。以上文献对媒介教育的学理启发在于,强调以整体的观念看待媒介与生活在其中的受众,而不再采取与媒介对立和抵制的方式进行媒介教育,注重媒介技术对受众感知的改变和生活经验的改变,对于新、旧媒介技术的态度持有平衡的观点。同时对于媒介所传达的文化现象更是讲求关系的制衡,不关注一方压倒另一方的绝对优势,而是强调彼此多元共存相互制衡的调和原则。"整体性、互动性、制衡性、调和性"是媒介环境学视角下媒介教育哲学的核心要素。

二 国内媒介美育的研究现状

在我国大陆地区,媒介教育自 20 世纪 90 年代中后期被引入以来,经历了大致四个不同发展时期:第一阶段(20 世纪 90 年代—2003 年)是引入与萌芽期;第二阶段(2003—2005 年)是第一次高峰期;第三阶段(2006—2007 年)是持续发展期;第四阶段(2008—2010 年)是第二次高峰期。时至今日,媒介教育研究发展又呈现新的形势,据初步统计,2010—2014 年"中国知网"可查"媒介(素养)教育"相关论文总量 2191 篇,远远超过以往十年相

[①] 吴翠珍、陈世敏编著:《媒体素养教育》,巨流图书公司 2007 年版,第 61—62 页。

关研究数量总和，相较于 2008—2010 年的第二次高峰期出现了显著变化。与此同时，媒介教育研究中与美育问题相关的文献，在选题、内容以及方法层面都有不同程度的发展，其大致特征呈现为以下几个方面：

1. 媒介美育研究的"逻辑起点"与"互联网媒介"语境成为热点

宏观而言，当下在国内媒介美育的研究中，"逻辑起点"的探讨被广泛关注，总的观点认为，应将媒介教育的立足点由早期针对"媒介"的操作技能和基础认知的教育转换到以"人"为核心出发点，关注媒介对于人的影响，其中如何在媒介生存中建立主体性是未来媒介教育的关键问题。南京师范大学张舒予教授指出："媒介对人的影响是最原初的、最本源的，它是第一性的，是整个媒介素养教育体系赖以建立起来的根据和基础，整个媒介素养教育体系的全部发展都包括在这个萌芽中。"① 刘津池、解月光在《高等师范院校媒介素养教育的理论研究》一文中也重点提及：媒介素养教育要着眼于主体性建构，而不能仅仅停留于一般技能的培养。在充分论证媒介素养教育是社会发展的产物也是整个教育部门的重要组成部分的基础上，文章指出："媒介素养教育的基本理念、核心价值、发展趋向，被涵括于社会发展的基本理念、核心价值和发展趋向之中，即意味着媒介素养教育具有一定的社会历史基础，并能承担部分的社会职能，并为整个社会发展服务。"②

与此同时，关于互联网 Web 3.0 新媒体时代给媒介教育本质研究带来的影响也成为学者关注的热点话题。一部分文献从不同角度论述了 Web 3.0 作为新的媒介语境将给媒介教育的内涵、目标、教育方法带来巨大的影响。如李树培借用媒介环境学家尼尔·波兹曼的观点提

---

① 卢锋、张舒予：《论媒介素养教育的逻辑起点》，《教育评论》2010 年第 4 期。
② 刘津池、解月光：《高等师范院校媒介素养教育的理论研究》，《中国电化教育》2011 年第 11 期。

出："电视与网络媒体二者的共同点都是碎片化、非线性、娱乐化，与强调知识学习的系统性、递进性、学术性正好相对，可能消解了学校教育对知识结构、逻辑思维和深度理解的追求，消解了学校教育对专心、持续投入、自我挑战等情感的青睐。"[①] 彭兰在文章中总结Web 3.0最突出的媒介特点为社会化媒体："互联网关键的变革之一，便在于从门户时代转向社会化媒体时代，社会化媒体真正代表了网络传播对传统大众传播的冲击。"[②] 而要想积极地面对社会化媒体普及后碎片化信息给人们带来的危机，建立"为我所用"的价值认同比简单的批判更有长远意义。文章作者还提出媒介使用素养、信息生产素养、信息消费素养、社会交往素养、社会协作素养、社会参与素养将共同构成新媒体语境中的媒介教育本质内涵。

2. 对媒介美育在媒介教育中的重要地位的认同

国内媒介教育自20世纪90年代兴起以来，受到北美经验传播学派理论的强势影响，主要研究视野在于通过实证研究调查分析国内青少年、媒介从业人员、农民工等单一群体的媒介素养现状和缺失情况。研究方法则大多数应用传播学的实证量化研究以及教育学中的批判理论。然而随着进入21世纪以来，国内媒介环境日益与国际同质化，媒介文化现象的纷繁复杂发展，迫使媒介教育学者转而关注更具人文主义关怀的社会学、美学以及文化的定性研究方法。此时，跨学科融合的研究方法主要体现为从美学的角度出发，或以文化分析为切入口最终指向以文化审美教育的方法提升人们的"诗意化媒介生存"。如李凡卓在《走向媒介文化批评——媒介素养教育的理论反思与展望》一文中，站在反思历史的平台上，辨析了过往"我国大陆媒介素养教育研究以信息主义取向的批评来建构媒介素养教育理论，存在着批评对象片面、批评标准单一、批评视域封闭、批评理论和方

[①] 李树培：《儿童媒介素养教育：缘由、实质与误区》，《教育发展研究》2014年第4期。

[②] 彭兰：《社会化媒体时代的三种媒介素养及其关系》，《上海师范大学学报》2013年第5期。

法匮乏等问题"①，并以此为依据提出了"媒介素养教育理论与研究未来可能的一种发展方向——文化研究取向"②。何雪莲也在《超越解构主义——新媒体时代之媒介素养教育》一文中论述了媒介问题从本质上而言是"文化问题"。而"文化关涉的是思想价值观、信念和趣味……思想、价值观、信念和趣味，而不是技巧，才是素养的真正含义。有了素养，技巧显得多余；没有素养，技巧适得其反。应该让素养催生技巧，而不是相反，技巧这条小舟拉不动素养的大船"③。中国社会科学研究院卜卫研究员也在《关于媒介素养教育作为性别平等倡导战略的研究》一文中，充分论证了媒介素养教育研究作为一门多学科交叉领域，为了更好地提升理论研究的水平，开放的多学科的资源是十分必要的："这些学说至少包括文化研究、意识形态理论、霸权理论、符号学、传播政治经济学。此外，还有媒介生态学、女权主义媒介研究、失语群体研究、替代性媒介或激进媒介研究、参与式传播学、话语与权力研究等。"④

3. 媒介美育的伦理学向度

针对现代媒介化生存中出现的新问题，如"以人伦关系为基础的社会法则在网络世界失去了效力，道德主体和客体责任意识的淡化、缺失，造成了对个人隐私、名誉权侵犯的肆无忌惮；同时消费文化空前膨胀，使得个人欲求横行，大量网络事件在缺少制度规训的空间里突破人伦界限，触及人性本质"⑤等问题，部分学者提出从伦理学的视角出发，探讨传授主体在当下媒介环境特别是网络环境中应奉行何

---

① 李凡卓：《走向媒介文化批评——媒介素养教育的理论反思与展望》，《现代大学教育》2012年第3期。

② 同上。

③ 何雪莲：《超越解构主义——新媒体时代之媒介素养教育》，《教育发展研究》2012年第2期。

④ 卜卫：《关于媒介素养教育作为性别平等倡导战略的研究》，《妇女研究论丛》2011年第5期。

⑤ 宋永琴、武文颖：《网络伦理表征下的媒介素养构建》，《现代传播》2014年第6期。

种价值观，以及如何建构网络道德要求和理性约束应成为媒介素养教育培养的必要组成部分。刘咏芳等在《论新媒体环境下青年社会责任教育的伦理向度》一文中从尊重自主性、思想自由、独立思考三个角度出发提出了新媒体环境下青年社会责任教育的伦理向度[1]，强调伦理价值的导向性以及理解并尊重青年亚文化与主流文化差异。罗生全等在《论媒介素养教育的伦理自觉》一文中提出媒介伦理自觉主要涵盖四个方面：道德、道德自觉、伦理、伦理自觉。并且给出了伦理自觉的定义，即指人们对媒介素养教育行为事实的尊重，按照一定的道德规范与要求去进行科学合理的媒介素养教育行为[2]。

4. 结合国情建构创新性媒介美育模式

针对媒介教育模式这一问题，国内学者也作了更多有意义的思考。总体而言，大家关注的不再是如何将国外已有模式嫁接到中国的媒介环境下，而是趋向于打破已有成规、结合时下国情、建构创新性的教育模式。申金霞认为，我国的媒介教育正在经历从"保护主义"到"信息产制"的范式变化。我国已经进入第四代范式，即强调对媒介的质疑和批判性思考[3]。而李智指出，在中国特殊的社会历史语境下，我国的媒介教育实践主要是在追求传播效果的功能主义范式支配下展开的，如果参照西方批判主义的源头，媒介教育传入中国后就有了偏差。他提出了要营造民主政治文化的土壤，为媒介教育提供其所需的批判主义范式[4]。吴志斌在对屏幕教育的现实逻辑问题分析时指出："我国的教育理念应该向启发参与式理念转换，应该立足于我

---

[1] 刘咏芳、员智凯：《论新媒体环境下青年社会责任教育的伦理向度》，《福建论坛》2013年第1期。

[2] 罗生全、欧露梅：《论媒介素养教育的伦理自觉》，《中国电化教育》2013年第5期。

[3] 申金霞：《论公民记者的媒介素养教育》，《新闻界》2012年第9期。

[4] 李智：《媒介素养教育的本土化：从批判主义范式到功能主义范式》，《现代传播》2012年第9期。

们的问题语境,改变被动接受的教育理念。"① 值得一提的是,李森有研究了发达国家的媒介素养教育的理论与实践,认为媒介素养教育的文化研究取向和干涉主义取向是相互联系的,只有将二者结合才是恰当的选择;并结合我国教育的实际提出了三层九环媒介教育中国模式的参考图景②。

总体而言,对比国际媒介教育的整体发展水平,国内的媒介美育在理论研究方面一直处于落后状态。首先,缺乏独立创新的有本土化特色的媒介美育理念。从教育哲学、教育模式到教育途径和方法,国内媒介美育研究一直处于对国外已有成熟经验的引进和模仿阶段。另一方面还表现在,对国际媒介教育理念的前沿动态反应相对滞后,特别是针对目前国际媒介教育界较为关注的媒介环境学的美育思想研究基本处于空白状态,虽然在部分学者,如白传之、闫欢2008年出版的《媒介教育论:起源、理论与应用》,荣建华2011年出版的《中国媒介素养教育论》和张艳秋2012年出版的《理解媒介素养:起源、范式与路径》等书籍中已提及媒介环境学(也有称媒介生态理论)对媒介教育的学理影响,但多数也只是停留在简要介绍媒介环境学的学术历程与主要观点的阶段,缺乏对媒介环境学者相关媒介教育理论的深入剖析,特别是在媒介环境学视角下,如何结合当前国内受众媒介使用现状和具体问题,建构更为有长远发展价值的媒介教育理论内涵的相关研究十分匮乏。

5. 作为媒介美育重要内容的"媒介文化"的国内研究现状

自20世纪90年代开始,媒介审美文化在国内学界逐渐升温,相关研究的文献可谓汗牛充栋,目前此部分已有文献大致可分为三个部分。

第一,从学理上系统阐释媒介对审美文化的冲击,例如探讨"互联网时代"媒介影响下美感内涵、审美范畴和审美风格的流变,代表

---

① 吴志斌:《论屏幕媒介环境下大学生媒介素养教育》,《现代教育技术》2010年第4期。

② 李森有:《网络环境下的媒介素养教育模式》,《情报科学》2010年第1期。

性文献有：周宪《中国当代审美文化研究》（北京大学出版社1997年版）；王一川则在《美学教程》（复旦大学，2004）、《新编美学教程》（复旦大学，2009）等教材中论述了媒介作为审美沟通的感性渠道的重要性；由金慧敏、王岳川主编的《媒介哲学》（河南大学出版社2004年版）以专题形式，汇集张法、南帆、张荣翼、戴锦华、欧阳友权、金元浦、周宪、黄鸣奋等学者的观点，探讨了媒介文化作为流行文化的消费属性、虚拟属性、视觉化等审美风格的嬗变，同时也提出对媒介审美文化的"人文关怀、人性底蕴"价值的追问。陶东风、和磊的《文化研究》（广西师范大学出版社2006年版）一书在以中国学者视角梳理西方文化研究历史的过程中，以"视觉文化"为专题探讨了媒介审美文化将带来的美学的、历史学的和社会学的影响。后来陶东风在其主编《文学理论基本问题》（北京大学出版社2007年版）的附录中也提到了"文学与媒介"的话题。张江南、王惠的《网络时代的美学》（上海三联书店2006年版）着重论述了互联网以交流为特征的审美活动以及网络的哲学美学存在论、网络艺术论等内容。

除此以外，胡永、范海燕的《网络为王》（海南出版社1997年版），吴伯凡的《孤独的狂欢——数字时代的交往》（中国人民大学出版社1998年版），潘知常的《大众传媒与大众文化》（上海人民出版社2002年版），齐鹏的《当代文化与感性革命》（文化艺术出版社2006年版），曾国屏的《赛博空间的哲学探索》（清华大学出版社2002年版），张泳华的《媒介分析：传播技术神话的解读》（复旦大学出版社2002年版），蒋晓丽、石磊的《传媒与文化——文化视角下的传媒研究》（华夏出版社2008年版），庄晓东主编的《文化传播：历史、理论与现实》（人民出版社2003年版），徐国源、谷鹏的《当代传媒生态学》（上海三联书店2006年版），胡永的《众声喧哗——网络时代的个人表达与公共讨论》（广西师范大学出版社2008年版），以及周宪、刘康的《中国当代传媒文化研究》（北京大学出版社2011年版）等众多研究成果则从传播学、社会学视角旁涉媒介审美文化的问题。

第二，对"互联网时代"媒介审美文化流变背后的审美危机展开局部、零散的批判反思。比较有影响力的著作包括：吴志翔的《肆虐的狂欢：传媒美学谈》（武汉大学出版社2006年版）、蒋原伦的《媒介文化十二讲》（北京大学出版社2010年版）、陈龙撰写的《传媒文化研究》（中国人民大学出版社2009年版）；由王一川主编《媒介新体验》系列丛书中，周志强著的《我点击我存在：网络》（云南人民出版社2004年版）一书以全新的视角，运用文艺批评的方法，选取网络聊天、博客、网络文学和网络色情等媒介审美文化议题展开生动而深刻的批判，提出"如何在网络媒介文化建构的虚拟现实中塑造虚拟化、交互性的符号自我"的价值追问。与此同时，论及此类问题的代表性著作还有：王文宏主编的《网络文化多棱镜——奇异的赛博空间》（北京邮电大学出版社2009年版）、李勇的《媒介时代的审美问题研究》（河南人民出版社2009年版）、赵勇的《大众媒介与文化变迁——中国当代媒介文化的散点透视》（北京大学出版社2010年版）、董天策的《消费时代与中国传媒文化的嬗变》（中国社会科学出版社2011年版）等。

第三，从文学、艺术学视角进入"互联网时代"的新媒介艺术研究，这部分既有对新媒介艺术的描述性介绍，也有对新媒介艺术的美学分析和理论阐释。从时间顺序来说，黄鸣奋、南帆、欧阳友权、王一川、杜书瀛、金惠敏、张法等学者对媒介艺术的关注起步较早。具体而言，厦门大学的学者黄鸣奋自20世纪末就开始系统研究电脑、互联网、数码等新媒介艺术形态，先后著有《电脑艺术学》（学林出版社1998年版）、《电子艺术学》（科学出版社1999年版）、《比特挑战缪斯——网络与艺术》（厦门大学出版社2000年版）、《超文本诗学》（厦门大学出版社2002年版）、《数码戏剧学：影视、电玩与智能偶戏研究》（厦门大学出版社2004年版）、《数码艺术学》（学林出版社2005年版）、《互联网艺术》（文化艺术出版社2006年版）、《互联网艺术产业》（学林出版社2008年版）、《新媒体与西方数码艺术理论》（学林出版社2009年版）等众多著作，全面论述了大众媒介自广播、电影、电视、互联网至数字媒体等技术与艺术的相互渗透，分门别类地介绍了各媒介艺术形态的发生发展史、代表性作品，特别是针对不同媒介艺术的审美特征提出了独到见解。

描述类的媒介艺术研究文献，例如：许行明的《网络艺术》（北京广播学院出版社2001年版）、王强的《网络艺术的可能》（广东教育出版社2001年版）、曹增节的《网络美学》（中国美术学院出版社2005年版）、张朝晖的《新媒体艺术》（科学出版社2005年版）、陈玲的《新媒体艺术史纲》（清华大学出版社2007年版）等著作。还有，金惠敏的《媒介的后果——文学终结点上的批判理论》（人民文学出版社2005年版）、《网络文学论纲》（人民文学出版社2003年版）、《网络文学本体论》（中国文联出版社2004年版）、《数字化语境中的文艺学》（中国社会科学出版社2005年版）。吴玉杰、宋玉书主编的《冲突与互动——新时期文学与大众传媒研究》（辽宁人民出版社2006年版），王志敏的《现代电影美学体系》（北京大学出版社2006年版），彭吉象的《影视美学》（北京大学出版社2002年版），曾耀农的《现代影视美学》（中南大学出版社2005年版），史可扬的《影视美学教程》（北京师范大学出版社2006年版），宋家玲、李小丽的《影视美学》（中国广播影视出版社2007年版）等著作也值得关注。

总体而言，国内与美育相关的"媒介文化"问题的已有研究成果呈现以下四方面特征：

第一，对于"互联网时代"新媒体艺术的研究多停留在表面形态和审美特征层面的描述性介绍，而对受众如何获得新的审美体验和审美心理的变化谈及较少，这也就意味着对媒介美育心理的作用机制关注较少。

第二，理论问题的研究，相对而言，是以法兰克福文化批判、英国文化研究、符号学研究和后现代主义美学为内在理论根基，这一方面说明上述理论在当代媒介审美研究中的持续解释力，前现代主体性美学理论的影响力依然强大。但随着现状问题的层出不穷，主体间性后以实践美学为代表的现代美学流派的媒介研究正在崛起，但仍缺乏深入研究。

第三，对于"互联网时代"区别于以往媒介时代的独特的审美体验研究多数是经验性的、零散的、缺乏系统性的理论阐释。特别是缺少针对"互联网时代"不断变迁的审美经验，应该如何确立可持续发展空间的审美价值观体系，以及在美育实践路径上如何实现审美意识、审美趣味的提升等深化问题的研究。

第四节　创新之处

一　跨学科研究方法的创新

以往传统的审美教育研究多数是作为美学原理的一部分学理的延展，总体性地思考美育的性质、目的、功能、途径等问题；或者以艺术教育为典型，通过对某一艺术类型的作品鉴赏、艺术原理介绍来提升受众的审美素养。对于"媒介"因素在审美教育中的作用和价值常常被忽略，而随着互联网技术的不断创新，使用的普及与深化，媒介技术的本体属性对改变受众审美体验，创造新的艺术形态，形成完全区别于"单向传播时代"的审美经验等审美教育的各个层面都起到了"根本性"的决定作用。因而本书采用了传播学的相关理论和论述方法，从互联网的媒介技术特性、传播特性、传播效果等方面论述问题，突出了审美教育的"媒介"环节。本书还大量引用了国内外媒介教育学的理论和实践资料，特别是媒介教育的心理学实证研究，目的是实现论述中美育和教育学的深度融合，提升审美教育理论的系统性和科学性。

二　案例分析层面的创新

本书突出了美育研究的时代感，在案例文本层面全方位关注了互联网时代的典型文本：一方面，有传统媒介（口语媒介、印刷媒介、电子媒介）通过互联网进行的二次传播文本，包括网络小说、网络视频、网络音乐、网络广告；另一方面，还包括对网络虚拟现实游戏、网络虚拟博物馆、阿普艺术等新兴互联网媒介艺术形态的引入。特别是打破了审美客体的范畴界限，将具有"交互式的体验活动"也作为考察文本，例如，"微信公益活动"对于审美价值的正向引导，以及"网络新语体"、网络"人肉搜索""网络欺凌"等负向的审美文化现状批判。

三　学理层面的创新

以往大众传播时代的媒介美育更多关注的是受众作为媒介使用者如何近用、分析、理解媒介信息的知识技能、分辨能力和反思批判意识。但互联网时代媒介技术彻底变革了受众被动接收媒介信息的状态，使用者同时也是媒介信息的传播者和创作者，这就使得"保护主义范式"的媒介美育出现了理论盲区。"超越保护主义范式"的学理价值关键正在于将"主体间性论"的审美价值观合理地与互联网时代的媒介文化现状对接，摒弃了"主体性"审美观对于大众媒介文化的完全抵制立场，从根本上阐释了"人的媒介化生存危机"的根本原因，并以"美在关系"为核心，探讨了建构适应当下"人—媒"和谐共生的审美价值体系的新角度。

第一章

媒介美育的思想史回溯

第一节 媒介美育理念的发生及发展进程

媒介美育作为媒介教育的一部分自20世纪30年代被西方教育界关注并提出，至今已有80多年的发展历史，由于各地的政治制度、文化环境、媒体制度、教育制度不尽相同，媒介美育在其产生、发展的不同历史阶段中必然呈现各具特色的历史路径和取向。本节在整理理论和实践史料的基础上，对媒介美育理念的发生及发展进程加以论述，以期明确媒介美育的概念范畴，洞察历史脉络中内涵理念所呈现的不同特征，进而提炼出"保护主义"美育范式的阶段构成、核心内容以及主要特征。为下文对比论述"超越保护主义范式"铺垫理论阐释基础。

一 20世纪30—70年代媒介美育的甄辨时期

20世纪初，通俗小说、大众报刊、流行歌曲、电影和广播等大众媒介在西方发达国家的传媒舞台上不断登场。它们不仅成了人们获得外界信息的主要渠道，而且广泛地渗透到个人、家庭和社会生活的各个方面，尤其突出的是随着购买力提升，通俗报纸的"媚俗化"趋势日益显现，报业大亨对于流行文化的控制势不可当，很快带有"传统文化"信念的社会精英开始关注到这些新型媒介给传统价值观和高雅审美品位带来的冲击。与此同时，在英国、法国、德国等欧洲国家，保护文化价值的动机还表现在对美国文化霸权的担忧。而美国国内则将这种类似的担忧体现在对本国强势媒体中传播的性和暴力以及消费刺激和实用主义方面所起的负面作用。媒介美育的理念正是源于上述"大众文化"对"共同文化"的冲击下，知识精英们对传统文化的捍卫初衷。

正如大卫·巴金汉姆（David Buckingham）和莱恩·马斯特曼（Len Masterman）在他们各自的代表著作中记述的，世界上媒介教育发展历史较为悠久的国家是英国。在《文化与环境：批判意识的培养》一书中，利维斯首次提出将媒介美育引入学校课堂的建议，并涉及了一系列针对新闻、流行小说和广告等批判"识读"的课堂练习。这本书后来经过不断改版，实际上是媒介美育史上第一部被广泛使用的教材，并在20世纪60年代英国大众文化研究兴起前一直占据媒介美育实践的指导思想地位。有趣的是，利维斯在这本著作中并未真正使用"媒介素养""媒介教育"（Media Literacy）或"媒介美育"（Media Education）的概念表述，而始终强调的是"Literary Education"——文学、人文的教育和"Culture Education"——文化教育。[1]这也意味着，在媒介美育的诞生初期，其基本的核心内涵在某种程度上是文学素养在工业化时代的变体，这一时期的媒介美育在骨子里秉承着文学批评的价值和理想，是带有鲜活人文属性的文化素养。这也很好地解释了，为何今日在主要的欧美国家，正规媒介美育课程大多数是下设在大、中、小学的英语文学教育课程和艺术类课程体系中的普遍现象。

从媒介美育的阶段性发展来看，早期法兰克福学派的霍克海默、阿多诺、本雅明和稍晚一些的马尔库塞的媒介批判思想对"甄辨时期"的理论和实践都产生了极其深远的影响。他们的主要贡献在于，延续利维斯的"批判"精神，但却抛弃狭隘的贵族精英特权意识，吸纳早期马克思主义的异化理论和人道主义思想，立足于整个人类的

---

[1] F. R. Leavis-Author, Denys Thompson, *Culture and Environment: The Training of Critical Awareness*, London: Place of Publication, 1933, pp. 2-5.

"自由全面发展"来冷眼旁观西方资本主义社会普遍遇到的历史文化困境。他们的美育思想在"媒介批判"的语境中展开，以"文化工业"重要载体的大众媒介为审美批判客体，目的就在于揭露报刊、广播、电影、电视等大众媒体和其承载的大众流行文化的"反审美属性"。而其关键的发力点在于对大众传播媒介意识形态本质的揭穿，即鞭笞了"文化工业"在后工业时代沦落为商品的"单向度"文化，必然引起单一化、标准化和同质化，"以一种和缓的强求一致的方式"造成人主体性的沦丧。人失去自由而全面发展的可能性，在毫不自知的媒介生活中变成"缺乏否定精神、没有批判意识、更无超越欲望的单向度的人"。就法兰克福学派的美育思想的核心价值而言，审美批判于教育的根本目标就是要使人脱离麻木与愚钝而不自知的状态，反思媒介文化工业的异化属性，通过甄辨对人的"单向度"发展形成免疫。

由于上述时期的媒介美育理念，着重强调培育受众对大众媒介文化的"甄别与抵制"，因此这种通过"免疫法"维护传统文化、维护纯正民族精神与主流价值观念的媒介美育发展阶段就被称为"甄辨时期"。

二 20世纪70—90年代媒介美育的表征分析时期

20世纪70—90年代，随着结构主义和符号学的兴盛，对媒介审美素养的理解也开始深入细化，单纯视听语言的审美鉴赏已经不足以平衡这一时期受众对大众媒介深度依赖所带来的利弊关系。于是文化价值论的主导地位开始被政治经济学和意识形态问题所取代。符号学解密的方式更强调对媒介表征的"细读"。语言、图像、声音，一切表征背后能指与所指关系成为关注焦点。意义是什么不再成为首要问题，关键的是理解意义是如何产生的。"结果"让位于"过程"，这一理念也成为媒介素养理念的新内涵，重视对受众自主批判能力的内化培养取代了简单授予其现象分析的技能和手段。

"语言"和"再现"成为这一时期媒介美育的核心关键词。英国利物浦大学高级研究院，联合国教科文组织及欧洲议会媒介素养教育问题咨询顾问——莱恩·马斯特曼（Len Masterman）在1980年前后的《电视教学》（Teaching about Television）、《媒体教学》（Teaching the Media）等书中就着重强调了语言、符号、意识形态和再现等问题。他一方面延续"大众艺术理论"时期《屏幕教育》杂志的研究传统；另一方面则认为，这个时期媒介教育最主要的目的应该是揭示媒介文本表征的建构本质，且借此说明媒体的再现如何增强社会中支配团体的意识形态，而非再延续媒介文本美学分析和文化价值有无的探讨。马斯特曼致力于推广符号学的分析方法，这些分析的形式和对媒体工业所进行详细的经济研究结合，学生被要求将主观反应与快感放在一旁，而去运用系统分析来挖掘媒体中"隐藏"的意识形态——并且借此将他们自身由媒体所隐含的意识形态中"解放"出来，至此迎来一种政治或意识形态的去迷思化"表征分析时期"的挑战。

作为媒介"再现"现实的过程，"表征"成为这一时期媒介教育以及媒介美育关注的焦点。一方面，先悬置"传统上认为理所当然的内容、价值认定和美学判断"；另一方面，全面吸纳结构主义以及符号学科学严谨的分析方法，解密媒介表征的指意过程（即意识形态的生产过程）。从美育培养"自由全面发展的人"的目标来看，结构主义——符号学最大的价值就在于，为解密媒介对于现实的"再现"过程提供了科学而严密的研究方法，做到媒介意识形态的"祛魅化"。在解读媒体文本方面，符号学的能指和所指使我们最终能够摆脱对媒体的基于主观好恶的分析和判断。如果说，对于大众媒介作为"文化工业的"资本主义意识形态本质从法兰克福学派开始就已经有所论及，那么发展至这一时期，结构主义——符号学就是为意识形态批判提供了行之有效的研究方法、批判路径和教育策略。在此阶段，代表人物当属法国的符号学家罗兰·巴特（Roland Barthes），他的主要美育思想体现在《神话学》和《符号学原理》两本著作中。巴特延续索绪尔的结构主义语言学理论基础，集中回答了"符号意义是怎样被建构的？意识形态在媒介文化中是如何渗透的？而大众又将如何反抗意识形态等问题"。

三 1990—2000年媒介美育的后现代理论时期

20世纪末期，以英国、美国为代表的资本主义发达国家，朝向"后工业"消费社会发展的转变，"已被视为松动了既有的劳雇模式、居住形态以及社会生活，现有的社会机制、市民社会的规则及传统的公民概念越来越受到质疑"，日渐增加的疏离感与个性化使得长久以来的生活方式受到侵袭。作为后现代主义思想的巨头，波德里亚立足于后结构主义和西方马克思主义思想交织的网络中，借鉴麦克卢汉"媒介即信息"的观点，深刻阐释了自20世纪60年代西方发达国家进入后工业社会以来的媒体功能以及媒介环境变迁给人类内心世界和社会结构带来的影响。虽然有人质疑其"媒介技术决定论"的悲观论调，但站在媒介美育对"人自由全面发展追求"的目标立场上看，波德里亚对后现代主义消费社会中媒介符号解构性的质疑，从本质上揭示了人的主体性和社会结构在媒介文化符号中的消逝，这种揭示本身就是一种强有力的批判，并如达摩克利斯之剑时时警醒着媒介使用者的反观与自省，以此提高媒介审美能力和素养。

第二次世界大战结束后，人们的基本生存需求方面的匮乏已经明显改善，"怎样生存"成为继而困扰人们的基本议题。此时，马克斯·韦伯新教伦理意义上对现在资本社会所持有的顺从、节俭的道德建构已经开始被消费社会的"欲望满足"所取代，消费取代生产主导了整个资本主义社会的运转体系，古典经济学意义上的生产社会开始进入后现代意义上的消费社会。其实从《物体系》（1968）到《消费时代》（1970）波德里亚已经开始从关注客体的分析转向对流通领域商品结构的分析，尤为关注的是在现在资本主义社会的消费活动中（媒介消费是典型代表）人被奴役的处境问题，"我们生活在物的时代：我是说，我们根据它们的节奏和不断替代的现实而生活着。在以往的所有文明中，能够在一代一代人之后存在下来的是物，是经久不衰的工具或建筑物；而今天，看到物的产生、完善与消亡的却是我们自己"①，这种自我的消亡实质上就是指消费主体在消费结构中的被控制和被盘剥。"消费是用某种编码及某种与此编码相适应的竞争性合作的、无意识的纪律来驯化他们；这不是通过取消便利，而相反是让他们进入游戏规则。这样，消费才能只身取代一切意识形态，并同时只身担负起整个社会一体化的重任，就像原始社会的等级或宗教礼仪所做到的那样。"② 波德里亚所批判的这种造成主体性被消解的"消费意识形态"又是如何发挥作用的呢？他认为主要是通过消费过程中的符码控制（特别是媒介符码）来实现的。

在此阶段媒介美育虽然在总体思潮上体现出"教与学"关系，以及"人与媒介关系"的重新定位，更强调在尊重个体特征和主观意愿的前提下展开美育的具体策略，但无疑以波德里亚为代表的后现代美学思想从更深刻的层面打开了人们对媒介批判、审视的视角，如何能够知道"媒介的本质意义？以及媒介对人类生存将带来哪些影响？这些影响哪些是有利面？哪些又是不可回避的弊端？"只有在对上述问题有强烈的"问题意识"和思辨的前提下，才可能实现媒介生存中真正的自由，也才可称为具有了较理想的媒介素养水准。

第二节 防御性的主体美学——"保护主义范式"的审美观培养

一 "保护主义范式"审美观教育的文化防御性

早在媒介美育诞生之初，利维斯就通过对"工业文化"的反思和"有机文化"的怀旧来宣扬他的媒介审美观。他以电影为例，历数了工业文化带来的灾难，他说"电影因为它巨大的潜在影响，带来的灾

---

① [法] 让·波德里亚：《消费社会》，刘成富、全志钢译，南京大学出版社2000年版，第2页。

② 同上书，第90页。

难更是非同一般的"。利维斯叹道,"电影如今是提供了文明世界的主流娱乐形式,它们使人在催眠状态之下,向最廉价的情感引诱俯首称臣,这些引诱因其栩栩如生的真实生活的假象,更显得阴险狡猾。"① 利维斯还谈到了广播的负面影响:"虽然同样有人说,广播也给了我们好的音乐和有益的讲演,但是广播对文化的标准化影响是毋庸置疑的,只是因为这里没有一心追逐商业利润的好莱坞的参与,平庸化的特征表现得没有那么明显罢了。"② 由此,利维斯认为文化的堕落是媒介工业化的恶果,而他所倡导的以文学批评为主流方式的媒介美育,就是要对此展开文化防御。

同样是在"甄辨时期",法兰克福学派媒介审美观的阐释和宣教也体现出鲜明的"文化防御性"。"文化工业"一词出现在1947年霍克海默和阿合著的《启蒙辩证法》中"文化工业:作为欺骗群众的启蒙"一章。阿多诺从多个角度对"文化工业"进行描述剖析:首先,在"文化工业"时代,文化失去了"否定"和"承诺幸福"的价值属性,而沦为一种商品。"文化产品的价值由这些产品所能实现的价值,即它们的交换价值决定,而不再取决于它们自身特殊的内容和完美的艺术形式。在这种工业生产体系中生产的文化产品,具备一切大批量生产和销售的产品特点:商品性、标准性和批发性。"③ "商品性"的最突出体现在于文化工业的所有目的都集中在赤裸裸的盈利。商品的价值、使用价值和交换价值被彻底等同起来,"商品已经成为它自己的意识形态"④;"标准性"是指,"文化产业通过技术使社会劳动和社会系统这两种不同的逻辑的区别不复存在,最终实现了标准化和大众生产,取消了个体的独立自主性"⑤。例如"文化产业"

---

① F. R. Leavis-Author, Denys Thompson, *Culture and Environment: The Training of Critical Awareness*, London: Place of Publication, 1933, pp. 10–15.

② Ibid..

③ 石义彬:《批判视野下的西方传播思想》,商务印书馆2014年版,第23页。

④ 同上书,第17页。

⑤ 金慧敏等:《西方美学史》第四卷,中国社会科学出版社2008年版,第523页。

通过细节的风格化形式造成无处不在的普遍约束,"一切业已消失,仅仅剩下了风格"①,"电影一开始就知道结尾如何,谁将得到好报,谁将受到惩罚,谁会被忘却。在轻音乐里,一旦熏染了的耳朵听到流行音乐的第一个音调,就能猜到紧接着要来的是什么,当它确实来临,就感到奉承般的快感。短篇小说的长度被规定,电视剧的长度也是被规定的,喜剧和悲剧都有了起承转合的八股。各类故事中也描绘个人与社会规范之间的斗争,但最后必然是个人适应社会"②。这就势必最终产生大量模糊了"普遍性与特殊性""规范性与特定需求"之间差别的批量化产品。"正因为千百万人参与了这一再生产过程,所以这种再生产不仅是必要的,而且无论何地都需要用统一的需求来满足统一的产品。"③ 其次,"文化工业"还具有特殊的属性即隐蔽的欺骗性。掩饰自己的真实企图,欺骗的手段是以貌似自由代替不自由,以快感麻痹人们思考的神经。文化工业的生产原则就是:"什么是最打动人的,就把什么制造出来给人享用,即使明知这是一个骗局。信奉的信念是:大众社会不需要文化,只需要娱乐,娱乐行业提供消费品就是为了让社会享用。"④

"保护主义范式"审美观教育的"文化防御性"体现在"后现代理论时期",则主要表现为波德里亚对后工业社会媒介符号解构性的质疑,从本质上揭露人的主体性和社会结构在媒介符号所构成的消费文化中的消逝。波德里亚早就指出,"在资本主义当下的消费社会中,资本生产的逻辑所造成的对物质丰富的追求,必然要扩张到符号领域"⑤,延续结构主义以致后结构主义的研究方法,波德里亚打破语

---

① [德] 马克斯·霍克海默、西奥多·阿多诺:《启蒙辩证法》,渠敬东、曹卫东译,上海人民出版社2006年版,第117页。

② 张法:《20世纪西方美学史》,四川人民出版社2007年版,第227页。

③ [德] 马克斯·霍克海默、西奥多·阿多诺:《启蒙辩证法》,渠敬东、曹卫东译,上海人民出版社2006年版,第108页。

④ 石义彬:《批判视野下的西方传播思想》,商务印书馆2014年版,第24—25页。

⑤ 同上书,第210页。

言结构理论中能指与所指之间相互映射的辩证关系，指认在媒介符号状态下能指与所指关系的断裂，"能指之间可以随意的相互指涉，而所指被抛弃在一边"①，这就意味着在消费社会能指作为一种符号已经不是与所指有着稳定的意义关联，而是一张漫无头绪、有着无限意义和向外发散传播的网。波德里亚又结合罗兰·巴特对物的符号意义分析，对消费物品的符号意义有了进一步的阐释，他认为物品表现为符号性功能，而其物质性功能已经被弱化。这实际意味着对商品起支配作用的已经不再是使用价值和交换价值，而是由符号话语制造出来的暗示性的结构性意义和符号价值，"消费对象因为被结构化成一种代码而获得了权力"②。以媒介商品为例，一档电视节目不仅与其可看性的使用价值相关，也不仅与这档节目的市场价值即交换价值有关，更与其符号价值即观赏它所传达的品位、档次、优越地位紧密相关。

如果说消费社会商品的支配价值表现为符码价值，那么这种符码价值的操控效应又是如何进一步实现的呢？那就是波德里亚所提及的"非强制性同一"的手段。以媒介商品中的广告为例，它被波德里亚看作是塑造消费过程中"幻觉主体"的主要途径，而看似应有的自主购物的消费主体实际上是不存在的。拉康曾说过："人总是欲望着他者的欲望"，那么广告的"非强制性同一"的符码操控也正源于这种对欲望的深层情境控制。"广告的战略是在镜像他者中制造每个人对其认同的物化社会的神话情境，广告制造的镜像他者并不是对单个人言说，而恰恰是在暗示性的地位和等级区别中让所有想'成功'的人怦然心动"③。而这一切却进行得悄无声息，给人毫无压迫之感，"看看无论在何处，它都显得审慎、友善、不事张扬、不含私心"④，

---

① 石义彬：《批判视野下的西方传播思想》，商务印书馆2014年版，第211页。
② [法]让·波德里亚：《消费社会》，刘成富、全志钢译，南京大学出版社2000年版，第144页。
③ 同上书，第13页。
④ 同上书，第187页。

在润物细无声的无意识劝诱中，真实的情况却是"无强制的强制才是最大的强制，无压迫的压迫才是最无力反抗的压迫"，由此广告实现了其符号控制的"非强制性强制"。它"让一个符号参照另一个符号、一件物品参照另一件物品、一个消费者参照另一个消费者"①，广告伪造了无处不在的消费总体性和同一性，"每一幅画面、每一则广告都强加给人一种一致性，即所有个体都可能被要求对它进行解码，就是说，通过对信息的解码而自动依附于某种它在其中被编码的编码规则"②。

二 "保护主义"范式审美观教育的政治防御性

"保护主义"范式审美观教育的政治防御性突出呈现为"表征时期"以罗兰·巴特为代表的结构主义——符号学家通过对媒介符号意识形态的描述、揭露和分析，启发受众警醒于媒介意识形态的渗透与侵蚀。首先，巴特汲取布莱希特"陌生化效果"的概念，以批判的眼光开始针对传播媒介和广告的陌生化解读，指出弥漫在大众媒介中"自然而然"的消费欲望实际上隐含着深刻的意识形态价值运作，通过对于符号文本特定意义的限定，一些特权阶级的意识形态隐秘而无处不在地默默运作着，而意识形态运作的过程就被称为"神话化"。进而，巴特清醒地看到"神话"文本广泛存在于以大众媒介为代表的各种大众文化表征中，从历史的断面来看，"神话"的存在实际上是拥有特权阶级对于自身统治的变相维护，是用各种手段在"强迫"其他阶级认同他们的建构。盲目的认同将会使人沉迷于无休止的消费欲望，关于这一点后期的波德里亚和詹姆逊也发出同样的感慨，甚至表现得更为担忧。巴特对现状的判断虽然不免悲观情绪，但他却前所未有地肯定了大众的主观能动性的反抗价值。如何使得大众更自觉地

---

① ［法］让·波德里亚：《消费社会》，刘成富、全志钢译，南京大学出版社2000年版，第135页。

② 同上书，第134页。

反抗媒介表征中的意识形态？如何使得人的主体性免于沉沦于"自然而然"的"人性"欲望之中？

巴特的建议是先要"擦亮眼睛"——运用符号学的科学工具，理性地剖析媒介文本，他在索绪尔语言学四对重要概念的基础上（历时与共时、能指与所指、横组合与纵聚合、言语和语言），又深化一步提出符号学的理论核心为"符号的两层表意系统"，而解密意识形态"神话化"的关键就在于对第二层次"内涵意义"的批判式解读。巴特觉得必须要对"想当然"的东西提出质疑，他希望对这些"神话"予以细致的文本分析，以探明其背后的意义和意识形态的建构、生成机制，并进一步揭开其"自然"伪装。巴特在《神话学》中明确指出"神话是一种演说方式"①，"它不可能是一个客体、一种概念，或一种想象，它是一种意指样式，一种形式"，作为一种言说方式，神话它的本质是一种信息，"它除了口头言说之外，还可以是其他事物；它可由文字或表象构成：不仅写下的言辞，而且照片、电影、报道、经济、戏剧表演、广告，这些都可以作为神话言说方式的载体"②，可见大众媒介是"神话"指意过程的典型载体。那么为什么要如此关注媒介中的"神话"呢？巴特认为，因为"神话"的特征所然，他曾直言"神话"作为一种劫掠的语言，是一种"不带政治色彩的言说方式"，③而这种资产阶级名称的缺席就是资产阶级意识形态的本身，"神话"的最终功能就是要让资产阶级意识形态自然地倒转真实、掏空历史，在一切"自然而然"的过程中"消除人类行为的复杂性"，将其塑造成他们所需要的样子。"整个法国都浸润在这一匿名的意识形态中：我们的报刊、电影、戏剧、大众文学、礼节、司法、外交、会话、天气状况、谋杀案审判、令人兴奋的婚礼、让人渴望的菜肴、所穿的衣服，我们的日常生活的一切，都依赖于表象，这

---

① ［法］罗兰·巴特：《神话修辞术——批评与真实》，屠友祥、温晋仪译，上海人民出版社 2009 年版，第 169 页。

② 同上书，第 170 页。

③ 同上书，第 230 页。

是资产阶级拥有的，并且让我们也拥有的人与世界的关系。"① 当这种狭义的资产阶级文化过渡到普遍的实用的大众哲学，那就不单纯是文化领域的事件，而将以不成文的相互关系规范着人们的日常生活（道德、市民礼节、世俗仪式）。

随着后期巴特思想的激进发展，他深感资产阶级意识形态无所不在，这样就意味着符号意义已经被完全垄断了。在这样的情况下，大众对于自由意义的追寻，就唯有通过"写作"来反转大众的被动读解，以"可写的文本"来催生意义的多元化和多义性，并以此"打破能指和所指的特定对应，转向一个无限丰富、无中心的复调状态"②。这实质上也为媒介美育审美观提供了一条更具实际操作价值的培养路径。

这种政治防御同时还带有"身份政治"的内容，例如"反对性别政治和种族政治"，对于信奉"保护主义"范式的教育者而言，大众媒介需要对男性至上主义者和种族主义者的形成负责任，而媒介美育的政治防御价值也正是要体现在引导学生克服和纠正错误的信仰和偏执的意识形态，以形成健全的审美价值观。

三 "保护主义"范式审美观的核心

"文化防御"和"政治防御"两条培养路径共同指向的是对于人的主体性的关注与探寻这一核心审美观。"保护主义范式"的媒介美育理论，充分论证了大众媒介在"文化工业"的社会里通过非暴力和非恐怖的手段，即"意识形态"来更隐蔽而深刻地控制受众，从而愈发远离具有社会审美价值的"社会性的自由"的生存状态。无论如何这种略带绝望的悲观控诉至少警示人们提防"媒介文化帝国主义"将对媒介社会和谐生存的威胁。除此以外，此时期媒介美育思想

---

① ［法］罗兰·巴特：《神话修辞术——批评与真实》，屠友祥、温晋仪译，上海人民出版社 2009 年版，第 201 页。

② 潘知常主编：《传媒批判理论》，新华出版社 2002 年版，第 245 页。

中关于"工具理性"的哲学慎思某种程度上预言了今天数字时代媒介技术快速发展,人们一方面迷恋于如梦如幻的虚拟技术世界,一方面沉迷于对"技术理性"的崇拜而丧失真实自我的窘境。早在《启蒙辩证法》中霍克海默和阿多诺就揭示了从启蒙运动开始的"理性"所潜藏的"神话"危险性,"如果说理性是人们获得科学,发展科学,是人们享受便利与舒适的生活,那么它们同时又像一项技术一样毫无选择的被不同观念利用,诱使人们沉迷于科学的进步而忘却了科学进步背后人类生活的本质和人之为人的真实需求"[①],"技术理性"的逻辑是不断促使人们去统治客体、他性、自然和他人,并以主体性的丧失换取便利、感官愉悦和想象中的自我认同。

无论是对"文化工业"商业化、标准化、统一性造成人的"异化"的控诉,还是对"单向度"社会抹杀人的主体性,塑造"单向度"人的痛思,"保护主义"范式的美育思想都鲜明地昭示着对强调人类主观能动性和个性化审美趣味,即"双向度"审美观的价值追求。美的内涵需要体现"大拒绝""否定"和"批判",美既是对现实的反映,也必须超越现实,"表达目前现实没有而应该有、不是而应该是的事物,从而鼓励人们探求一个目前还不被现实所容的美好世界"[②]。马尔库塞提出"艺术大拒绝"的命题,意指"艺术无论仪式化与否都包容着否定的合理性。在其先进的位置上,艺术是大拒绝,即对现存事物的抗议"[③],"艺术即异在,艺术作为现存文化的一部分,它是肯定的,即依附于这种文化;艺术作为现存现实的异在,它也是一种否定的力量。艺术的历史可以理解为这种对立的和谐化"[④]。阿多诺则站在否定辩证法的高度论证艺术的"否定性"是一种对于

---

① 石义彬:《批判视野下的西方传播思想》,商务印书馆2014年版,第8页。
② 同上书,第20页。
③ [美]马尔库塞:《单向度的人——发达工业社会意识形态研究》,刘继译,上海译文出版社2006年版,第59页。
④ [美]马尔库塞:《审美之维:马尔库塞美学论著集》,载金慧敏等《西方美学史》第四卷,中国社会科学出版社2008年版,第541页。

总体性的抗拒。"现代艺术以特有的形式体现了否定的辩证法，宁愿极端的丑，不要虚假的美；以有组织的贫乏与现实社会断绝；以反形式来反讽装扮出来的内容与形式的统一；甚至用孤立来保卫自己的个性，以自身的无意义来现实意义……"① 因为只有对现有文化的"否定"和"拒绝"才有可能为人们呈现一个超越的、更有价值的世界；才有可能实现审美对于"幸福的承诺"；才有可能让人们在看似安逸的生活表象中突围，反思社会的不公平、阶级本质的不平等、社会制度中存在的弊端，并继续对另一个存在无限可能的世界保持向往。

第三节 二元对立的批判——"保护主义"范式的审美意识培养

一 与大众媒介的二元对立——"保护主义"范式的审美意识生发

在利维斯主义和早期法兰克福学派美育思想的影响下，从"甄辨时期"开始的"保护主义范式"的美育理念的基调就是否定大众传媒的审美价值，实际上是一种通过揭露大众媒介的"非美"、批判大众媒介文化的愚民效应、质疑大众媒介文化的超越性价值来"反对大众媒介"的审美教育。如1938年，英国一份关于英语教育的报告中提及"媒介腐蚀了一代人"②。在此，媒体被视为一种邪恶的影响力，提供肤浅的快感取代伟大艺术与文学的真正价值，被视为阻碍人获得审美感受，提升审美品位，实现主体全面自由发展的绊脚石。因此媒介美育的目的在于鼓励学生"分辨与抗拒"，武装自己，对抗大众的商业化控制，以及了解"高级"文化所具有不证自明的价值。"如果仍然有什么值得相信，教育就最应该值得相信。我们不能让社会公民无意识地任

---

① 张法：《20世纪西方美学史》，四川人民出版社2007年版，第210页。
② 陆晔等：《媒介素养：理念、认知、参与》，经济科学出版社2010年版，第17页。

由媒体环境熏陶。如果要拯救任何有价值的思想和文化，如果要致力于满意生活的追求，人们就必须养成甄辨与抵制的媒体意识"①。

发展到"表征分析时期"，这种通过与大众媒介的二元对立形成自我反思意识，进而促成审美意识的生发成形的培养路径，因为结构主义符号学的引入表现得更为客观、系统和科学化。最典型的是莱恩·马斯特曼分析了媒介语言的"非真实性"，并在这种与现实生活的"真实性"的对立中，确立对"再现"的关注和分析为媒介审美意识进入人类思维的起点。在索绪尔语言学和列维-斯特劳斯结构主义的启发下，莱恩·马斯特曼首先认识到每一种媒介都有它本身用来传播意义的语言组合。以电视为例，它使用口语和书写语言以及动态影像与声音的"语言"。这些被视为语言是因为他们使用大家所熟悉、容易了解的符码与规则。"例如，特别的音乐或镜头角度可能唤起特殊的情绪。报纸或电影中的一连串镜头会根据某些既定规则而放在一起，就像在口说语言的例子中，在'媒体语言'里做出有意义的叙述包含纵向组合（也就是从一个可能的构成元素范围里选择）；以及横向组合（也就是将这些构成元素以顺序或组合的方式放在一起）。"② 马斯特曼如此重视"语言"在媒介美育中的作用，是因为他首先认定了"再现"是媒介教育的基础原则。马斯特曼指出"媒体并非提供我们一个透明的世界之窗，而是提供经过媒介化后的世界版本"③。在这个意义上，媒介不但不呈现真实，反而不断地构建"真实"。即便是新闻或纪录片与真实生活事件息息相关，媒体产制也包含对事件的筛选与组合，将事件变成故事，以及创造人物角色。因此媒体的"再现"总是不可避免地要我们以某种特定的方式而非其他方式来看待世界。1990年莱恩·马斯特曼结合自己近20年的媒介素

---

① F. R. Leavis-Author, Denys Thompson, *Culture and Environment: The Training of Critical Awareness*, London: Place of Publication, 1933, pp. 3-4.

② ［英］大卫·巴金汉姆：《媒体教育——素养、学习与现代文化》，林子斌译，巨流图书公司2006年版，第70页。

③ 同上书，第72页。

养教育经验，概括出了媒介素养教育的十八项原则，这一理论也引起了学界的广泛认可和重视，在文章中马斯特曼再次强调对媒介"再现"的重视。无独有偶，英国电影学院20世纪80年代末90年代初编订的媒介教育"课程综述"中也向学生提供核心概念作为对媒介和媒介文本解读的"语法"。而其中"再现"被视为不可忽略的关键词之一。与此同时，加拿大媒介素养教育组织联合会主席，《媒介素养教育——安大略省教育部教师资源指南》作者——约翰·彭金特（J. Pungent）也提出了媒介素养教育的"八大理论"，他也提到了媒介通过"再现"建构现实的本质。

很显然，"再现"一词概括了马斯特曼等学者对"人与媒介"关系中更精准和本质层面的观察。"再现"表示了媒介对现实的有意识的加工，而这也从根本上解释了为什么要达到人与媒介的和谐相处人们必须在有批判反思意识的前提下对媒介的产制过程有清楚的认识，因为"再现"并非最初的客观真实。首先要有这种非真实的"再现"意识，然后运用文本分析的方法还原媒介"再现"的过程，人们才有可能建构起自己的价值判断。正如马斯特曼所言，屏幕教育（此处指"表征范式"）的重要意义就在于通过"再现"而达到祛魅化（demystification），就在于教导媒体受众如何从浩瀚复杂的媒体讯息中保持批判的自主力。

二 文化批判与符号批判——"保护主义"范式的审美意识培养路径

从尊重人的主体性自由角度来看，媒介文化符号的控制最可怕的地方是其将导致"消费同一性中的真实之死"，包括真实的事件、真实的历史、真实的文化和真实的自我。就此，波德里亚仍以媒介广告为例，指出"由于广告对真相的不断歪曲，人们最终会否定真相本身"①。他认为大众传媒假借报纸杂志、电视影像甚至电子媒体塑造出来的"真

---

① [法]让·波德里亚：《消费社会》，刘成富、全志钢译，南京大学出版社2000年版，第18页。

相",通过"仿真、拟像、内爆"成为"实际存在偏偏不存在的"超真实。所以在今天消费已然不是人的真实消费,而是意义系统的消费。消费主体不是个人,在现代消费中真实的个人恰恰是被删除了的,消费的统治者是符码创序,主体在这里必将被控制以至消解。而最终"我们成了人为虚假的俘虏;成了让人看、让人相信、让有价值、让人愿意的俘虏。我们不再是我们行为和思想的直接主使。这只是一些异形运动的运载体,还因为这些运载体的关键功能已经置于自动驾驶状态,所以它们对自己本身并不关心"①。

其实巴特眼中的"神话"过程早在法兰克福学派时期就已经受到关注,霍克海默、阿多诺、马尔库塞以及阿尔都塞和后来的霍尔都曾经不遗余力地试图揭开其"迷惑"的外表,站在对人性自由追求的高台上向其示威,但他们始终未能找到除激情抨击以外更客观科学的批判方法,而直到"结构主义—符号学"的出现,特别是在巴特的"神话"修辞批判的阐释中,严谨而更有说服力的方法逐步成型。"符号学告诉我们,神话负有的责任就是把历史的意图建立在自然的基础上,偶然性以永恒来依据。这一步骤眼下也恰好是自然阶级意识形态的步骤。"②

巴特认为神话系统里出现了三维模式:能指、所指和符号。双层系统则表现为:"一种是语言系统,即抽象的整体语言,称之为作为对象的群体语言,因为神话正式掌握了群体语言才得以构筑自身系统。另一种系统是神话本身,称之为释言之言,因为它是次生语言,我们以次生语言谈论、解释初生语言。"③"神话具有双重功能。一方面它让我们看到了一些事物的存在,另一方面,他又对某些事物做出

---

① [法]让·波德里亚:《冷记忆4》,张新木等译,南京大学出版社2009年版,第44页。

② 同上。

③ [法]罗兰·巴特:《神话修辞术——批评与真实》,屠友祥、温晋仪译,上海人民出版社2009年版,第175页。

了解释,并将这种解释强加给我们。"①"神话"之所以能发挥上述功能皆因读者共享了一套文化代码,既存的文化传统被激活,巴特认为这一过程是大多数人对"神话"的解读方式,即"消费式解读","为人们消费的神话是在次级指代意系统或内涵的层面上被生产出来的"。在他看来,"神话是包含了一整套观念与实践的意识形态,其功能在于积极推行统治阶级的利益与价值观,维护既存的社会权力结构"②。

由此可见,批判而非鉴赏、抗拒而非接纳、旁观而非参与成为"保护主义"范式媒介美育审美意识培养的二元对立性特征。

第四节 单极化的精英指向——"保护主义"范式的审美趣味培养

与知识分子的媒介美育理论研究相呼应的是早期在欧洲出现的媒介美育实践。最早的媒介美育起源于电影艺术教育,在欧洲各国媒介美育的组织机构和教学人员也几乎全是电影教育工作者。以法国为例,早在20世纪20年代,巴黎的"电影俱乐部运动"提出了将电影艺术"识读"作为媒介美育的主要内容③,1922年法国召开首届电影教育全国会议,1936年法国教育联盟发起名为"电影和青年"的媒介教育活动,广泛组织青年参与电影的欣赏、评论,以希望培养青年对大众文化批判的思维以及高雅艺术品位和创意技巧。④ 自1945年开始在法国掀起第二次媒介素养教育高潮,尔后成立的电影俱乐部联合

---

① [法] 罗兰·巴特:《神话修辞术——批评与真实》,屠友祥、温晋仪译,上海人民出版社2009年版,第265页。
② [英] 约翰·斯道雷:《文化理论与大众文化导论》,常江译,北京大学出版社2010年版,第145页。
③ 王帆:《教育技术学视野中的媒介素养教育研究》,中国社会科学出版社2011年版,第25页。
④ 同上。

组织提出"实用主义""美学"和"保护主义"的教育理念。1952年，法国成立了法国区域电影教育联盟（French Union of the Regional Film Education Departments）。

在利维斯的"文化保护"观念和法兰克福学派的批判理论影响下，英国这一时期的媒介美育立足于保护文学传统以及呈现民族语言、民族价值与民族的健全状态，"英国在1929年伦敦教育委员会给教师的建议手册中，就呼吁未来给予儿童特定的训练，以抗拒早期电影中的低级品位"[1]。利维斯曾以广告语言为例，指出："所有读者都应清醒地认识到，广告对语言的滥用不仅是对词语本身的亵渎，更是对感情生活和生活质量的亵渎。"以利维斯为代表的"甄别与抵制"媒介美育采用的方法主要沿袭文学批评中的文本细读，通过经典文本和大众媒介文本的对比识读，琢磨细节，探寻其以结构和组织方式为特征的专业文学批评技能，即"实践批评"。下面以一则"双震"（Two Quakers）牌烟草广告为例，介绍"实践批评"的方法特征。

烟草的典范

"这的确是我抽过最好的烟，不过它实在太贵了。""怎么多给了两便士？别管这些了，先弄回家再说。这种烟草点起来既干净又耐抽。尽管样子有点怪，只因为它是烟草中的典范。可爱的科学小把戏。看见没，他们做过试验了……"，"嘿，别胡说了，赶紧再给我们加点烟草。不知道的还以为你在做广告呢。"此后，一切都平静了，除了烟斗中的那些"双震"烟草。[2]

利维斯针对上述广告词，在五、六年级的学生中设计了一系列媒

---

[1] 吴翠珍、陈世敏编著：《媒体素养教育》，巨流图书公司2007年版，第55页。
[2] 这则广告与引自利维斯《文化与环境》中的案例，皆转引自[英]约翰·斯道雷《文化理论与大众文化导论》，常江译，北京大学出版社2010年版，第30页。

介美育思考题,如让学生回答:"1.描述一下广告中出现的这个人物。2.广告主期望你们对这个人物产生怎样的感觉?3.你认为广告中的人物将对我们持怎样的态度?在民众暴动情绪高涨的情况下他们作何反应?指出这段文字最对哪些人的胃口,并说出原因。你认为究竟哪种人会与这段文字产生共鸣?你指望这些人能对莎翁的剧作有多少了解?他们又到底有多大能力去鉴赏这些作品?"通过以上的问题不难看出,首先利维斯用"他们""我们"这样的人称代词来建构精英阶层与大众阶层的身份区别,另外,将大众文化所引起的情感反应称为"暴动情绪",很显然意在激发学生对大众文化的"抵制和某种歧视"。教育者认为大众媒介及其传播的流行文化明显缺乏艺术和道德价值,甚至会伤害学生已有或应有的审美品位,不利于优秀传统文化的传承,教育的目标被理解为鼓励学生"甄辨与抵制",实施"免疫法"审美教育,对大众媒介文化的欺骗性、麻痹性、虚伪性进行批判,通过否定大众媒介的审美价值而强化传统艺术与文化的审美性。

第二章

时代变迁：媒介美育的时代转变

决定媒介文化以及媒介美育发展的内在机制有社会文化的发展逻辑、媒介技术的发展逻辑、权力更迭的政治逻辑。本章主要围绕前两个因素，探讨媒介化生存时代的媒介美育理念发生裂变的动机和原因，这也是媒介美育"超越保护主义范式"的产生前提和基础。

第一节 "主体间性论"的社会文化逻辑对"保护主义范式"审美观的瓦解

一 媒介化生存时代的危机——主体性美学的黄昏

由二元对立逻辑衍生的主体性美学是当下媒介化生存危机产生直接和显而易见的原因。自文艺复兴以来，充分肯定人的价值的"启蒙理性"成为重新衡量人与客观世界关系的"主体性"美学的基础。"个体主义与自然的关系中，解放的历史充满了一种统治的冲动，这种冲动可以从弗朗西斯·培根关于《大复兴》一书的明确表述中看出，通过他们关于统治自然的理论，个体理性和我思主体成为人类中心说的组成部分，其目的在于追求人类的至高无上。"[①] 在漫长黑暗的中世纪之后，以人本主义对抗神本主义具有重大的历史价值和理论贡献。主体性美学配合启蒙运动的发展，提出"美"不再是神的

---

① [美] 弗莱德·R. 多尔迈：《主体性的黄昏》，万俊人等译，广西师范大学出版社2013年版，第13页。

"流溢",而是人的创造物,这体现了人类自我意识的觉醒和人的价值的提高,主体性美学推动了现代性的发展。自此以降,"康德建立了先验主体性的美学,他认为审美与一切精神活动一样,不是客体性的活动,而是以人的先验能力和先验结构为前提的主体性活动"[①];"席勒继承了康德的主体性美学思想,认为审美是由感性的人到理性的人的中介,审美克服了感性与理性的对立,摆脱了自然和社会对人的压迫,成为自由的精神活动;黑格尔建立了客观唯心主义的主体性美学体系,他把主体性倒置为理念,以理念的由低级到高级、由异化到自我复归的历史运动来肯定自由精神的胜利"[②],主体性美学贯穿西方启蒙美学、古典美学、近现代美学,成为几百年来主导性的美学话语,"自文艺复兴以来,主体性一直是现代哲学的奠基石,它培养一种把自我作为理论认识的中心,而且把它作为社会政治行动和相互作用的中心"[③]。主体性美学的理论缺陷和历史局限也正在于它建立了主客对立基础上的片面的主体性。

随着现代性发展的加剧,环境污染、强权政治、种族歧视、区域战争等,人与自然、人与社会之间的冲突都在诉说着主体性带来的灾难,这实际上就是人与自然关系的人类中心论,人与社会关系的个人中心论,人与他人关系的自我中心论导致的"占有性人格"。弗洛姆曾指出占有性人格的危害:"对朋友、情人、健康、旅行、艺术品都可以占有,就连上帝和自我也不例外……人变成了物,他们之间的关系具有占有性质"[④],特别是以占有和控制的心态来处理人与人之间的关系,必然带来对峙双方的奴役和支配,导致对人的自由本性的背离,最终使得"人与人"的关系沦为"人与物"对立。另外,"从实

---

① 杨春时:《中国美学的现代转化:从主体性到主体间性》,《湖北大学学报》(哲学社会科学版)2010 年第 1 期。

② 同上。

③ [美] 弗莱德·R. 多尔迈:《主体性的黄昏》,万俊人等译,广西师范大学出版社 2013 年版,第 1 页。

④ 郭湛:《主体性哲学》,云南人民出版社 2002 年版,第 159 页。

践论的角度说，世界作为客体，主体不可能彻底征服它，客体作为外在之物也会抵抗主体的征服，如自然对人类征服、索取、占有的报复，更不用说人对人的支配、征服所导致的暴力、冲突和异化，这样，主体性的真正胜利就不可能实现，主体性也不会带来自由"[1]。

早在媒介美育诞生的初期，20世纪30年代的英国、60年代的加拿大和70年代的美国，无论是在媒介普通使用者眼中，还是在媒介教育研究的学者看来，都将媒介作为外在于人的一种客体，而这一客体在被人类以技术革新的名义发明出来后，逐渐被卷入了消费社会的文化工业旋涡，此时的媒介似乎完全成了人的对立面，它诱惑人们无休止的符号消费欲望，它使人践踏理性沉迷于感性娱乐的视听盛宴，它甚至被看作某一特殊邻国的意识形态渗透载体，各国媒介美育初创时期情况对比如表2-1所示。

表2-1 各国媒介美育初创时期情况对比

国家	出现时期	发展的起因
英国	20世纪30年代	20世纪初期，大众报纸和来自美国好莱坞的流行电影成为英国观众主要消费媒介，这一现状引发英国知识精英维护传统价值观念和文化，反对大众媒介中流行文化对受众低水平满足的思考[2]
加拿大	20世纪60年代	1. 抵制美国式文化入侵、维护加拿大本国文化主权这一渊源深远的背景作为加拿大传播媒介素养教育兴盛主要动因。2. 加拿大国内的多元文化主义运动以及在传播媒介呈现中显露出的族群认同问题便可被视为相应的内在因素（英、法以及土著民文化的调和[3]）
美国	20世纪70年代	美国作为世界上传播业最为发达的国家，也面临着媒介负面效果的影响，如媒介传播内容中充满暴力、凶杀、色情、毒品等问题

---

[1] 杨春时：《中国美学的现代转化：从主体性到主体间性》，《湖北大学学报》（哲学社会科学版）2010年第1期。

[2] 白传之、闫欢：《媒介教育论——起源、理论与应用》，中国传媒大学出版社2008年版，第55页。

[3] 车英、汤捷：《论加拿大传播媒介素养教育及其启示》，《武汉大学学报》（人文科学版）2007年第5期。

由表 2-1 可见，不同国家媒介教育诞生的社会和时代背景是不尽相同的，但其发展起因都有鲜明的"保护"色彩。无论是从保护本国传统文化出发对国外强势媒介文化的免疫，还是从本国优秀文化与消费文化的内部矛盾出发，因此可以说，自媒介美育出现开始，人与媒介的关系就被定义为二元对立的主客体关系，媒介就其本体性质而言是无主体性的被认知和使用的客体，而这一本质性的媒介哲学命题就成为"保护主义"范式的媒介美育看待"人—媒介"关系的逻辑起点。

二元对立的哲学逻辑起点不仅局限于人对媒介属性和承载内容及其文化属性的判定，同时也隐形地规划着人的媒介行为，这其中如何建立、处理人与他人关系和人与自我的关系所受影响最为明显。纵观网络社会交往中出现的"人与他人关系"问题，如网络舆论暴力、人肉搜索、网络审丑围观都可以说是畸形的、不良的社会关系的典型，而为何在媒介化生存中会屡屡出现此种"人为难人"的现象，归根结底还是源于人们对互联网媒介的"二元对立""主客两分"的媒介哲学观。由于人们普遍认为媒介只是没有生命力和主观能动性的"物体"，因而也就忽视了媒介会对人产生的影响，从认知方式、行为方式到思维模式再到智能伦理，人们自信地以为对媒介的驾驭是绝对自由和安全的。尤其是在互联网营造的虚拟社会中，匿名性、数字化、虚拟化前所未有地"解放了"真实生活中人的责任感和对于自我情绪的理性管控，还有人与人之间应有的平等性、秩序性。"拍砖、宣泄、侮辱、揭秘、谩骂、毁谤、中伤"，虚拟社会的交往行为一方面成就了人们逃避真实世界的幻想，而同时也使得人与他人的交往关系迅速恶化，害怕"被孤立、被拒绝、被反对、被嘲弄、被羞辱、被伤害"，已经逐渐由媒介化生存的"线上"领域扩张到"线下"生活，现代人的媒介孤独症不仅仅是因为人们将过多时间投放在虚拟世界，进而忽视了与身边人的交流和沟通，更是由于人们不知不觉地将虚拟世界中与他人的对立视角延展到观察现实生活中与自我息息相关的一切"他者"。

与此同时，在媒介化生存中人与自我的关系也因二元对立的世界观导致感性与理性的分裂与对抗。诸如媒介色情、媒介暴力和媒介身份认同中由于人们沉醉于感官享乐而丧失了理性自控，甚至打破了道德底线。在媒介舆论暴力形成过程中，特别是"人肉搜索"对他人隐私造成伤害的时候，随意的情绪宣泄和不计后果的道德审判，看似个性张扬了，但个人对他人的关心却减少了，个体意识增强了，但共赢性和协作意识却被削弱了；在不良媒体运营商家凭借暧昧、色情的网络文学、网络微电影牟取暴利时，为了自己利益的私德有了，但社会公德却没有了。表面看来，上述问题是应与每个人的自控力或道德水准相关，然而当我们把问题还原到大的时代背景之中就会发现，在后现代思潮的推动下，"反理性、反智慧"的情绪对于很多人来说是一种以感性的姿态实现对理性的叛逆超越。正如丹尼尔·贝尔对晚期资本主义文化矛盾的观察："从十九世纪遗传下来的那种强调自律自制，先劳后享的品格构造目前仍与'技术—经济'相关联，但它正在同文化发生剧烈冲突，因为今天的文化已经把资产阶级的价值观摒弃无遗。"[①] 纵然在媒介化的后现代主义者眼中，感性与个体体验的张扬未尝不是对于统治西方意识近两千年的高级思维形式——"理性"的一种意志的胜利，即便我们不过分责难感性对理性批判的矫枉过正将会带来什么负面影响，只说感性与理性的一味对峙，无疑会造成人类完满人性的碎片化，"人们发现新的美学存在于残损的躯干、断离的手臂、原始人的微笑和被方框切割的形象之中，而不是在界限明确的整体之中"[②]。表面看来，"审美现代性从根本上说是要以感性的直接力量对抗工业文明造成的破坏，科技造成的异化。所以审美现代性是现代性的解毒剂"[③]。"走向后现代并非人类的福音，因为以一种更

---

① [美] 丹尼尔·贝尔：《资本主义文化的矛盾》，赵一凡、蒲隆、任晓晋译，生活·读书·新知三联书店1985年版，第83页。

② 同上书，第85页。

③ 李晓林：《审美主义：从尼采到福柯》，社会科学文献出版社2005年版，第60页。

激进的方式所获取的并不是灵魂的栖居，而是灵魂的空虚"①，晚年的贝尔曾殚思竭虑地要为步入后现代社会的人类找到一条精神救赎之路，为后现代主义"信仰危机"开出治疗的"药方"，他提出的是向后工业社会的新宗教回归，通过传统信仰的复兴来拯救人类；而与此同时，胡塞尔、哈贝马斯、海德格尔却站在了"主体间性"的视野，试图通过感性与理性的合理化交流从根本上解决部分后现代主义也未能摆脱的主客二分、二元对立的"主体性"哲学的桎梏。

综上所述，二元论哲学逻辑和主体性美学在笔者看来不可避免地导致了当下媒介化生存危机的出现和恶化，在现代西方哲学史中也早有学者开始面对"主体性的黄昏"，并思辨如何挽救"现代性危机"，主体间性哲学和美学就此应运而生，在后现代的彻底解构之后，人们开始转向如何建构"共生"的新社会关系。主体间性美学也正在为媒介美育搭建从本体论、认识论到实践论的全新理论框架，为解决"互联网时代"媒介化生存未来探寻审美主体间性论的新路径。

二 解构之后的建构——美学的"主体间性论"兴起

总体来看，"保护主义范式"时期的媒介美育理论研究呈现出浓厚的后现代主义倾向。导致这一结果的内在原因其实与人类精神的某种抗争性或称超越性有关。因为批判学派在20世纪30年代将人类正在被媒介技术理性吞噬的危机展现在世人面前，人类精神的超越性便开始以"批判"态度，接着以"解构"的姿态否定理性，而否定的方式则自发地表现为对感性的沉醉迷恋。继而又陷入由高科技制造出来的"复制、虚拟"的感官世界怪圈。此时的人类就如被束缚住双手的囚徒，一边被技术理性辖制，另一边却无法承受否定一切价值后无意义的感官审美之轻，而面对人类精神的这般困境，什么样的美学理论才更有救赎价值？立足批判，超越解构，走向建构，媒介审美文化研究发展至后现代以后呼吁的应是全新的美学理论，目的是实现

---

① 王岳川：《后现代主义文化研究》，北京大学出版社1993年版，第138页。

人类在无法回避的媒介环境中，更健康、有序地行动、交往、发展。

　　对于上文论述中提及的人类媒介生存受到"理性"和"感性"双重压抑的危机情况，其实在当代哲学、美学领域的关于"现代性危机"的研究中早有提及。面对主体性哲学在现代性危机中的式微，在对现代性开展批判的过程中，胡塞尔和他的学生海德格尔从不同角度对占统治地位的科学认知方法论进行了揭示，提出了正视现代性危机根源，合理改造主体性哲学的有益尝试。他们的揭示和批判对解决媒介审美生存现代性的问题和美学的继续开拓是有益的启示，进而提出具有鲜明的现象学特征的"主体间性"，或"交互主体性"（Intersub-jectivities）及相关的理论也是为克服二元分立的主体性的积极筹划。"主体间性一方面弥合了后现代主义强行解构留下的空隙，一方面告诉人们，既没有孤立的纯粹的我思，也不可能有纯然我属的身体或感觉。"① 伽达默尔的解释学建立在主体间性的基础上，它认为在解释活动中，解释者与文本之间发生了一种问答，形成了一种"视域融合"，具有主体间性的性质。解释活动的主体间性在于理解，理解是自我主体与文本主体之间的沟通、同一。

　　总结上述论述，"保护主义范式"与媒介为二元对立的，强调主体性美学的审美观核心受到了彻底的质疑和瓦解。这也为"超越保护主义范式"的出现提供了社会文化逻辑的内在动机。

第二节　互联网时代的媒介技术逻辑对"保护主义范式"审美趣味和审美意识教育的冲击

　　互联网时代的媒介技术使得媒介化生存时代媒介技术逻辑发生彻底改变。而这种技术逻辑的改变也必然会影响到媒介使用者的审美经验、审美体验、审美心理和审美创造的整个审美活动的方方面面，互

---

① 杨春时：《本体论的主体间性与美学建构》，《厦门大学学报》（哲学社会版）2006年第2期。

联网活动的流动性、快速性、跨时空性和双向交互等特征也渗透了网络审美活动的各个环节，使得传统艺术活动中创作与接受的相对时空隔离、欣赏与评价的单向性、艺术作品相对静止的展示状态以及文本意义相对稳定的内涵价值，在互联网的传播语境中正在被悄悄改写，并因此导致对"保护主义范式"形成的审美意识和审美趣味的内涵及培养路径和方式的根本性冲击。

一 传受主体的交互性对单极化审美趣味培养路径的冲击

从社会角色的视角审视互联网艺术的独特性主要是体现在艺术创作者、传播者和接收者"三位一体"的转变，而最核心的"传受"主体间的关系也由分割变为合二为一，由"对立的角色"变为"角色的互融"状态，"传受"主体之间的交互也在一定程度上左右了艺术态势与艺术发展。"传受"主体间的这种交互性源起于媒介的技术特性，并以复杂多样的形态渗透进互联网艺术的形式和内容，甚至具有了全新的审美价值。"交互"作为一种社会现象其内涵并不难理解，主要指的是人与人之间的相互作用。媒介从诞生之初就承载着"人与人之间相互作用渠道"的社会角色，但因为媒介技术性质不同，这一渠道也存在单向度与双向交互的区别。交互性媒体则是指能够为信息发送者和接收者这一对角色伴侣提供自由转变身份之机会的媒体。

笔者认为媒介的交互性特质对媒介审美活动最根本的影响是"交互性"改变了创作者、接收者在整个艺术传播流程中的参与程度，而并不是单纯地体现在"传受"主体身份的融合。保罗·莱文森曾延续麦克卢汉关于"冷、热媒介"的命题指出："冷媒介观念的要害是热媒介喧闹、明亮、清晰和凝固僵化（热或曰高清晰度），在感知者身上的参与程度低。相反，冷媒介轻柔、阴暗、模糊和变动不羁（冷或曰低清晰度），要求参与者比较高的参与程度。"[①] 同时他还认为：

---

① ［美］保罗·莱文森：《数字麦克卢汉：信息化新纪元指南》，何道宽译，社会科学文献出版社2001年版，第169页。

"一方面你敢肯定：获取大量的信息不费吹灰之力，那只是点击一两次的问题。另一方面，你也好我也好任何人也好，任何时候都不知道，这一两次点击会是什么结果，因为它在不断重组、增加并建立新的链接，这样的变化无穷无尽。因此，网络及其超链接构成了冷系统的典范。"① 正如学者黄鸣奋提到的，"所谓'交互性艺术'指的是以人机相互作用为基础的艺术形式，适应人类电子化、机器智能化的双重需要而出现。它强调人与机器之间的相互作用，以及这种相互作用对于人际交互的影响"②。这里人与机器之间的相互作用正体现在互联网加强了人作为主体的能动性和参与程度。另外，人与机器之间日渐深入的对话使得一条通道两端的"传受"双方的关联也更为密切，换句话说，"人与机器的交互"促进了"人与人之间交互"的频繁和深入。新媒体学者阿斯科特早在20世纪60年代就提倡将控制论与艺术实践结合起来，这也为我们理解"交互性艺术"提供了相关理论。他指出："过去的艺术主要特征是向观者传达清晰的观念和信息，基于决定性美学；现代艺术是行为的艺术，有多重感官介入，观者不再是被动接受。每件作品都变成了一种行为主义的塔罗牌包（TAROT），提供了可以由观看者无穷地重新洗牌的同等物，总是生产意义。这一构思开当今数据艺术之先河。"③

从艺术构成的两大基本要素：内容与形式来看，"交互性"之特性也有不同的呈现。形式层面的交互性表现为种类纷杂的交互性节目，具体包括"交互性电影、交互性视频组合、交互性小说、交互性戏剧、交互性绘画、交互性音乐"④ 等，遍及互联网艺术的10个艺术门类形态。欣赏者通过超文本链接或者反馈留言的方式不断建构或者重构着新的文本内涵。互联网内容层面的交互性主要体现在两个基

---

① ［美］保罗·莱文森：《数字麦克卢汉：信息化新纪元指南》，何道宽译，社会科学文献出版社2001年版，第169页。
② 黄鸣奋：《新媒体与西方数码艺术理论》，学林出版社2009年版，第51页。
③ 同上书，第66页。
④ 同上。

本叙事要素特征上的变化:"智能化的人物、弹性化的情节。""人机交互"实际上构成了互联网艺术交互特性的根源,由于计算机和互联网络的智能化发展,也使得"人机交互"成为交互性叙事发展的新动力。而由于"传受"主体的交互性也使得互联网艺术具有了全新的审美价值。

1. "作者权威"的被颠覆与"自我想象"的双向重构——交互性主体的审美

马克·波斯特曾说过:"建立在印刷媒介基础上的书写活动促成一种作者权威化的趋势,而无论在读者还是作者的情形中,印刷文化都将个体建构为一个主体,一个对客体透明的主体,一个有稳定和固定身份的主体。简言之将个体建构成一个有所依据的本质实体。"[①]的确,在互联网被广泛使用之前,大众传播领域作者与读者的关系是明显的"强弱对比"关系,由于信息的匮乏和传播渠道的稀缺以及反馈和质疑回路的延时,"作者权威"成为传统媒介时代文本意义生成的根本保障,同时"作者权威"也成为作者主体性最显著的表征。然而交互性使得互联网络言说主体所进行的言说行为具有作者与读者的双向属性,而且两者的身份可以随时交换。波斯特也敏锐地看到了这种变化:"而网路传播则使得巨大的距离和时间的瞬间性彼此结合,既使说话人和受话人彼此分离又使他们彼此靠拢"[②],"因特网为主体建构机制提供了种种新的可能"[③]。"作者权威"的被颠覆就意味着作者言说的神圣性被质疑,读者被动的接受状态正在彻底改变。这样的交互性主体比以往任何时候更自由、更开放、更充满生机。

同时互联网的交互性也改变了主体自我体验和自我想象的方式。当言说主体的"作者权威"被颠覆时,每一个游走于网络世界的主体都是在与他人的交往中不断进行角色交换和扮演的多重主体。一如

---

① [美]马克·波斯特:《第二媒介时代》,范静哗译,南京大学出版社2001年版,第57页。
② 同上书,第83页。
③ 同上书,第23页。

澳大利亚艺术家斯特拉克（Stelarc）所说："互联网并非加速身体的消失，自我的消解，而是生成新的集体性的物理复制于远程范围的主体性。这样的身体真实性不是因为某个个体性的一致，而是由于合作代理的多重性。变得重要的不只是身体的身份，而是他的链接性；不是他的移动性或场所，而是它的界面。"① 一方面，我们是"看者"：点击浏览器、打开微信订阅号、论坛里潜水灌水……无障碍的时空跨越使得"全球游览"构成网民习以为常的自我体验方式；另一方面，我们也是"被看者"，微信朋友圈的评论或点赞、微博上的随感或转发、实时更新QQ动态或签名……这种貌似独立的自我展现行为其实是在不断的"被看"当中寻求一种被公众认可的自我想象，以期形成完美的自我社会存在的全景投射。于是"智慧、知性、美丽、幽默、浪漫、正义等"这些具有审美意义的人格特质自然成为交互主体自我想象过程中最常用的"标签"。

2. 意义生成的开放与协商——交互性文本的审美

阿斯科特关于交互性文本的审美价值有一段经典的论述："远程通信暗示人类与智能机之间的交互、协商和合作。远程通信的过程及模糊性、不确定性与未完成性；意义不是赋予的而是协商而来，无穷尽的重建与重新定义；真理总是相对的，并非处于一个绝对的位置，而是嵌入于过程，是通过远程通信书写于人类行为最为自由的网络中。"② 根据他在《远程通信文化中的艺术与教育》（1988）中的观点来看，艺术并非只存在于对象中，意义也不是在艺术作品的物理限制内部固定的、静止的。"艺术是一切过程，一切系统。"③

由于作品的可修改性、可参与性、可完善性，从而构成了互联网交互性作品的衍生能力。如美国的《奔跑时间》、中国台湾的《出墙红杏》、中国大陆的《天使的翅膀》。由文本的开放性而形成的这种

---

① 黄鸣奋：《新媒体与西方数码艺术理论》，学林出版社2009年版，第56页。
② 同上书，第67页。
③ 同上。

跳跃的、不断被质疑的、永远充满未知感的审美趣味也成为互联网文化的发展趋势。同时关于"意义的协商"本身就带有对"真性"追求的审美价值，就如"维基百科"，大众在不断更新和修补一个熟知词语的定义，其实就是通过对话来解释意义的产生过程。通过不断的话语协商来逐渐接近客观、真实的事物原貌本身就是一种美感体验。

3. 交互性主体审美意识的主动性、创造性、革命性

约书亚·梅罗维茨认为媒介潜在有民主的倾向，它在一定程度上击垮了权威对文化及信息的垄断，模糊了权威与大众的界限，从而有利于审美的大众化、民主化。延续这一思想，今日的互联网络论坛的兴起对于公共空间的建构作用重大，其政治民主化意味不言而喻。交互性主体在媒介文化接受过程中，不再是一味被动地被他者操纵，有自律性，所以其审美意识也有自律性、主动性甚或创造性与革新性。

这也就在一定程度上瓦解了"保护主义范式"时期，大众传播单向传播的审美趣味影响方式，交互性决定了受众不再是简单的趣味的接受和追随者，而转型成为趣味营造、趣味协商、趣味体验的共同体，单极化的审美趣味的培养和灌输路径显然已经无法应对互联网时代复杂的审美文化环境。

二 信息本体的超文本性对文字时代理性自我的"精英化审美趣味"的冲击

互联网的信息传播总是以"界面"为最常见的单位，无论是打开浏览器查阅新闻、知识，还是利用社交媒介与他人交流、沟通，甚至是通过应用软件欣赏视频、参与游戏，"界面"就是大众传播要素中信息的形式和内容。而"超文本成为了界面的根本内涵"[1]，在我们面前的界面从形式上可以同时包含文字、图像、声音、影像、动画、标识，等等，从内容上则涵盖了新闻、娱乐、体育、财经、政治、科技、房产、旅游、教育……有趣的是当鼠标在一个个超文本链

---

[1] 周志强：《我点击我存在：网络》，云南人民出版社2006年版，第30页。

接上变成"手势"点击下去,又一个新的界面弹出,如此这般不停地发现新链接,不停地点击下去,也就不断地出现新的文本。所以在互联网世界里孤立的、单一的文本是没有意义的。超文本总是以流动的姿态,实现海量信息形式上和内容上的不停跳跃流动。"超文本（hypertext）于 1965 年由特德·尼尔森（Ted Nelson）提出"①,他认为:"超文本是非相续著述,即分叉的、允许作者做出选择、最好在交互屏幕上阅读的文本。"② 如今,由伯纳斯·李开发的超文本标识语言（HTML）,已作为网页的基本语言,PC 机器最成熟的界面操作系统 Windows,其帮助文件就是用超文本写的。

尼葛洛庞帝曾说过:"在互联网络上,我们将能看到许多人在'据说已经完成'的各种作品上,进行各种数字化操作,将作品改头换面……我们已经进入了一个艺术表现方式得以更生动和更具参与性的新时代,我们将有机会以截然不同的方式,来传播和体验丰富的感官信号……数字化使我们得以传达艺术形成的过程,而不只是展现最后的成品。"③ 超文本正是尼葛洛庞帝所言的更生动和更具参与性的艺术表达方式的关键一环,借用麦克卢汉的"媒介即信息"这一命题思路,超文本即互联网信息的本体、互联网艺术的本体。超文本的意义在于打破传统艺术的文本观念,将其理解为一个生动鲜活的、因参与者不同而表达不同的过程,而非一个封闭的、固定的、终极意义的单属于作者的作品。笔者认为,后现代的表征范式是互联网艺术超文本性的主要审美价值所在,具体可以通过"非中心"和"非线性"两个关键词来审视。

1. 互联网艺术超文本性的"非中心"化表征

"非中心"意味着没有确定的核心、没有稳定的形态、没有固定

---

① ［英］戴维·冈特利特:《网络研究》,彭兰等译,新华出版社 2004 年版,第 359 页。

② 韩模永:《超文本文学研究》,中国社会科学出版社 2013 年版,第 13 页。

③ ［美］尼葛洛庞帝:《数字化生存》,胡泳等译,海南出版社 1997 年版,第 261—262 页。

的结构以及没有不变的规则。正如超文本理论家兰多具有说服力的概括:"超文本提供了一个可无限再中心化的系统,它暂时性的聚焦点有赖于读者,在另一种意义上说,读者变成了真正主动活跃的读者。超文本的基本特征之一,就是它是由链接的诸多文本块体构成的,因而它们并没有组织的轴心。虽说缺少中心会给读者和作者带来麻烦,但这也意味着任何使用超文本的人,都可以把他们自己的兴趣作为此刻漫游的实际组织原则(或中心)。"① 而"非中心"化具有鲜明的后现代审美表征的特性,从内涵上与互文性、多声部、对话主义、复调、根茎与隐喻等概念有着通约之处。这也正是在"超文本"理论溯源过程中,本雅明、伊格尔顿、罗兰·巴特、德勒兹、德里达以及克里斯蒂娃和巴赫金等人的影响赫然可见的缘由。超文本以"节点"实现了文本形式和内容上的自由跳转,这种相对独立的节点因为每一个读者的随机选择在机会均衡中解构了中心。

"非中心化"表征的另一方面体现为艺术化的后现代思维。比较而言,图像型的人比文字型的人更接近艺术。结构特征的电子媒介改变了主体的身份,将现代社会的理性主体置换成"一个多重的、撒播的和去中心化的主体"②。进一步而言,"超文本生存颠覆传统线性思维,逻各斯中心主义,走向不受时空限制的网络化生存状态。更切合人类思维本身所固有的跳跃、联想等感性思维模式"③。德勒兹的"块茎"命题,正与这种艺术化思维相应和,并阐释了其后现代审美意义所在。所谓"块茎"是指"由多样性构成的非中心的线路"④,"块茎思维意味着与传统的树状思维模式恰恰相反,传统的树状模式追求中心化、系统化和等级化,块茎模式则极力解构这种中心,追求异质性、动态性和非等级性,呈现一种发散的状态,进行多元生长,

---

① 周宪:《论作品与(超)文本》,《外国文学评论》2008年第4期。
② [美]马克·波斯特:《第二媒介时代》,范静晔译,南京大学出版社2001年版,第83—84页。
③ 韩模永:《超文本文学研究》,中国社会科学出版社2013年版,第13页。
④ 王治河:《后现代主义辞典》,中央编译出版社2004年版,第394页。

并形成新的链接。块茎模式的结果就是形成'游牧美学'特征的'光滑空间'"①。这样的艺术化思维是互联网带给人类世界最深刻的震撼，它质疑了千百年来人类始终试图以理性思辨追求终极意义，通过抽象概括提炼世界的完整性的固有思维。多元化、不确定性和相对化的思维模式带给人们思考人与自然（环境污染问题）、人与他人（战争问题）、人与自我（精神健康的问题）等哲学命题的全新立足点。

2. 互联网艺术超文本性的"非线性"化表征

通常所说的"非线性"包含非直线性与非单线性两重含义。在互联网超文本性艺术中，节点是基本的单位，而链接则是节点间联结的纽带。链接成为超文本艺术真正值得人回味之处。通过呈现为图标、亮化、变色、动画、下划线、变形动作等形式，链接名称甚至可以组成诗。虽然作为后台程序，链接是隐性的，但是超文本认为只有文本之间的联系才是真正有意义的，而非单纯的文本自身。链接点成为超文本最为本质的形式和内涵。传统文本意义的链接可以通过作者在文中用典故、阅读者为作品加评注，作为一种隐性的形式，但并非文本内涵的必需。因此"链接已经不再是简单的形式工具，而是内容本身，它实现了非线性美学，在观念上具有革命性的意义"②。在后现代理论当中，"非线性"的审美价值体现在历史观念和思维模式革新两个层面。

传统的文本历史观无论在时间还是空间上都追求历史的整体性、一致性、必然性和进步性。但"非线性"的链接使得互联网艺术的时空可以自由跳跃和被中断。这种文本形式正是后现代理论家所预言的非线性历史观最直接的呈现，于破碎的时空当中寻找断裂的、碎片化的、跳跃的、差异化的历史景观，并从其中窥见历史发展的新动

---

① 韩模永：《超文本文学研究》，中国社会科学出版社2013年版，第64页。
② 同上书，第65页。

力。就如伊格尔顿所言:"试图去思考差异而不提及它所否定的一致性。"①

"非线性"文本的逻辑上"思接千载""视通万里"的跳跃,类似视听语言中的蒙太奇时空拼接,体现更为接近人意识流动的思维之美。正如克劳斯·迈因策尔所言:"在自然科学中,从激光物理学、量子混沌和气象学直到化学中的分子建模和生物学中对细胞生脏的计算机辅助模拟,非线性复杂系统已经成为一种成功的求解问题方式。另一方面,社会科学也认识到,人类面临的主要问题也是全球性的、复杂的和非线性的。"② 当抛却唯人类中心的主体性美学,"非线性"更真实地让我们感受到世界作为不可分割的统一体性。这正深层回应了现象学"面对事物本身的整体认知方式"的合理性价值。反思"保护主义范式"教育单极化的精英趣味对"逻格斯"的执着追求,对同一性、相同性的价值诉求,"非线性"的超文本正好暗合了"超越保护主义范式"对"具体的、变动不居的现实世界的横向超越",这也为实现"互联网时代"多元媒介审美趣味的相通相融与调和共存提供了转变的可能性。

---

① [英]特里·伊格尔顿:《沃尔特·本雅明或走向革命批评》,郭国良、陆汉臻译,译林出版社2005年版,第25页。
② [德]克劳斯·迈因策尔:《从线性思维到非线性思维》,《哲学译丛》1999年第1期。

第三章

批判的鉴赏：媒介美育的审美意识发展论

第一节 多元媒介审美文化中"超越保护主义"范式审美意识的裂变

一 Web 3.0 时代的媒介草根文化及其"亚文化"价值呈现

草根文化是网络时代的特殊文化产物，作为与单向大众传播时代所倡导的精英文化的对比，选取了"草根"作为标志其"亚文化性质"的名称符号。进入 Web 3.0 时代媒介文化中的草根文化现象出现了三类代表性表征：

第一，"戏仿"的修辞方式。各类互联网艺术中"戏仿"已经是很常见的修辞方式，其中即包括对经典文本的改写性"戏仿"，例如今何在创作的互联网小说《悟空传》就是以玄幻笔法重新演绎《西游记》的经典故事，在充满幽默和思考的语境中，完成对经典文本的"戏谑性"模仿；也有对流行文化的拼贴性"戏仿"，例如网络论坛、博客、微博客和社交网络界面中常见到的各种流行网络语体"淘宝体""咆哮体""梨花体""甄嬛体""晓松体""陈欧体""知音体"等，都是结合当下网络新闻或流行文化，由网民自发创作、群体性传播的带有极强"拼贴"效果的语言风格体例。"戏仿"概念最早的释义见于 1598 年英国文人萨缪尔·约翰逊的《牛津英语辞典》："模仿，使之变得比原来更荒谬。"① 而"荒谬"从内因来看，是因为"戏仿"将原本被视为崇高的经典、流行文本以狂欢化的方式解构之；同时从外部效果来看，"荒谬"的结果正是"戏仿"有意借助既有文本的影响力捆绑造势的商业娱乐之功效。由结果思考原因，"戏仿"的盛行主要脱离不开"赛伯空间"的虚拟性，跳出自己的生活环境和人际关系，网络空间中的受众不再被现实秩序所左右，也不再受现实中地位、身份、角色甚至伦理的束缚；"同时，他们在很大程度上将网络视为狂欢节表演的舞台或广场，网络空间中的伦理规范也不会成为支配他们的决定性力量"②。因此，想象力如脱缰的野马演绎着各种光怪陆离的"虚拟现实"。另外，正如生物链的循环系统，"戏仿"作为独具特色的互联网艺术创作手法，也为互联网艺术"虚拟现实性"拓展了发展空间。

第二，跳跃的叙事逻辑。首先表现在情节的时空结构上松散而意识流化，以互联网视频短片为例，往往一集当中会有几个甚至十多个场景，而场景之间的跳跃转接完全没有内在的逻辑联系，或者仅仅是依从某个主要人物的内心意识思维的流动闪念。例如"《悟空传》从取经路上的故事突然转到前世发生的故事，刚才还在写猪八戒'嘲弄师傅的死亡'，毫无缘由地就突然转向关于前世'与嫦娥风花雪月的爱情故事'。这种打乱当代生活时空的文本'乱炖'，目的在于经由这样一个插科打诨的'游戏'形态，作者在对古典文本的解构中表达了其对历史、权力、人性以及当代生活的创造性解释"③。

第三，狂欢化的语言风格。"严肃的情节喜剧化，正当的理由无稽化，熟知的情节颠覆化"，都是网络草根文化常用的狂欢化语言创作手法。以互联网小说《沙僧日记》为例，当代社会现象、笑话桥段、历史典故、时尚话题乃至经典广告等，都成为作者狂欢化语言游

---

① 曾繁亭：《网络"虚拟美学"论纲》，《文艺理论研究》2014年第1期。
② 同上。
③ 同上。

戏的素材和创作套路。

Web 3.0时代各种"草根文化"表征的深层意义在于它将后现代主义的"游戏精神"带入了人们的感知视野,甚至使得后现代主义的"游戏精神"成为互联网艺术语境中极具特色的感知内涵,也正是因此而具有了某种意义上的审美意识启发价值。"游戏说"是西方美学史上重要的话题之一。早在古希腊时期柏拉图就曾提及游戏与人的健康以及生命价值尺度之间的关联。近代以来康德最先讨论游戏的意义,他指出,审美活动是以想象力和知性为主的审美主体的心理认识机能,不在任何概念和逻辑的限制之下的"自由游戏",而自由游戏是"合目的性与合规律性的统一",正如康德所说:"判断力以其自然的合目的性的概念在自然诸概念和自由概念之间提供媒介的概念,它使纯粹理论过渡到纯粹实践,使从按照前者的规律性过渡到按照后者的最终目的成为可能。因为通过它,最终目的的可能性才被认识,而只有它最终目的才能在自然里以及在它和自然诸规律的谐和里成为现实。"[1] 而后席勒将游戏的意义提升到人性的高度,提出"只有当人充分是人的时候,他才游戏;也只有当人游戏时,他才完全是人"[2] 的论断,并影响深远。现代的维特根斯坦用语言游戏说挑战传统的本质主义和科学的逻辑语言。发展至后现代社会,以德里达、福柯、利奥塔等人为代表的游戏理论,则全面强调与逻各斯中心,与二元对立,与中心意义的叛离。在具有鲜明后现代主义文化特征的互联网语境中,游戏理论积淀的自由性、超功利性、平等协作、欢愉性逐渐被提炼为带有"游戏精神"的审美感知方式,并由此生发审美意识,进入审美体验活动。

二 破除二元对立——大众媒介的"亚文化"价值再判定

Web 3.0时期以"草根文化"为代表的亚文化的出现,以及影响

---

[1] [德] 康德:《判断力批判》,邓晓芒译,人民出版社2004年版,第34页。
[2] [德] 席勒:《审美教育书简》,冯至译,北京大学出版社1985年版,第80页。

力的日益扩大,促使研究者开始反思大众媒介文化的真正价值判断,起源于对大众媒介文化全盘否定的"保护主义范式"审美意识是否依然具有合理的存在价值。笔者则通过对媒介美育史中一直被忽视的"英国大众文化"研究学派的深入分析,找到了对媒介大众文化价值判断的另一种"接纳而非批判"的全新视角,也为媒介化生存时代破除"保护主义范式"的防御式二元对立的审美意识教育找到了内在的理论传承。

1. 为大众文化正名

大众媒介亚文化是大众文化众多表征之一,对亚文化价值的客观认证,需要建立在对大众文化的全面审视上。第二次世界大战后,大众文化也借着20世纪50年代出现在英国的"大众艺术运动"(也称"流行艺术运动")广泛深入人们的日常生活,并受到青年人的热烈欢迎,甲壳虫乐队、詹姆斯·邦德的电影、广告、时装、电视剧、畅销书等"大众艺术运动"先是出现在50年代的英国,而后延展至60年代美国的好莱坞商业电影帝国的建立,R.汉密尔顿所言的这种"大众的、暂短的、消费的、廉价的、大批生产的、年轻的、诙谐的、性感的、风趣的、有魅力的和大量交易的大众艺术蓬勃发展"[①]。此时,英国伯明翰大学的当代文化研究中心(CCCS)的理查德·霍加特(Richard Hoggart)、雷蒙德·威廉斯(Raymond Williams)及斯图亚特·霍尔(Stuart Hall)等人开始了对大众文化合理性以及大众媒介亚文化价值的研究。

首先,作为历史主义文化观代表的理查德·霍加特代表作《识字的用途》(*The Use of Literacy*)(1958)细致深入地描绘了英国自20世纪30年代以来的工人阶级大众文化生活,成为"大众文化"研究的开山之作。霍加特试图在此书中站在新的历史视角论证英国工人阶级的文化和政治身份的合理性和时代变迁。他一定程度上沿袭利维斯

---

① 李廷军:《从抵制到参与——西方媒体素养教育的流变及启示》,博士学位论文,华中师范大学,2011年。

的传统，将文学分析的技巧扩展到代表工人阶级的"大众文化"生活中，使得更大范围的文化产品（如流行音乐、通俗小说、廉价报刊）甚至公共文化（小酒店、工人俱乐部、体育活动、家庭角色、性别关系等）都成为其分析的文本。但与利维斯对大众文化的悲观抗拒截然不同的是，霍加特虽然在书中也观察到20世纪50年代后英国大众文化存在的清浅和浮躁，但他乐观地认为造成这一状况的原因是文化商品的生产者，而非那些有可能将商品转化为大众文化的人。这突破了以往媒介美育的研究范畴，更了不起的是打破了"高级文化"和"大众文化"的两极对立分化，使得"大众媒介文化"在媒介美育中的合法性和必要性第一次被广泛关注。

在《识字的用途》前半部分，霍加特略带自传色彩地勾勒了其记忆中英国20世纪30年代工人阶级丰富多彩的大众文化生活，在他眼里"独特性、能动性与创造性"是为大众文化争取合理性话语空间的理论立足点。"绝大多数工人都对群氓文化避而远之，他们生活在别处，凭直觉行事，他们有自己的习俗且十分依赖口头文化的传统，他们的主要文化形式是神话、谚语和仪式。这一切使得他们得以免受侵害。"① 霍加特十分自信地认为工人阶级的大众文化是一种共享的、自力更生的文化形态，例如他谈道："工人阶级爱听流行音乐没什么不妥；只要一首歌的作者用心让自己的作品满足大众的情感需求，那么它就会大受欢迎，这与流行音乐界怎么运作没什么关系。"② 再如，"说工人阶级爱听《舞会散场》这首歌，但他们并不是被动地接受，而是以自己的方式对它进行了诠释，如此这首歌也就不显得那么苍白了"③。在霍加特看来，那些"哗众取宠、道德低劣、既不能充实大脑、又不能安抚心灵的群氓文化"，绝不等同于利维斯主义所言的大众文化（当然也包括大众媒介文化），反而是大众文化以特有的公共

---

① Richard Hoggart, *The Uses of Literacy*, New York: Oxford University Press, 1970, p. 33.
② Ibid., p. 159.
③ Ibid., p. 162.

性、自给自足性持之不懈地改造着商品以及商品化的文化工业实践，这显然是在理论上与之前阿诺德、艾略特和 F. R. 利维斯等人的文学、文化观的决裂和超越。

继而，雷蒙·威廉斯在1961年的《漫长的革命》(The Long Revolution) 一书中，集中对"文化"定义进行辨析，威廉斯着意勾勒一个更为民主化、社会化的文化理论系统，这一论证过程主要是通过"文化"的定义和"感知结构""活文化"等核心术语的阐释来实现的。威廉斯在《漫长的革命》中总结了"文化"的三种定义类别："第一，作为一种理想化的文化，意指人类的某种尽善尽美的状态或过程，以某种绝对真理或普世价值的状态存在；第二，文化是知识性与想象性的作品，是人类的思想和经验得以保存的各种具体形式；第三，文化是对某种特定的生活方式的描述。"[1] 很显然第三种文化的"社会性"描述从范畴上涵盖了前两种定义，它强调"文化"不再单纯是对人类文学、历史和哲学文本的意义描绘，也不完全是对于人类生活和劳动实践中具有普遍真理性的永恒秩序的标榜，霍尔曾高度赞扬其为"英国战后知性活动的一个创新事件"[2]。威廉斯为了表明其"文化"定义的价值，展开了进一步逻辑论证。在其看来将文化定义为"人的整个生活方式"，最重要的意义是将大众文化即"普通人"在日常生活与实践互动中取得的"活的经验"看作是构成人类全部文化的本质和基础。而向上推理其原因就在于，威廉斯认为无论是"大众文化"，还是具有"理想文化"或"文化记录"价值的"少数文明人的文化"，都是文化站在"当代利益"上的选择，"无论在哪种情况下，昔日的文化作品（与当下）的相关性都是不可预见的"[3]，因为文化自古就有一种"选择性传统"，就如"即使是生活在19世

---

[1] [英]约翰·斯道雷：《文化理论与大众文化导论》，常江译，北京大学出版社2010年版，第54页。

[2] 石义彬：《批判视野下的西方传播思想》，商务印书馆2014年版，第121页。

[3] [英]约翰·斯道雷：《文化理论与大众文化导论》，常江译，北京大学出版社2010年版，第57页。

纪的人，也绝对不可能读遍这一百年里所有的小说。19世纪的读者身上具有某些后人难以完全还原的东西，那就是孕育了这些小说的真实的社会生活。而今天的我们则是通过一些选择的过程去了解那些生活的"①，而"这一选择的过程与统治阶级的利益密切相关，甚至几乎就是由统治阶级的利益所支配的。这是一个永恒不变的趋势"②。这也就意味着，威廉斯为大众文化正名的论据在于，他认为在人类历史中任何文化的产生都是带有阶级利益的一种狭义的选择性理解，既然如此，也就无所谓本质上的高低优劣，产生于工人阶级的大众文化并不应该处于被驯化的文化等级制度中，而应正视其存在的客观价值。

2. 大众媒介的"亚文化"价值所在

霍尔在《仪式化抵抗：战后英国的青少年文化》一书中，提及青年亚文化的抵抗。20世纪50年代亚文化在英国青年一代中悄然兴起，从表征形式而言包括，"无赖青年、摩登派、嬉皮士、光秃头、朋克、雅皮、垮掉的一代"等不同形式。霍尔定义其为："亚文化是一种亚系统——更大的文化网络系统中这个或那个部分内的更小的、更为地方性的、更有差异性的结构"③。青年亚文化为了实现与主导的霸权文化间的力量平衡，通过"服饰、发型、装饰品等形象元素，表达、仪态、步伐构成等品行元素，以及一种特殊的词汇它被如何传送构成的行话元素"来实现一种亚文化风格，而它的对抗仪式就表现为三个元素中的"拼贴"手法。赫伯·狄格说："拼贴就是不同物品被不合常规地放在一起，从而打破了日常符号系统的规则……挪用、改装和拼贴造成了意识形态表意系统的失调，形成了对权威符码和社

---

① [英] 约翰·斯道雷：《文化理论与大众文化导论》，常江译，北京大学出版社2010年版，第56页。

② 同上书，第57页。

③ Hall S., Jefferson T., *Resistance through Rituals: Youth Subcultures in Post War Britain*, London: Routledge, 1976, pp. 10–13.

会制度的巨大挑战。"①

作为霍尔后继者,约翰·菲斯克对亚文化的抵制性给予了更中肯和明晰的论述。他将其定义为"符号的游击战",即受众将大众媒介中传达的高雅文化与商业文化符号系统的能指与所指关系打乱,融入自己的日常相关性生活经验并将符号重新组装在一起,进而对高雅文化和商业文化的物质载体赋予了新的含义。菲斯克将关注点放在了"受众如何突破支配性意识形态同质化的运作和同构性力量的支配,或者说是如何摆脱文本中所偏好的普遍赞同或一致舆论,进而从文本中生产出多元的以致抵抗性的意义"②,他选取麦当娜的媒介形象作为经典案例来解析。"作为80年代后期大众文化的一种重要现象,麦当娜是一片有待开垦的沃土"③,麦当娜虽然以在媒介中大胆展示其容貌和身体性征的"男孩玩偶"的姿态出现,但菲斯克却认为在青年亚文化理解的角度来看,"她的形象就不是父权制下少女的意义典范,而是父权制与女性抵制、资本主义与从属群体、成年人与年轻人间符号冲突的战场"④。他列举了当时一位14岁名叫露西的麦当娜歌迷的陈述:"她放荡、诱人……但她这样做看起来很正常。我是说,如果其他人像她那样打扮,就显得放荡,但她那样是可以接受的、正常的……"⑤ 这里的"放荡、诱人"很显然是以父权制的男性视角对麦当娜的看法,但露西却认为这是"可接受的",则表明其意识中对于父权意志的抵制。与此同时,"麦当娜的成年女歌迷们在麦当娜身上发现,女性的意义已经从意识形态上的圣女与荡妇的二元对立中解脱出来。从她的形象中,歌迷们发现了以女性为中心的性征的积极表

---

① Dick Hebdige, *Subculture: The Meaning of Style*, London: Methuen, 1979, p. 104.
② [英] 尼克·史蒂文森:《认识媒介文化——社会理论与大众传播》,王文斌译,商务印书馆2001年版,第145页。
③ [美] 约翰·菲斯克:《解读大众文化》,杨全强译,南京大学出版社2006年版,第75页。
④ 同上书,第76页。
⑤ 同上书,第77页。

征，这是她们常常提及的她的独立性，做她自己。这种明显独立的，对性征自我定义是无与伦比的，只是因为它在父权制意识形态中发挥作用并与之相对抗"①。

无论是青年亚文化、边缘文化还是后来的女性文化，在霍尔、菲斯克等文化研究学者的语境中，作为大众文化代表的它们由受众创造，并表现为按照自我的心理需求对高雅文化、商业文化等主导文化的抵制和重组，将主导文化表面上用欺骗性、强迫性和控制性所掩盖的"断裂、疏离"的人性异化本质揭穿，进而确立大众自己在社会文化领域中相应的身份与地位，寻找文化身份认同。最后，大众文化还将进一步介入社会政治层面对资本主义的现代性危机提出大胆的质询。这实际上在一定程度上体现了对"人的自由全面发展"追求的美育价值。

综上，通过对英国大众文化研究理论中大众文化、大众亚文化以及大众媒介亚文化的研究可知，对"保护主义"美育范式中"二元对立"的审美意识的质疑和超越是有着一定的理论依据和研究传统的。"总之，对精英文化的否定、对共同文化的诉求，对边缘文化和亚文化的关注、对文化实践性的重视，这些研究倾向构成了文化研究学派的独特景观。受众不再是被麻醉的，而是清醒的受众；大众文化不再是亦步亦趋的文化，而是自主的、有主导性的文化；流行被重新塑造成了经典。"② 价值观上的开放使得大众媒介文化被接纳进入审美的范畴，相比于精英文化的传统与保守，对于大众媒介文化的接受将为受众营造更开放、多元、丰富、有持续创造力的审美趣味。而当亚文化、边缘文化、女性文化在大众媒介文化的推动下被越来越多的世人接受时，其实也会在一定程度上使得社会实践层面的人与人的关系更为平等、开放和自由。

---

① [美]约翰·菲斯克：《解读大众文化》，杨全强译，南京大学出版社2006年版，第82页。

② 潘知常主编：《传媒批判理论》，新华出版社2002年版，第201页。

第二节 批判的局限——"虚拟现实"的审美意识教育价值

第一节通过对 Web 3.0 时代的草根文化的现象观察，展开对"保护主义范式"中审美意识教育与大众文化完全二元对立的内涵的质疑。本节将延续上述思路，以"虚拟现实"为典型案例展开对"保护主义"范式时期以"批判"为主要手段的审美意识的教育策略的反思。

一 "虚拟现实"的审美特性及审美意识启蒙价值

1. "虚拟现实"的审美特性

"Virtual Reality"汉语翻译为虚拟现实或虚拟实在，最早是 1989 年由美国 VPL 公司的董事长 J. 拉尼尔（Jaron Lanier）所创，用来描述计算机信息空间的仿真世界。"Virtual Reality"一词具有两种词性：作为动词，强调技术和过程；作为名词，强调结果和感受。由此推断，无论是"虚拟现实"还是"虚拟实在"，都可以从作为动词的虚拟现实技术和作为名词的虚拟现实效应两个层面来审视。而作为"虚拟现实"的审美特性就是从效应这一角度来切入的。韦伯字典曾经这样定义："虚拟实在就是一种在效应上，而不是在事实上真实的事件或实体。"[①] 这其实意味着，虚拟实在技术的最根本意义不是制造工具的技术，而是制造整个经验世界的技术，虚拟实在技术改变的是我们自己建构感觉世界的框架，通过技术实现感知效应上的革新才是虚拟现实性的完整体现。

诚然，在"虚拟现实"一词诞生之前，人们说到对现实世界的理解多数想到的是物理现实或者真实现实。在这样的逻辑路径下，各种虚拟现实活动、虚拟艺术创作、虚拟交往、虚拟旅游、虚拟会议、虚

---

① 转引自孙伟平《虚拟实在的价值考量》，《江西社会科学》2004 年第 3 期。

拟游戏、虚拟商业活动、远程医疗、远程教学等，都不过是对现实世界的模仿和延伸。然而这一局限在传统哲学基础观点上的思考是对"虚拟现实"与"现实世界"关系的误解，"各种虚拟实在活动，如使人们生活的'现实'看来像是一个近似梦幻的场景。而这种'虚拟'的近似梦幻的生活，恰恰是、或将是人们真实生活的一部分"[①]。也就是说，"虚拟现实"并不是"现实世界"的影子，而就是其本体。互联网艺术学者黄鸣奋教授也早有类似的论述："新媒体革命对于艺术环境最重大的影响之一就是为异构化提供了技术条件。异构化的激进意义在于建立相对独立的能指世界（即虚拟现实）。这种能指是指可以反作用于真实环境而形成'增强现实'，并且和真实环境共存，形成混合现实。"[②] 综上，笔者认为"虚拟现实"的审美特性主要是指在互联网的虚拟时空中，由数字技术、网络技术和遥感技术协作实现的特殊感知效应。

　　关于"虚拟现实"的审美特性对于人类生存意义的探讨，早在古希腊柏拉图的"洞穴之喻"就已提及；近代哲学史上，贝克莱的"存在即时被感知"也在新的历史语境下展现出虚拟现实的深刻的特殊性；而在形象化的艺术领域，更是有《异次元骇客》和《黑客帝国》等经典影片成功运用了数字虚拟技术将艺术家脑海中的幻影真实地展现在视听空间，甚至在哲学层面引发人们对"虚拟与现实""虚拟现实与人类生存"等未来学话题的思考。对于这一问题张世英教授的一段话也发人深省，同时可以看作是下文探讨"虚拟现实"的审美价值的理论出发点。

　　"虚拟可以是期待未来现实回答的虚拟（科学的虚拟），也可以是不需要现实回答的虚拟（艺术的虚拟、诗的虚拟），还可以是对'尚未'和'应该是'的前景的虚拟（社会史、伦理道德的虚拟）。而艺术的虚拟则既可以是对事实上、现实中不可能存在但在逻辑上还

---

① 孙伟平：《虚拟实在的价值考量》，《江西社会科学》2004年第3期。
② 黄鸣奋：《新媒体与西方数码艺术理论》，学林出版社2009年版，第408页。

有可能性的东西的虚拟，也可以是对逻辑上就不可能的东西的虚拟。不管哪一种的虚拟，都是人类文化所必需的。科学、历史、艺术等等都会由于虚拟而显示出自身的深度和真实性：科学由于虚拟（假设）和证实而深入地揭示了宇宙的内在必然性和规律性，从而给人类带来优裕的生活世界；历史由于对未来前景的不断虚拟（理想、向往）和不断实现所获得的社会进步而使人成为愈益自由的人——真实的人；艺术由于虚拟而使人进入令人惊异的、崭新的精神界。总之，科学的真实、历史的真实、艺术的真实皆因虚拟而获得。"[①]

2. "虚拟现实"的审美意识启蒙价值

"虚拟现实"具备的审美意识启蒙价值主要体现在：感知的艺术化和全新的艺术感知，即"虚拟现实"使得互联网传播活动中的主体感知具有艺术化倾向。德克霍夫在《面向集体认知处理的虚拟现实》（1990）一文中认为："虚拟现实主要是由其感觉价值而非别的东西所定义。它将艺术的基本性质带到前排，此即基于美学的亦即对感觉的探索与操作。"[②] 这正是对"虚拟现实性"带来人们感知艺术化发展的判断。

"感知的艺术化"的审美意识启发性最突出表现在，"虚拟现实"正在建构"真"的另一种境界。人类的感知心理中，对于"真"的体验、感受和判断是很重要的一环。互联网艺术的"虚拟现实"看似与"真"背道而驰，但实质上正是对亚里士多德在《诗学》中所推崇的"诗的真实"即"某种情况下可能发生或应该发生的事"最形象化的展示。此时的"真实性"摆脱了第一世界的物理时空限制，更具有对现实的超越性，同时也极强地反作用于以往客观世界中的真实感，由此逐渐形成另一种虚实相生的真实感知。"虚拟现实性"对于"真性"感知的建构一方面表现为超越现实，另一方面表现为颠覆现实。提到虚拟对于现实的超越关系，张世英教授曾如此论述：

[①] 张世英：《现实·真实·虚拟》，《江海学刊》2003年第1期。
[②] 转引自黄鸣奋《新媒体与西方数码艺术理论》，学林出版社2009年版，第421页。

"虚拟就是超越现实，就是肯定现实中不存在或不可能存在的东西的意义和真实性。虚拟是人类创造力的源泉。所谓'超越现实'，就是从现实出发而又多于现实。"① 笔者认为，之所以说"虚拟"是人类创造力的源泉，主要源于人们超越真实现实的意愿。对于人工现实的萦怀与关注，无论是自古有之的神话传说，还是经典小说当中的典型人物、典型事件、典型情境，都是"虚拟"这一创造性带给艺术对现实超越后的更高一层的真实性。"虚拟现实"具有艺术化的呈现方式，这也正是超越现实的途径。通过对真实现实的夸张、扭曲、提炼等呈现，"虚拟现实"艺术化的真实将人们从日常生活的琐碎束缚中抽离出来，打开从新角度把握真实现实的视野。用海德格尔的话来说："它所展示的是一个'世界'，这'世界'不是感性直观中现实的简单还原（或者说现实反映），但它具有更高层次的艺术真实性。"② 这种超越现实的虚拟真实有时候只是改变人们对某些具体现象的看法，而有时候则从根本上转变我们自身存在的信念。"亚里士多德对诗的真实性的肯定和赞赏，其实也就是对虚拟的肯定和赞赏。"③

互联网艺术的"虚拟现实"对于现实的颠覆生发于后现代社会媒介技术变革时期。詹姆逊说："不管怎么解读柏拉图，我认为后现代主义文化正具有这种特色。形象、照片、摄影的复制，机械性的复制以及商品的复制和大规模生产，所有这一切都是拟像。所以我们的世界起码从文化上来说，是没有任何现实感的，因为我们无法确定现实从哪里开始或结束。"④ 用波德里亚的话来说："其中的一切都是'拟像'，是没有原作的拷贝。在这里，人们不再是利用虚构来逃避现实，而是创造一种异质的现实；因为互联网已经不但能够借助复杂的技术

---

① 张世英：《现实·真实·虚拟》，《江海学刊》2003年第1期。
② 同上。
③ 同上。
④ [美]詹姆逊：《后现代主义与文化理论》，唐小兵译，陕西师范大学出版社1986年版，第200页。

系统来满足人类的各种需要，而且能够为人类制造各种需要，它不但能够模拟现实，而且能够虚拟比现实更为完美的虚拟现实，能够把现实中并不存在但在想象中存在的世界展现出来。"[1] 在上述对于后现代社会媒介技术的理解基础上，关于"虚拟现实"对于现实世界的颠覆这一议题，波德里亚曾经用"符号交换"理论给予了清晰的阐释。他认为工业革命产生出批量的复制仿真品，这些完全可以以假乱真的仿像，虽然失去了本雅明所言的"灵韵"，但却因其几乎无真赝之别而具有了艺术品的符号价值。而进入互联网时代，尖端的虚拟技术使得仿真不仅意味着对原型的复制，甚至发展为没有原型的"拟像"。大规模类型化、系列化的拟像，造成"人们的经验完全由模型和符号支配，拟像与真实之间的界限已经内爆，人们以前对真实的体验和真实的基础均告消失"[2]。

很显然，詹姆逊、波德里亚对互联网时代充满虚拟形象的"超真实"世界满怀忧虑，甚至将后现代媒介社会解构为充斥着"完美罪行"的境遇，在这里主体对客体没有任何反抗能力。尽管带有"虚拟现实性"的媒介"拟像"从某种意义上彻底颠覆了现实世界的真实，然而"拟像"的存在却是网络时代无法回避的趋势，因此"拟像"又重构了真实的现实世界。只举一例，互联网世界中，成千上万的粉丝近乎疯狂地追逐着自己的"虚拟偶像"。

从审美角度评判互联网世界中虚拟现实性的"拟像"，无疑具备了"完美的诱惑"，然而对待危险首要的不是遮蔽双眼，悲观地否定它存在的价值。面对虚拟技术越发迅猛的发展态势，正视"虚拟现实"正在建构的另一种"真实"的现实也许才是当务之急。因为只有首先承认它的客观存在，才能清醒、冷静地分析其优劣之处，进而才能调整自我的认知和价值观，以更加自由的姿态选取与"虚拟现

---

[1] 转引自曾繁亭《网络"虚拟美学"论纲》，《文艺理论研究》2014年第1期。
[2] 孙海峰：《虚拟与现实——数字仿真的实在性问题》，载王岳川主编《媒介哲学》，河南大学出版社2004年版，第167页。

实"的相处之道。同时，无法回避的是，互联网"虚拟现实"为人类感知建构的另一种"真"的境界意义非同寻常。我们作为人是环境造就的，因为人本身就是进化的产物，而进化是在环境的推动下实现的。如果我们将真实现实和虚拟现实都理解为环境，那么这两种不同意义的环境将造就不同的人。一旦虚拟现实和真实现实彼此混淆或交织，我们就必须准备迎接生物人与虚拟人的并存、互动的时代。

二 沉浸感与审美意识的心理生成

"虚拟现实"第二种意义上的审美意识启发价值则在于带来了媒介化生存时代全新的艺术感知——沉浸感。著名的新媒体艺术研究学者海姆认为："虚拟现实使出席艺术展成为完全沉浸的体验，绝不仅仅是观看艺术对象。此处的艺术刺穿了界面知觉，将心灵投入与哲学类似的状态——然而不依靠观念或解释。"[1] 这里的"刺穿了界面知觉"实质上就是指受众的"沉浸感"。进而海姆又继续考察了"虚拟现实"的七种观念或称建立"虚拟现实"的理论基础：①模拟；②互动；③人造性；④身临其境；⑤远程展示；⑥身体完全沉浸；⑦网络化交往。由此可见，沉浸感的形成与互联网"虚拟现实性"有着密不可分的内在联系。

"沉浸感"是在"沉浸理论"的基础上形成的心理学概念。沉浸理论（flow theory）由波兰裔美国心理学家、芝加哥大学教授米哈利·齐克森米哈里（Mihaly Csikszentmihalyi）历经20年收集数百名各类受访者处于工作巅峰状态的描述后于1975年提出，"沉浸体验"是该理论的核心范畴。通过调查人们数学思维、肢体活动、文字识读与手术操作等活动发现，"许多人由于全神贯注而暂时忘记了自身的存在，不同程度地感到时间快、效率高"[2]，米哈利·齐克森米哈里把

---

[1] 转引自黄鸣奋《新媒体与西方数码艺术理论》，学林出版社2009年版，第424页。
[2] [美]米哈里·契克森米哈赖：《发现心流：每日生活能量的心理学》，陈秀娟译，台北天下文化出版社1998年版，第105—124页。

这些感受统称为"沉浸体验"（flow）。在我国，"沉浸体验"有多种译法：如飘、畅、神驰、心流等。1990年米哈利·齐克森米哈里在《沉浸：最佳体验的心理学》一书中对"沉浸体验"的概念做了更全面的定义，即"使用者进入一种共同的经验模式，在其中使用者好像被吸引进去，意识集中在一个非常狭窄的范围内，不相关的知觉和想法都被过滤掉，并且丧失知觉，只对具体目标和明确的回馈有反应，透过对环境的操控产生一种控制感"①。沉浸理论在近20年中被广泛用于研究人类的各种行为活动，如工作活动、体育运动、休闲爱好以及绘画等艺术活动。1996年在对网络受众行为的研究中霍夫曼（Hoffman）和诺瓦克（Novak）尝试将"沉浸体验"的概念引入，尔后"沉浸体验"在西方国家开始广泛应用于对网络游戏、网络购物、网络浏览、网络社交等行为和心理活动的研究。

"沉浸体验"毫无疑问是带有审美性质的，当"沉浸体验"产生时会有高度的兴奋和充实感，同时"在沉浸的状态下，人们常常能感受到精神高度紧张，伴随着愉悦的感受和巅峰的工作状态"②。霍夫曼和诺瓦克也曾将沉浸体验的特点归纳为："1. 人机交互引起的一连串不停的、无缝衔接的反应；2. 真正享受的；3. 伴随着忘我；4. 自我激励的状态。"③ 在网络的虚拟环境中，由沉浸带来的生理愉悦与忘我的自失状态交织在一起，加之逼真情境对情绪的快速激发，产生对"高峰体验"完美的营造，这就是区别对于审美观照的带有网络新媒介环境特征的审美心理体验——沉浸感。

1. 审美意识培养来自于对现实生活情感替代性的满足

以网络游戏这一网络艺术中最具有代表性的审美形态为例，沉浸感具体可以表现为在RPG（Role-Playing Game）即角色扮演类游戏

---

① ［美］米哈里·契克森米哈赖：《发现心流：每日生活能量的心理学》，陈秀娟译，台北天下文化出版社1998年版，第105页。

② 沈瑞月：《从魔兽世界的成功探讨沉浸理论对产品设计的启示》，《艺术与设计》，2010年版，第205页。

③ 转引自朱东红《网络环境下沉浸理论研究综述》，《现代商业》2010年第1期。

中，审美主体通过扮演某一特定角色而自发地将虚构游戏情境当作真实的生活，通过沉浸在虚拟假象中来实现对生活情感的替代性满足。例如《魔兽世界》《天堂》《传奇》《最终幻想》《梦幻》等游戏。2009年由网友创作并传播的视频短片《网瘾战争》三部曲，在网络上引发广泛关注。这则短片以《魔兽世界》为蓝本，将游戏主角替换为一群网络游戏发烧友，他们被以"杨教授"为代表的反对阵营围剿、追杀并强迫送入网瘾戒除所。片中一段台词被很多网民视为表达心声的经典话语。上述材料真实表达了情感体验在网络受众审美期待心理中的重要地位。悲伤、焦虑、愤怒情绪的虚拟时空宣泄，以及亲情、友情、爱情的替代性补偿带来的情绪满足，具有强烈的精神满足的愉悦性，是生理快感与美感相融合的情感体验。对这种虚拟的情感体验加以适度的引导，防止过度沉迷，在一定程度上可以更生动、鲜活地调动受众的审美积极性，形成人们对于"真、善、美"的人类美好情感体验的审美态度，丰富受众的情感审美经验，并由此培养更敏锐的审美意识。

2. 审美意识的培养产生于自我成长的替代性经验

审美沉浸感还时常出现在受众进行RTS（Real-Time Strategy）实时策略游戏的操作过程中，例如《地球文明》《命令与征服》等。在这类游戏中，玩家的角色扮演更为细化，往往可以体验掌权者和高层管理者的权威性，并可以通过虚拟地实施各种组织命令、管理决策而极大满足受众的自我成就感。此时"虚拟现实"的沉浸感所启发的审美意识就产生于自我成长的替代性经验，这一经验使审美主体在虚拟环境中通过模拟现实生活的经历以期更快速、轻松地获得自我成就感。但即使是在网络环境下，要想使"体验"促成审美期待心理，也仍然需要"个体在瞬间的直觉中去把握过去、现在和未来，并在自身内进行积极的心灵建构"[①]。

---

① 王一川：《新编美学教程》，复旦大学出版社2009年版，第38页。

三 "网络虚拟现实游戏"的审美意识教育创新

因为游戏是媒介化生存时代最为喜闻乐见的"虚拟现实"呈现形态，因此，网络虚拟游戏的沉浸感体验对提升受众审美素质的教育价值，成为当下美学研究、教育研究、艺术设计研究的焦点。近期的国内外相关研究通过大量的心理学和社会学测验，论证了"网络虚拟现实游戏"在"受众良好情感态度价值的培养、自我实现需要的激发以及通过促发高级思维实现自我成就感"方面具有一定切实的正向作用。这也就意味着，在媒介美育的实践领域，通过对"网络虚拟现实游戏"的开发和引导性参与可以培养受众的沉浸感体验，进而积累更加丰富的审美经验，并为提升审美意识素养提供创新的教育路径。

1. 角色扮演类大型网络游戏对良好情感态度价值观的培养

台湾学者 Hsiang-Ping Chen 在 2010 年进行的一项名为 "The Influence of an Educational Computer Game on Children's Cultural Identities"的调查证明，"网络虚拟游戏对提升青少年文化认同感从而获得积极的情感体验有着显著的影响效果"[1]。调查者选取 130 名 11—12 岁青少年，将其随机均分为两个对照组，以一款名为 Formosa Hope（FH）的角色扮演类网络虚拟游戏为测试平台，对被试者的行为和心理效应进行了为期 6 周的对比观察测验。FH 游戏是由台北大学教育科学院的科研小组于 2006 年研发设计制作，该游戏虚拟了古老的台湾北部村落 Tao，以生活在其中的原始居民为角色设定，主要游戏环节分为两部分，第一部分是角色探险："游戏者进入 Tao 部落场景，根据设定规范完成建设居所、制作工具、寻找猎物、采集食物、参与部落集会等游戏任务，而上述活动的规范则是根据真实台湾土著居民的传统民俗整理演绎而成"[2]。因此，这一部分的游戏体验者会在不断闯关、

---

[1] Chen, H.-P., Lien, C.-J., Annetta, L., & Lu, Y.-L., "The Influence of an Educational Computer Game on Children's Cultural Identities", *Educational Technology & Society*, Vol. 13, No. 94, 2010.

[2] Ibid..

完成任务的过程中，潜移默化地了解当地传统文化中科学、技术、社会的相关知识，而在游戏者不断积累的感知体验中，"引人入胜的风土民情、充满智慧生活经验也不断地提升参与者对传统文化的认同感"①。实验证明，"参与 FH 游戏的实验组被测在表征文化认同的几个层面的平均分都有提高，而没有参与游戏的控制组则没有变化"②。这充分说明，被测试者在参与 FH 游戏的过程中提升了对该地区传统文化的认同感，同时也形成了更为全面的自我认同，而伴随着文化认同感的提升，"自豪、骄傲、鼓舞"的积极情感体验也相应增多，这对于促成审美沉浸感、培养自觉的审美意识都起到了有效的促进作用。此类关于网络虚拟游戏在培养受众良好情感价值观方面的研究在近期的欧美学者中也出现了一些典型案例，如：Binona Gros：*Digital Games in Education, the Design of Game-Based Learning Environment*（2007）；Chuang, T. &C. W.：*Effect of Computer-Based Video Games on Children: An Experimental Study*（2009）；Tsai, F. K. Yu and H. Hsiao：*Exploring the Factors Influencing Learning Effectiveness in Digital Game-Based Learning*（2012）。

其实，早在 2005 年，由新闻出版总署和共青团中央组织实施，上海盛大网络发展有限公司开发的中国首部大型系列爱国主义网络虚拟游戏出版工程《中华英雄谱》就已经开始了网络虚拟游戏通过角色的替代性情感体验来进行审美教育的尝试。这实际上是一款中小型的网络游戏，通过英雄人物历史知识问答、CG 动画、英雄谱的特色小游戏来展开情节。第一批推出的游戏角色包括岳飞、李时珍、郑和、包拯、雷锋。"《中华英雄谱》将游戏的乐趣融入到英雄的故事之中，以生动的叙事手法为基础，将知识、素质、技能和健康的人生观都融合到故事环境中，传递积极人生观、价值观，调动玩家主动学习

---

① Chen, H.-P., Lien, C.-J., Annetta, L., & Lu, Y.-L., "The Influence of an Educational Computer Game on Children's Cultural Identities", *Educational Technology & Society*, Vol. 13, No. 97, 2010.

② Ibid., No. 105.

的愿望。玩家进入游戏时先登陆到一个 3D 的游戏社区，此时他可以选择在社区里与其它玩伴交流互动，或者进入英雄小游戏。在英雄游戏中玩家能看到岳飞南征北伐的宏大场面，感受精忠报国的荡气回肠，又能随李时珍一起悬壶济世，见证一代神医的认真与执著……"① 尔后，在 2005 年至 2015 年，同类的网络虚拟游戏逐渐增多，如网易公司制作的《大话西游》，光通公司制作的《Q 版水浒》，盛大互娱公司制作的《英雄年代》《学雷锋》《抗日 ONLINE》，北京娱教网络科技有限公司研发的《创世纪西行》等游戏。这些产品经过不断更迭换代和技术优化正在吸引越来越多的游戏体验者。仅以网易公司 2014 年最新推出的《大话西游 2》手机版网络虚拟游戏为例，"产品上线 8 个月同时在线人数即突破 100 万，注册用户达 2000 万，成为了国内第一免费回合制游戏"。

良好情感态度价值观往往体现为人格上的积极乐观、坚强、勇敢、善良、热情，而上述网络游戏正是通过对此类人格特质在虚拟游戏世界里的设定，比如雷锋、郑和、李时珍、岳飞等民族英雄，加之游戏情节和奖励机制的设定来激励受众在游戏的角色扮演过程中，主动模仿和感受英雄人物的人格品质。通过"雷锋乐于助人""郑和远航探险""岳飞精忠报国""李时珍悬壶济世"等经典故事情节的游戏情境设定，使受众在游戏中重温英雄人物在历史故事中曾经面临的各种困境，体验角色人物于困境中的认知冲突，从而锻炼受众在情感矛盾中的自我协商能力，建立更全面的自我身份认同。这个过程通过虚拟现实的角色扮演实现了对于人类良好情感态度的审美体验，使受众在提升审美需求的同时，逐渐提升了对于人性美的自觉审美意识。

2. 生存策略类网络游戏对自我实现需要的激发和高级思维的促发

关于网络虚拟游戏通过自我成长的替代性经验来形成审美沉浸感，进而提升受众审美意识的实证研究主要集中在对生存策略类游戏

---

① 李瑞先：《主旋律游戏如何占据玩家的心》，《瞭望东方周刊》2007 年第 4 期。

的受众调查和分析。近期的几项实验表明,网络虚拟游戏的确在满足受众自我实现需要和促发受众分析、综合、评价和创造等高阶思维能力两方面有显著的积极影响效应,而由这两种心理带来的自我成长的替代性经验会带给受众更丰富的沉浸感高峰体验,进而逐渐提升受众的自我审美意识。

学者 Barab 等人将网络游戏的学习情境感定义为游戏化学习(Game-Based Learning,GBL),与传统学校课堂的叙事性教育(Story-Based Learning,SBL)相比,两者在参与者、学习内容和学习环境之间都存在显著差别。而经过 Barab 等人的实验测量表明,"GBL 对提高学生知识水平的认知效果更加显著,参与 GBL 的学生,其沉浸度更高"[1]。进一步调查可知,网络游戏中典型的情境化环境使学生在游戏的"故事"发展中拥有更多的自主学习积极性,这更利于学生的自我满足需要的实现。从过去的"教师要我学"到网络虚拟游戏中的"我要自己学",强有力的内在学习动机激发了更高度的沉浸感体验。尔后 Connolly 等人又通过一项调查,面对 17 个欧洲国家 287 所学校的 328 名学生进行了为期 10 天的观察测验。他们指出,"在 GBL 的游戏化学习中,以外语学习游戏为代表,它们激发学生内部学习动机的主要因素是在于游戏的挑战性"[2]。而这种挑战性的吸引力不在于克服游戏环节本身的艰巨性和困难水平,通过台湾 Huang 等人的研究发现,"网络游戏同时在线的多人竞争性才是激发参与者自我实现满足的挑战价值关键"[3]。他们以一款名为 Idea Storming Cube

---

[1] Barab, S., et al., "Game-Based Curriculum and Transformational Play: Designing to Meaningfully Positioning Person, Content, and Context", *Computer & Education*, 2011, 58 (1): 518.

[2] Colly, T. M., M., Stansfield and T. Hainey, "An Slternate Reading Game for Language Learning: Arguing for Multilingual Motivation", *Computers & Education*, 2011, 57 (1): 1389-1415.

[3] Huang, C., et al., "The Idea Storming Cube: Evaluating the Effects of Using Game and Computer Agent to Support Divergent Thinking", *Educational Technology & Society*, 2010, 13 (4): 180-191.

（ISC）的游戏为例，证明了"ISC 游戏的吸引人之处并不在于激发参与者对'输赢'的极端渴望，而是鼓励学生看到学习的发展性，在同他人的优劣比较和相互促进中满足自我实现的心理需要"[1]。

近期的实证研究表明，网络虚拟游戏还可以通过促进高阶思维发展带给受众更深的自我成就沉浸感。"高阶思维是指教育心理当中创新能力、问题求解能力、决策力和批判性思维能力。"[2] 以美国威斯康星大学（University of Wisconsin）麦迪逊分校威斯康星探索研究所"游戏+学习+社会"研发中心（GLS）新近设计的一款名为"Sick at South Beach"的游戏为例：游戏主要角色是四位女孩，故事背景是四位女孩在一次度假过程中不幸在神秘湖中感染了特殊病菌，游戏任务是四位女孩必须在有限的时间内破译病菌密码，找到自救方法。"该游戏创设问题情境，提供领域科学知识，学生和老师可以分别以角色扮演的方式参与游戏，学生在寻找病菌来源的过程中，了解有关湖水、病菌、动物以及人类活动等科学概念，以及彼此之间的紧密关联。这个游戏将真实世界中我们面临的现实问题与科学实践的解决方案联系起来。"[3] 威斯康星探索研究所的库特·斯奎尔（Kurt Squire）教授通过观察发现，当将这款游戏投放到实验教学小组后，很快激发了教师和学生的参与热情。为了更好地胜任虚拟游戏中的角色，完成最终游戏任务，老师和学生自发在线下先组织了讨论活动，包括：分配游戏角色、讨论角色人物、分析游戏环节和场景环境图等。"而后学生进一步运用策略进行阅读和讨论有关疾病的资料，以及开展有关水质问题的扩展资料搜索。然后根据掌握的相关医学领域知识进行相关的疾病预判断，并开始参与到'Sick at South Beach'的游戏当中。在游戏的中，学生小组还会随时的沟通任务执行情况，进行各项任务

---

[1] 尚俊杰：《国际教育游戏实证研究》，《电化教育研究》2014 年第 1 期。
[2] 钟志贤：《如何发展学习者高阶思维能力》，《远程教育杂志》2005 年第 4 期。
[3] 魏婷等：《美国教育游戏研究发展的新动向——威斯康星大学麦迪逊分校 Kurt Squire 教授访谈》，《中国电化教育》2014 年第 4 期。

完成度的检测。"① 斯奎尔教授发现在应用此款游戏进行教学的过程中，无论是老师还是学生都充满了激情，学生在游戏中根据情节进展还会"分别扮演各领域的专家，有生物专家、医学专家等，他们在游戏中还会使用专业术语进行辩论，同时教师也会更好地通过角色扮演参与其中，引导学生发现问题，并以头脑风暴等更为灵活的方式激发学生寻求解决问题的策略和方法"②。

与此同时，美国的 Eow, Y. L. 等人和中国香港的 Gary Cheng 等学者也通过实证研究得出与斯奎尔教授相似的观点。香港教育协会的 Gary Cheng 研究团队在 2009 年选取 25 位香港信息技术专业的大学生进行了关于网络游戏提升学生问题解决能力和创新能力培养的研究。他们发现"利用网络教育游戏后的学生在提出问题的想法创新性上有显著提高"③。美国的 Eow, Y. L. 等学者在 2010 年进行了一项旨在探究网络虚拟游戏对提升学生创新力这一高阶思维的对比研究。他们以自主开发的 Game Maker 为游戏实验范本，对比测量了参加游戏实验教学和传统学校教学的学生的创造力提高情况。实验使用创造力测量表（Khatena-Torrance Creative Perception Inventory），对比了两组被试的前后测量数据，结果表明："网络虚拟教育游戏比传统课堂教学会更有效地提高学生的创造力。"④

上述研究都很好地证实了网络虚拟游戏在为受众营造沉浸感方面的教育价值，"游戏为学生提供非良构的问题情境和开放的探索空间，有利于培养其创造性思维，提升学生解决问题能力和协作能力，从而

---

① 魏婷等：《美国教育游戏研究发展的新动向——威斯康星大学麦迪逊分校 Kurt Squire 教授访谈》，《中国电化教育》2014 年第 4 期。

② 同上。

③ Cheng, G., "Using Game Making Pedagogy to Facilitate Student Learning of Interactive Multimedia", *Australasian Journal of Educational Technology*, 2009, 25 (2): 204-220.

④ Eow, Y. L. . et al. , "Computer Games Development and Appreciative Learning Approach in Enhancing Students Creative Perception", *Compute & Education*, 2010, 54 (1): 146-161.

获得自我成就的快感"①。

第三节 接纳的尴尬——"网络伪狂欢"的审美意识教育再思考

批判的局限在媒介化生存时代已经显露无遗，而随着网络交互性的逐渐普及和加深，越来越多的人开始对大众媒介的流行文化报以全盘接受的态度，甚至形成一种"民粹主义倾向"。在这里，"批判"对于媒介审美及审美教育是否完全失去价值？而失去了"批判"的"接纳"对媒介审美文化又意味着什么？这又会给媒介审美教育带来什么新的问题？这些将成为本节论述的主要内容。

一 网络身体化流行语的"伪狂欢"

随着新媒体时代数字化发展的渐进，特别是互联网虚拟社交的形成和发展，媒介生存的某些特质与巴赫金所言的"狂欢的世界感受"高度契合，而这种契合又导致了另一类带有误导性的身体意象——"身体的伪狂欢"。

互联网的媒介特性为狂欢提供了实现的空间，群体化、互动性、虚拟化的网络社交平台成为巴赫金所言狂欢化表现形式的要素"广场"的媒介延伸。从"大街、小酒馆、道路、澡堂、船上甲板"到今天互联网上不可名状但又无时不在的虚拟"广场"，狂欢所需的全民参与、没有边界、自由往来、互相平等、亲昵的接触得到了充分的实现。因而这种契合也使巴赫金所言的狂欢化有了除"化妆游行、滑稽表演、假面派对"以外新的表现形式，如众生狂欢的网络恶搞（包括语言、图片以及视频和音频）和众声喧哗的网络流行语体（包括体裁、修辞、逻辑上的狂欢化）。"狂欢"的进步意义在这里的确得到了全新的彰显，理性压制的释放、负面情绪的宣泄，在颠覆传

---

① 尚俊杰：《国际教育游戏实证研究》，《电化教育研究》2014 年第 1 期。

统、解构现实的同时向往着一个"去中心、无等级、反权威、反限制的另类空间"①。然而"自由意识只可能是有限的和乌托邦式的"②，自由永远是相对的，绝对的自由必然导致另一种束缚与压制。因此对当下打着自由旗号的媒介狂欢行为和各种媒介狂欢文化（例如个人情绪宣泄的恶搞行为、某些题材粗俗浅陋的娱乐炒作）是否全都真正具有"狂欢化"人学的价值解放性和"狂欢化诗学"的审美超越性，这是值得审慎观察、批判和反思的媒介素养教育话题。

1. "狂欢"的要义

巴赫金把"包括一切狂欢节的庆祝仪式形式统称为狂欢"③，它囊括了"不同国度、不同时代的一些民间节庆，愚人节、谢肉节、圣诞节、复活节等等，甚至还包括日常生活中的具有狂欢特点的一些活动：集市活动、婚礼、葬礼、洗礼仪式、丰收庆典"④。在《陀思妥耶夫斯基诗学问题》《小说的时间形式与空间体形式》《拉伯雷的创作和中世纪与文艺复兴时期民间文化》等著作中，巴赫金全面阐释了狂欢作为民间诙谐文化的产生和发展线路，从作为起始原点的古代"庄谐体"，到古罗马时期的神农节，中世纪的"狂欢广场式生活"，再到文艺复兴时期"狂欢生活的顶峰"，继而到17世纪后的"庆贺和游艺的路线""假面舞会的路线"。那么，无论是作为文化层面的"狂欢"，还是将"狂欢语言"转换为文学语言后的"狂欢化"，它们的本性是什么？亦即它们是何种性质的存在呢？在巴赫金看来，首先民间诙谐文化按其性质可分为三种基本形式：

---

① 蒋原伦：《媒介文化十二讲》，北京大学出版社2010年版，第215页。
② [苏联] 巴赫金：《巴赫金全集·第六卷·拉伯雷研究》，李兆林、夏忠宪等译，河北教育出版社1998年版，第109页。
③ [日] 北冈诚司：《巴赫金——对话与狂欢》，魏炫译，河北教育出版社2002年版，第267页。
④ 夏忠宪：《巴赫金狂欢化诗学理论》，《北京师范大学学报》（社会科学版）1994年第5期。

（1）各种仪式——演出（各种狂欢节类型的节庆活动，各类诙谐的广场表演）；

（2）各种诙谐的语言作品（包括戏仿体作品）；

（3）各种形式和题材的不拘形迹的广场语言（骂人话、指天赌咒、发誓、民间的褒贬诗等）。[1]

而这三种形式都离不开"狂欢节"所具有的主要有三个特征："全民性、节庆性和乌托邦式的思维及世界观的深度"[2]，因为由"狂欢节"以上三个特性所产生的"狂欢的世界感受"是贯穿各种民间诙谐文化的核心所在。此外，"作为狂欢中能直接观察到的现象（狂欢语言的符号表示）巴赫金举出了构成'狂欢剧'情节的：火、笑、讽刺模拟、广场等狂欢场景"[3]，以及作为"狂欢剧"核心的"小丑加冕与脱冕"[4]的转换过程。接下来对媒介环境中出现的一些"不太全面、不太单纯或过激"的所谓"狂欢化"现象，笔者尝试在上述巴赫金"狂欢"理论要义的基础上，对其文本加以分析、揭露和批判，使其呈现"审丑围观"的真实面目。

2. 媒介中身体化流行语的"伪狂欢化"景观

自 2003 年开始，由北京语言大学和国家语言资源检测与研究中心联合组成权威研究机构，选取国内 15 家主流报纸汇入语料库，进行动态分析加工。2007 年中国传媒大学与上述单位合作，将流行语的提取范围扩大到广播、电视等电子媒介，2008 年又继续扩增至网络媒体。以下部分的网络语言研究文本就来自于上述 15 家报纸、9

---

[1] ［苏联］巴赫金：《巴赫金全集·第六卷·拉伯雷研究》，李兆林、夏忠宪等译，河北教育出版社 1998 年版，第 5 页。

[2] 以上三种特征总结自［苏联］巴赫金《巴赫金全集·第六卷·拉伯雷研究》，李兆林、夏忠宪等译，河北教育出版社 1998 年版，第 5—7 页。

[3] ［日］北冈诚司：《巴赫金——对话与狂欢》，魏炫译，河北教育出版社 2002 年版，第 271 页。

[4] 同上。

家电视台、5家广播电台及5家网络媒体，主要筛选和分析上述媒体从2003年以来的流行语言素材库的数据。① 以互联网为例，各种流行语主要分布于论坛或微博、博客与社交聊天平台中，在发帖、回帖、跟帖的语言交流中，称呼类、问候类、别称类、发泄类、动作类语言占流行语的主要部分。显而易见，这其中与身体相关的（发泄类、动作类）以身体器官、身体感觉、身体排泄物、身体动物性以及身体动作为文本修辞方式的流行词汇大量涌现。举例来看：

发泄类词汇

靠：语气词

倒：表示动作。现常用Orz

晕倒：无法理喻到了极点

9494：就是！就是！

Me to：我吐

YY：意淫

表：不要，将"不要"两字快速连读而成

酱紫：这样子，将"这样子"三字快速连读而成

好康：好看

牛B：又作NB/NX/牛X/牛叉，厉害的意思

Ze：贼恶（真恶心）

SE：少恶

BBS：波霸（big breast sister）

FT：faint的简称，晕倒的意思

粉：很（由闽南方言演变）

寒：害怕

木有：没有（出自方言）

---

① 董适、赵宇薇：《流行语折射的网络文化》，旅游教育出版社2012年版，第18—35页。

874：不去死！

动作类词汇

灌水：发无聊的帖子

抛砖：跟帖

拍砖头：批评某帖

闪：离开

踢一脚：跟帖

路过：顺便看了一下帖子而已

874：扇耳光，由MOP当中代号为874的表情贴图而来

PP：批批，可能是批评指正的意思（该词也有"漂漂""屁屁"的意思）

Pmp：拍马屁

Pmpmp：拼命拍马屁①

此外，基于身体感觉的流行词汇还有诸如："郁闷、喷鼻血、爽、晕、吐、汗、寒、衰、猛、囧、冲动ing、心塞、也是醉了、伐开心"，以及呈现身体动作的词汇"砸、倒、闪、掐、涮、么么哒、不动然泼、不明觉厉、逆袭、倒逼、逗比、补刀、手滑、吓尿了"等身体化的流行语充斥在互联网的各个角落，甚至因其流行性的炒作价值，已经开始"反哺"主流媒体，经常可在报纸、刊物甚至广播电视、电影等主流媒体中见到网络流行语的痕迹。通过"含混、拼贴、符码化、戏仿、错位、套用"等修辞方式，任性地释放着网络大众的颠覆、亵渎、狂欢的本能。具体而言，此类身体化的媒介流行语总体上呈现两方面特点：一是时空上的无界限和渗透性，二是修辞的粗鄙化（夸张的身体属性、器官化用词的拼贴），而正是上述两方面特点背离了巴赫金所阐释的"狂欢"的本质属性和民间诙谐文化的精神

---

① 董适、赵宇薇：《流行语折射的网络文化》，旅游教育出版社2012年版，第31—32页。

内核，使其呈现一种歪曲变相的"伪狂欢化"景观。

（1）失控的"节庆性"时空感

"形形色色的留言板、反馈栏或公告牌上身体化流行语遍布互联网的每一方寸"，甚至在传统的平面媒体中也开始占有一席之地，类似"土豪和女汉子你更喜欢哪个""恶搞代言体""待我长发及腰，销量数据可好"①，这样的网络流行语新闻标题越来越常见，甚至出现"标题党"一类为了吸引受众，提高文章关注度而滥用各种夸示性新词和短句构成网络标题的现象。从"贾君鹏你妈喊你回家吃饭"到"哥吃的不是面，是寂寞"。标题党习惯于"嘲讽精英意识，解构传统价值以及无厘头的搞笑娱乐，这种享乐主义倾向，促使网民对这些另类标题的无理性追捧，从一个侧面也放映出娱乐主义对网络时代的渗透，以及文化快餐时代的社会浮躁心理"②。媒介平台的跨界互融使得流行语在打破空间界限的同时，无形中也促成了此类特殊语体在人们日常生活中的时间渗透性。从公共时间到私人时间，人们被无限制地暴露在流行语的各种反叛常规的无等级插科打诨中，颠覆传统的自嘲反讽或对骂互损中，"开涮"自我并与他人"对掐""拍砖"，诸种诳语滥用让人们不免在放纵个性、张扬自我、嘲弄咒骂、矫情赞美、打情骂俏、无病呻吟、炫耀吹嘘等肆意的情感宣泄中迷失真我。

媒介流行语的这种时空上的无界限和渗透性，某种程度上打破了"狂欢"的节庆性语境特征，因此呈现一种扭曲的"伪狂欢"景观。巴赫金曾明确指出，"节庆活动永远与时间有着本质性的关系。一定和具体的自然（宇宙）时间、生物时间和历史时间观念永远是它的基础"③，同时进一步阐释"节日的这种节庆性，即他与人类生存的最高目的，与再生和更新的联系，只有在狂欢节和其他节日的民间广场活动中，才不至于被歪曲、充分而简单的得以实现。在这里节庆性

---

① 上述标题摘自 3013 年 3—10 月吉林《城市晚报》。
② 董适、赵宇薇：《流行语折射的网络文化》，旅游教育出版社 2012 年版，第 141 页。
③ ［苏联］巴赫金：《巴赫金全集·第六卷·拉伯雷研究》，李兆林、夏忠宪等译，河北教育出版社 1998 年版，第 10 页。

成为暂时进入全民共享、自由、平等和富足的乌托邦王国的第二种生活形式"①。例如,"著名的里昂集市一年中举办四次,每次持续十五天"②,如此"非官方的民间文化,在中世纪还有文艺复兴时代,都保留着自己一块特殊的领土——广场和一段特殊的时间——节日和集市期"③。过往的研究中,往往只将巴赫金此部分的论述作为"狂欢"理论提出的合理性论据,也就是说只看到"节庆性"将"狂欢"活动从日常生活和官方节庆活动中剥离出来的特殊性时间价值。但换个角度就会清晰发现,"狂欢"作为乌托邦式的第二种生活形式,它存在的前提是相对性的,即第一世界的存在。人们同样需要参与两种生活,"官方的和狂欢节的生活,同样地从两个角度——虔诚、严肃的和诙谐的看待世界"④,这才能构成完整的生存世界。如果取缔了日常的非狂欢式的生活,将"第一世界"与"第二世界"的边界完全混淆,那么"狂欢"也将失去其"颠倒的世界"的存在可能性。

就此问题,有人提出互联网既然是天然的"狂欢"广场,那完全可以将网络就作为人们与网下生活相对比的"第二世界"。但这一观点最大的问题就是,随着媒介化生存的不断演变,移动终端技术的不断进步,无线网几乎遍布人们生活的各个空间领域,贯穿一天24小时的大部分时间,改变着人们工作、学习、生活、交友等主要的存在方式,这也就意味着互联网已经成为人们常态生活不可分割的一部分,甚至媒介化生存就是人们的基本生存方式。在这种情境下,互联网上的失控的"狂欢"时空感,就会被歪曲为常态世界、"第一世界",而没有了神圣、聪明的对比,亵渎与愚蠢也就失去了再生和更新的价值,也就变成了为了宣泄个人情绪与消磨无聊时光的娱乐场,成了一场"为了狂欢而狂欢"的闹剧。

---

① [苏联] 巴赫金:《巴赫金全集·第六卷·拉伯雷研究》,李兆林、夏忠宪等译,河北教育出版社1998年版,第11页。
② 同上书,第174页。
③ 同上书,第175页。
④ 同上书,第110页。

(2) 孤独的"粗鄙化"语言游戏

如上文提及的,巴赫金将不拘泥于形式的"广场语言"作为民间诙谐文化的一种基本形式,与此同时他还将"粗鄙化"作为"狂欢"四种范畴之一。① 但同时他也明确指出,"粗鄙、淫行、广场因素,这些都是假定的,远远不能等同于他们需要说明的那些事物"②,进一步阐释"这些因素不是完全孤立的,它们是小说形象和小说风格整个系统的有机组成部分"③,也就是说狂欢性语言的粗鄙化存在需要有特殊的语境要求,同时它不是孤立的,而需要与整个语境和整体语义有内在的关联。在狂欢节语境下,这种粗鄙化的广场语言"完全失去了自己的巫术性质以及自己的一般实用性质,具有自我完整性、包罗万象性和深刻性"④;而这种深刻性具体就表现在"这些骂人的脏话具有双重性:既有贬低和扼杀之意,又有再生和更新之意"⑤。

结合巴赫金的论述,反观媒介流行语中"粗鄙化"现象,如在媒介身体化流行语中大量拼贴而成的粗鄙化词汇:"愤青被说成'粪青',人才、男人、女人分别被说成'淫才'、'男淫'、'女淫'。谈到'真善美',何其高级趣味,却被写成'针煸霉';莎士比亚笔下的朱丽叶也变成了'猪立叶','哦,My God'被恶搞翻译为'哦,卖糕的!哦,卖狗的!哦,没搞到!'……"⑥ 如此种种,明显存在产生语境的过于随意,内在语义的零散碎片化,以及仅囿于字面或语音的搞笑性的现象。如此"一笑了之"失去了"双重性"的粗鄙化语言,已经离狂欢的广场语言相去甚远,而仅仅呈现为一种无意义的语言游戏。

---

① 巴赫金总结的四种狂欢的范畴包括:①脱离体制;②脱离常规,插科打诨;③对立的婚姻、俯就;④粗鄙化。

② [苏联]巴赫金:《巴赫金全集·第六卷·拉伯雷研究》,李兆林、夏忠宪等译,河北教育出版社1998年版,第173页。

③ 同上。

④ 同上书,第20页。

⑤ 同上。

⑥ 吴志翔:《肆虐的狂欢——传媒美学谈》,武汉大学出版社2006年版,第124页。

二 "网络红人"现象折射出的"伪狂欢"

1. 退化的"小丑形象"

回顾"芙蓉姐姐"事件始末,其人本名史恒侠,2004年其以HUOBINGKER(火冰可儿)的ID开始在水木清华BBS和北大BBS发帖,因其大量发布个人照片和大胆自恋的评论而被转引进天涯论坛,引发网友热议,"大量无聊的公众和无聊的媒体选择了让'芙蓉姐姐'蹿红。网友们把'芙蓉'的履历、'芙蓉'的言论、对'芙蓉'的评价等等贴到BBS供大家'讨论',实际上是供大家开心"①,于是,"芙蓉姐姐"在2005年迅速成为关注度最高的网络另类偶像。选择"芙蓉姐姐"作为"网络红人"的分析案例,是因为其既经得起时间考验,又在当下有持续的影响力,堪称典型的人物代表。从上文提及的2005—2011年百度风云榜"年度十大网络红人"评选结果可见,"芙蓉姐姐"一直是互联网上活跃的"网络红人",而且持续时间之久也让人始料未及。直至今日,"芙蓉"减肥成功、"芙蓉姐姐全球征婚受挫"等话题依然被各大媒体追捧,百度搜索网站关于"芙蓉姐姐"的相关网页有235万个②,而应用360浏览器搜索可找到相关结果约610万个。③且"芙蓉姐姐"在被网友以"网络红人"的身份"加冕"之后,其商业价值和公众关注度始终未被"脱冕",反而作为明星成为娱乐界真正的"女王"。目前关于"芙蓉姐姐"的知名网站就有水木BLOG、搜狐博客、新浪博客、百度贴吧和芙蓉天下等,并有8个"芙蓉姐姐"官方QQ群。而其本人,写书、拍片、上杂志封面、开演唱会、主持节目、创建工作室,俨然成为老道的娱乐艺人。

当网友乐此不疲地浏览、传阅着"芙蓉姐姐"形态各异、造型夸

---

① 陶东风:《无聊、傻乐、山寨——理解当下精神文化的关键词》,《当代文坛》2009年第4期。

② 此处为2015年4月1日数据。

③ 同上。

张的 S 曲线玉照，反复回味其"语不惊人死不休"的夸耀文字，并奔走相告、群起围观，然后哄笑而散的时候，部分人以网络的狂欢价值来定性这一现象，而将"芙蓉姐姐"视为网民推选出的"狂欢节小丑"，并继而炮制出"国学辣妹、红衣主教、山东二哥、妖妃娘娘、凤姐、hold 住姐"等类似的网络丑星。然而事实却并非如此，这些网络红人只是徒有其表的审丑对象，在他们身上"狂欢化的小丑角色"所应具有的讽刺与嘲弄、死亡与再生早已退化殆尽，这些"网络丑角"的我行我素、自吹自擂、滑稽怪诞往往无任何意义，反而在不断的自我吹嘘中反映出社会转型期虚无的价值观危机，仅能够给无聊之人一种瞬间和偶然的娱乐体验。

巴赫金曾提到过："小丑、傻瓜、巨人、侏儒、残疾人、各种各样的江湖艺人……都是统一而完整的民间诙谐文化、狂欢节文化的一部分和一分子。"① 在《长篇小说的时间形式和时空体形式》中，他还深入论述了"骗子、小丑、傻瓜"的特征和作用："它们独具慧眼，看穿了现实社会的反面和虚伪，他们大胆敢言，揭露了话语禁忌背后的隐秘和精神压抑"，"他们的职业就是创造第二层涵义，通过自己笑谑的仿制，表现出完整的亦庄亦谐的话语"②。狂欢化的小丑形象存在本身就是一种隐喻，"讽刺模拟、笑谈、幽默、讥讽、怪诞、夸张"都是整个人的寓言性生活。"像小丑行为、扭扭捏捏、装疯卖傻、怪癖行为等词语全都获得了特别窄义的生活含义"③，都有一种戏谑式的隐喻在其中。这里的小丑必须是在冷静旁观地嘲笑着自己扮演的角色，"他们看出了每一处的反面和虚伪"④，因此他们利用任何的人生处境只作为一种面具。"这些人物不仅自己在笑，别人也在笑

---

① ［苏联］巴赫金：《巴赫金全集·第六卷·拉伯雷研究》，李兆林、夏忠宪等译，河北教育出版社 1998 年版，第 5 页。
② ［苏联］巴赫金：《巴赫金全集·第三卷·小说理论》，白春仁、晓河译，河北教育出版社 2009 年版，第 493 页。
③ 同上书，第 361 页。
④ 同上书，第 355 页。

他们。他们的笑声带着公共的民众广场的性质。他们恢复了人们形象的公众性，因为这些人的全部生活可以说是百分之百地向外，他们的全部功用就在于外在化（自然不是把自己的生存外在化，而是把他所反映的他人生活外在化；其实他们也不再有别样的生存了）。这便创造了一种特殊的方法——通过讽刺模拟的笑声把人外在化"[1]，作为揭露的力量而同"谎言"抗争的是小丑讽刺模拟式的嘲弄，这里的"丑"因其"创造性、崇高化、精神性品性"而具有审美价值。由此可见，具有狂欢化特征的小丑形象，首先是自我嘲笑又嘲笑他人，而非自我陶醉又取悦他人；其次，小丑的角色价值在于对公共形象的讽刺模拟，而非哗众取宠的自我形象标榜。而这两点正是媒介文化中一些"伪狂欢"现象的软肋。

"芙蓉姐姐"疯狂的自恋文字是其出名的主要原因之一，而这正是"自我陶醉"的表现，"这个求学经历非常坎坷，曾经遭遇过车祸的女子，经常说的话就是'我是超级自信的舞蹈天才'，'我出名是迟早的事情'，'我在任何地方，都是焦点中的焦点'"[2]。但这种"自我陶醉"却并不是"狂欢节小丑"用以自我嘲笑的颠覆化的表演技巧。在其本人看来，她的言行都是自然流露，真性情的勇敢表达，她本人并没有把自己当作嘲弄公众形象的"小丑角色"，她的身上也并没有反映出他人生活的外在化，她甚至不想成为网络狂欢的"小丑"被加冕。

> 我到北京10年，今年35岁了，但连一份稳定的感情都没有。之前想着要把自己的事业做得多好，但发现还差好远。所以我就想干脆一了百了。（大哭）你们说我胖，说我不漂亮，说我穿得土，我觉得没关系，我一直在改。但真的是已经特别特别努

---

[1] [苏联] 巴赫金：《巴赫金全集·第三卷·小说理论》，白春仁、晓河译，河北教育出版社1998年版，第355页。

[2] 宋妍：《芙蓉姐姐网络成名三部曲》，《互联网周刊》2005年第5期。

力了,但还是不被认可。去参加活动,他们说我穿得不够露,就马上把我换掉。或是让我表演很夸张的行为,(哽咽)我真的不想再去回想那些当面骂我的话。我觉得自己已经很好了,我不知道该怎么样了,我真的撑不下去了。我自己也反省了,很对不起支持我的人,谢谢你们。(再次崩溃大哭)但是我真的不知道我怎么会变成这样,我好难过。我没有炒作,真的没有。(以上资料摘自:"芙蓉姐姐"官方博客)

2. 无聊的"笑"

从2005年至今,在有关"芙蓉姐姐"的围观议论中最热门的是:"考据芙蓉的个人资料也就是她的隐私:她到底是哪所大学的,她的照片是谁拍的,她的低龄男友长什么样儿,她的三围究竟是多少,她的车祸、高考、考研故事可信度有多高……"[1] 时至今日,以嘲笑自居的观者在网络上讨论的话题也更多是:"芙蓉最新巨猛露点照""我可以做芙蓉姐夫吗?""芙蓉姐姐光棍节秀香肩美腿,称要为'脱光'再瘦身""我想娶芙蓉姐姐,姐姐开什么条件啊?"学者陶东风针对这一现象曾将网友对于"芙蓉姐姐"的这种围观式嘲笑阐释为"无聊的笑"。"芙蓉姐姐和那些陪她玩游戏的人大概就是这样一群一边表演一边无聊着的人。无论是芙蓉姐姐其人还是其文,本身都没有任何炒作和谈论的价值。一个其貌不扬的女性,在网络上写了一些自我表现的作态文字。一个内心充实的人,一个献身有意义、有价值的事务的人,大概不会对这些无聊的文字感兴趣,一个有着正常价值观和审美趣味的社会也不会为'芙蓉姐姐现象'提供产生和流行的土壤。"[2] 杜俊飞也指出:"这种无意义的表达只是在试图缓解焦虑,无聊等情感,是一种变相的宣泄方式。"[3] 这里的"笑"只是因为对于

---

[1] 宋妍:《芙蓉姐姐网络成名三部曲》,《互联网周刊》2005年第5期。

[2] 陶东风:《无聊、傻乐、山寨——理解当下精神文化的关键词》,《当代文坛》2009年第4期。

[3] 杜俊飞:《理解贾君鹏事件的三重视角》,《新闻记者》2009年第9期。

压力的逃避或是因无知而导致的"意义的亏空和价值的缺失"①。

而这种无聊的笑也从本质上区别于"狂欢化的笑",在真正的狂欢仪式中,"倾注了人们对最美好未来,更为公正的社会——经济制度,新的真理的渴望"②,此时的"笑颜朝向未来,含笑为过去和现在送葬,它与规定的制度和世界观的顽固保守因循守旧,不变性相对立"③。狂欢节的笑不是为了"愚弄",而是为了使至高的东西"洗心革面"才进行嘲笑,这个笑中强调了"讥讽和欢欣的融合及其双重性"④。正如布洛布所提及的"笑中蕴含着创生的力量"⑤,应是否定的嘲笑与肯定的狂喜之笑的结合。

3. 当"伪狂欢"蜕变为"审丑围观"

事实上,丑与审丑本身客观存在,并非问题所在,关键在于后现代社会网络媒介对丑的态度与解读,当越来越多的网民以追求个性解放和言论自由的"狂欢"姿态来解释自己的网络审丑行为,并对其大加赞扬甚至形成群体追捧的时候,被称为"审丑围观"的现象正在蔚然成风,而在现象背后的"危机链条"——对受众社会行为的深层影响,甚至发展成为"群体极化"已经成为无法回避的问题。

"网络围观"指的是受众利用网络反馈技术对互联网上的热点社会事件进行规模较大的焦点讨论的社会行为。这种围观评议更多是以旁观者视角的话语表达,而非"在嘲笑他人的同时也进行自我嘲讽的全民性的狂欢",甚至有围观者抱着"哄客"心态,以不实和偏激的

---

① 陶东风:《无聊、傻乐、山寨——理解当下精神文化的关键词》,《当代文坛》2009年第4期。

② [苏联] 巴赫金:《巴赫金全集·第六卷·拉伯雷研究》,李兆林、夏忠宪等译,河北教育出版社1998年版,第10页。

③ 同上。

④ [日] 北冈诚司:《巴赫金——对话与狂欢》,魏炫译,河北教育出版社2002年版,第276页。

⑤ 同上书,第278页。

话语有意制造网络"口水战"。当下以"网络红人"为典型的网络审丑围观呈现出"以丑为美"的媒介态度,甚至将丑标榜为值得理解、纵容和赞赏。这就使得部分受众逐渐对此种没有历史批判价值、无法激发人意志并唤醒心智的无意义的"丑"变得麻木、冷漠、习以为常,甚至无形中认可其已变为"成功的捷径"。更为严重的是,在强调互动的社交媒体环境中,这种审丑围观正在通过具体形象,对受众的行为模式产生潜移默化的影响。据相关调查显示:"我国大学生对网络媒体不断推陈出新的审丑民星逐渐丧失了批判的热情与动力……导致他们在社会角色的学习与扮演中,行为方式社会化与角色规范社会化的失序。"[①] 而当这种"审丑围观"发展到一定程度,则会出现"审丑群体极化"的现象,即"团体成员一开始即有某些偏向,在商议后人们朝偏向的方向继续移动,最后形成极端的观点"[②]。如果长期缺乏对"审丑围观"的反思与批判,必然会使得"审丑群体极化"无限制地扩张,使得媒介环境变为"以丑为美"、以"审丑为乐"的污浊之地。

综上论述,单纯的批判与全面毫无保留的接纳都是不可取的媒介审美意识培育路径,从思路上打破与大众媒介二元对立的同时,也应该开启在教育策略上对待复杂的新媒介时代文化现象的多元价值共存,批判与接纳共赢的一种"鉴赏"的新教育策略。

[①] 刘晓慧、吴灏鑫:《网络媒介审丑对大学生社会化的影响》,《现代传播》2012年第4期。

[②] 同上。

第四章

多元并蓄：媒介美育的审美趣味发展论

第一节 媒介化生存时代的审美趣味现状及典型问题

一 审美趣味低俗化与媒介淫秽成瘾

1. 媒介审美趣味低俗化现状

自大众媒介产生以来，淫秽信息的传播与控制始终是困扰人们的教育话题，因此在媒介美育诞生之初就成为其批判内容的重要组成部分。发展至今，媒介淫秽问题似乎并没有随着人类文明的进步迎刃而解，反而呈现愈演愈烈的泛滥趋势。

且不说互联网上经常可见的各种非法的淫秽图片、文字、音频、视频、网站等，就算是被人们广泛认可的大型门户网站也始终未放弃通过此类"擦边球"信息来招揽受众，可见媒介客观环境为色情沉迷的素养缺失现状提供了滋生的土壤。另据一项最新数据调查，腾讯、新浪、搜狐、网易这四大国内知名门户网站，在2014年10月至2015年1月这3个月间，仅网站首页广告就有共约29条与淫秽相关的信息，约占总广告数量的18.59%。[1] 而这些淫秽广告主要分布在网络游戏广告、网络药品广告、网络文学广告、网络社交网站广告和第三方网站广告等几类信息之中。

---

[1] 文月：《色情信息与网络广告》，硕士学位论文，南昌大学，2015年。

2. 媒介淫秽造成的青少年网络成瘾

媒介淫秽信息最为人诟病的就是对心智和身体尚未发育成熟的青少年的负面影响显著而深远，网络淫秽成瘾则是最典型的代表。据美国一家调查机构统计："利用国际互联网接收、发送过电子邮件，访问过聊天室或是浏览网址的未成年人占被调查人数的82%；浏览×级或是具有色情内容网站的占44%。"① 媒介淫秽信息带来的网络成瘾，对青少年的损害是多方面的，其中以误导青少年的性观念、扭曲性心理等错误的身体意识造成的精神伤害和诱导青少年性模仿甚至实施性犯罪等变态的身体行为造成的生理伤害为主要代表。

关于这一话题，也引起了国内学者的广泛关注，陈勃等采用实验法研究表明，"持续阅读情色化新闻会对人的性意念产生启动效应。接触容易令人产生性联想的情色刺激会导致个体更倾向于以性的或情色的眼光看待他人"②。姜华、曹继建、王守玉等学者认为，当前的色情网站、淫秽声像作品、色情刊物、色情电话、色情手机短信、色情游戏、色情广播等色情文化解除了青少年性欲求的社会伦理道德束缚，误导了青少年的性观念，扭曲了青少年的性心理，挑逗青少年实施性犯罪。③ 与此同时，近期一项针对中国大学生媒介淫秽信息接触现状和影响的调查也很好地印证了笔者的观点。南昌大学博士王倩在2009年针对600名在校大学生的网络行为调查显示，"有288名大学生认为媒体色情信息对自己确实产生了影响"④，同时该调查结果对影响内容按程度大小进行了排序，如表4-1所示。

---

① 张向英：《传播净化法案：美国对色情网站的控制模式》，《社会科学》2006年第8期。

② 陈勃、张慧平：《情色文字与图片对大学生性倾向印象形成的启动差异》，《心理发展与教育》2007年第4期。

③ 姜华、曹继建：《论色情文化与青少年性犯罪》，《四川工程职业技术学院学报》2007年第4期；王守玉：《手机"黄信息"危害青少年》，《学校党建与思想教育》2010年第3期。

④ 王倩：《媒体时代大、中学生处理暴力和色情信息的德育问题研究》，博士学位论文，南昌大学，2009年。

表 4-1　　　　　媒介色情信息对大学生的影响及程度排序

影响程度排名	媒介淫秽信息的影响内容
1	增长了许多性知识
2	唤起了自己的性兴奋
3	宣泄了自己的性快感
4	减轻自己对色情行为或冲动的抑制
5	性体验的积累使自己对性的含义和影响变得越来越不敏感
6	助长了自己对某种性行为的接受甚至赞同
7	鼓励了自己对性行为的模仿
8	缓解了自己的精神压力和紧张情绪

根据调查结果可见，媒介淫秽信息造成的网络淫秽成瘾误导了青少年身体意识，对部分青少年对裸露身体的道德评判、非正常的性冲动、自身性行为的责任感产生了负面影响。从上述列表的2、4、5点可见，当媒介淫秽信息长时间作用于青少年的性兴奋启动意识时，就会使他们的认知反应发生相应改变，进而对身体的快感体验和性行为的情感反应都产生"脱敏效应"，即长期暴露在媒介淫秽信息文本环境中的青少年会产生对"色情的含义和影响变得越来越不敏感"。而这样错误的身体意识也在麻痹青少年感知的同时，使其在精神领域出现"乏味、无聊"等自我异化，当人变成为性而性的动物时，人的尊严也会逐渐丧失。"过多接触媒介淫秽信息，青少年不仅会失去对人的尊重，尤其是对女性的尊重，同时也包括对自己的尊重。"①

更令教育者担忧的是，网络淫秽成瘾对青少年身体行为的直接伤害。根据上述调查可见，青少年如长期接触淫秽信息，的确会造成对非正常性行为（性暴力、性虐待、性乱伦）等现象的被动式接纳，即对此类身体行为态度由憎恶、反感到默认、接纳，甚至发展到对性暴力受害者的冷漠。"长期观看色情画面的受众即会对现实生活中的

---

① 王倩：《媒体时代大、中学生处理暴力和色情信息的德育问题研究》，博士学位论文，南昌大学，2009年。

色情受害者的伤痛日渐麻木，以致容忍社会色情的程度日渐增加，逐渐失去同情他人、感受羞耻、伤痛和惊吓的能力。"① 也有大量调查显示，青少年的性犯罪行为与媒介淫秽、色情的长时间接触有正向关系。

作为网络淫秽成瘾的另一隐性的负面影响，扩展到整个网络舆论领域的"泛色情化"身体审美趣味也是潜藏的暗流。对于这一问题的观察，可以以近几年"网络红人"的现象作为例证。"网络红人"的名称最早出现在新浪、天涯、猫扑三个网站上。国内关于"网络红人"的定义有两个不同的切入视角：强调个体化的学者认为，"网络红人"是指"通过有效利用互联网的优势，在现实社会中不具有成名的各种必备资源，而在互联网中表现杰出、成功地吸引了广大网民的眼球，引起网民的关注，并且在网民中具有一定的影响力的个人"②；另有学者强调"网络红人"作为整体文化现象的共性特征，认为"所谓'网络红人'实际上是现实生活中经济关系多元化和利益关系多极化的直接产物，其共同特征是：他们都是以网络作为自身的传播媒介，使自身在现实中无法实现的强烈表现欲在网络中得以实现，并通过一个个网民或支持或鄙视的争论走向巅峰"③。综合整理2005—2011年百度风云榜"年度十大网络红人"评选结果的相关数据如下：

2005年：芙蓉姐姐、天仙妹妹、后舍男生、流氓燕、红衣教主、老罗、菊花妹妹、竹影青瞳、AYAWAWA、水仙妹妹

2006年：芙蓉姐姐、胡戈、段思思、毒药、雅阁女、小胖、海容天天、妖妃娘娘、铜须、山东二哥、公交妹妹

2007年：芙蓉姐姐、带头大哥777、王紫娇、猫耳宝贝、烟花妹妹、侯总、蔷薇老妈、赤裸蝴蝶、陆风哥哥、客家仙子

---

① 王倩：《媒体时代大、中学生处理暴力和色情信息的德育问题研究》，博士学位论文，南昌大学，2009年。
② 吴明红：《论网络明星及其成因》，《北京邮电大学学报》2006年第8期。
③ 赵华：《对"网络红人"形成原因的伦理反思》，《道德与文明》2007年第5期。

2008年：芙蓉姐姐、后舍男生、网络小胖、杜鹃哥哥、孔雀哥哥、沈阳视频女、妖妃娘娘、天仙妹妹、二月丫头

2009年：奥巴马女郎王紫菲、北京最帅交警孟昆玉、糖葫芦西施康晓涵、曾轶可、长腿美女孔燕松、90后美女售票员顾佳雯、北大旁听猫、打点滴上课"最牛老师"

2010年：犀利哥、凤姐、小胖、小月月、芙蓉姐姐、失控姐、西单女孩、微笑姐、旭日阳刚、筷子兄弟

2011年：干露露、"HOLD住姐"谢依霖、芙蓉姐姐、"最美妈妈"吴菊萍、"奶茶妹妹"章泽天、正太莲花小王子LEO、"龅牙哥"张勇、菜花甜妈、张梦怡①

"网络红人"的推选与关注可以说更多地反映了网络受众舆论层面的主观喜好与趣味，从以上文本不难看出，"色"这一元素的出现极高，有流氓燕、竹影青瞳、芙蓉姐姐、海容天天、妖妃娘娘、王紫娇、蔷薇老妈、赤裸蝴蝶、二月丫头、干露露、张梦怡这一类在网络上通过各种形式主动暴露自己的身体以及与身体相关的性爱或色情感受和经历的"炒作"红人。但也不可忽视的是，像"天仙妹妹、水仙妹妹、公交妹妹、客家仙子、糖葫芦西施康晓涵、长腿美女孔燕松、90后美女售票员顾佳雯、犀利哥"等一类事件主体并不知情的前提下，被网友以猎奇、选美、求异趣等名义被动地推上"网络红人"走秀台的这一类人物。不可否认的是，他们的出现与部分网友对于"泛色情"信息的偏好是有内在关联的。而当这种"泛色情化"的身体审美趣味成为隐藏的舆论导向，对受众的影响和危害将是更持久而深远的。

二 审美趣味娱乐化与媒介暴力影像沉溺

自大众传媒进入消费时代，暴力与媒介的关联更为紧密深入，甚

---

① 文中引用案例综合整理2005—2011年百度风云榜"年度十大网络红人"评选结果的相关数据，www.baidu.com.cn，2015年3月1日。

至有学者以电影为例,指出"暴力、爱情、喜剧是当代电影艺术基本的叙事类型"①,无论是纸质传统媒介、电子媒介还是网络媒介,从新闻纪实、娱乐节目到互动游戏、网络文化事件,在"市场决定论"的大环境下,媒介与暴力的联姻已经成为传授共契的"眼球经济"策略。然而频繁的暴力新闻报道、影视剧中虚构暴力情节的高强度播出,加之互动性极强的网络暴力游戏、众声喧哗的网络舆论暴力……如此种种的"媒介暴力审美化与媒体暴力泛化"所促发的负面效应,甚至现实悲剧也在屡屡上演。2010年《法制日报》报道《暴力色情游戏诱发四类青少年犯罪》,2012年中国新闻网刊发一篇题为《沉溺网络14岁少年竟对自己奶奶痛下杀手》的报道,2012年《广州日报》也报道相似事件《沉溺暴力游戏英国14岁少年模仿电视剧情节弑母》……此类新闻标题屡见不鲜。甚至有相关学者调查,媒介暴力信息对国内大、中学生的负面影响已经体现在"一定程度上促使青少年脾气暴躁、产生暴力冲动、认为现实暴力也不少、对暴力麻木、认为暴力可以解决问题"②等众多方面。

　　这些事件让人扼腕叹息的同时,更需要媒介教育的关注与反思。就如电影评论家贾磊磊在提及暴力影像时所指出的:"在一个全球化的时代,我们已经无法将自身从时代文化的氛围中剥离出来,面对影视中比比皆是的暴力现状,理论界所能做的不仅仅只是批判、呼吁或抵制,而更应该从理论和现实层面去直面、正视、剖析、解构它,最终对电影创作和观众观影提供一些客观而富有建设性的意见。"③因此,如何启发受众客观、理性、全面而发展地看待媒介暴力问题?并对当下媒介环境中突出存在的媒介暴力现象采取何种价值判断?进而在这种价值观引导下如何具体地对典型文本进行分析、理解、批判?

---

　　① 汪献平:《暴力电影——表达与意义》,中国传媒大学出版社2008年版,第1页。
　　② 覃川等:《媒介素养与媒介德育创新——大众学生如何应对色情与暴力信息》,清华大学出版社2014年版,第11页。
　　③ 参见汪献平《暴力电影——表达与意义》,中国传媒大学出版社2008年版,第6页。

同时明确某一类媒介暴力现象问题内在的本质的特征，以及清楚认识沉迷该类现象会带来的负面效应，这些都是媒介美育必须应对的难题。

1. 媒介审美趣味娱乐化的典型代表——大众对商业电影的"暴力美学"偏爱

作为媒介暴力的一个重要分支，近些年暴力题材的影视作品占国内影片总放映量的三分之一左右。仅以2011年和2012年国产电影为例："2011年国产新故事片179部，其中战争片、动作片、武侠片、恐怖片、惊悚片、警匪片等以暴力为主题或重要表现手法的电影有72部，占总量的33.9%；2012年国产新类型故事片208部，以暴力为主题或重要表现手法的电影有63部，占总量的30.2%。"[1] 而通过对2011—2014国内电影票房排行的统计，占领票房的每年前10部影片，共计40部影片中，就有25部暴力题材的影片。另据2013年一项"观众喜爱的影片类型"调查显示，在全部影片类型中，与暴力题材相关的动作片、惊悚片、战争片、灾难片、魔幻片受到多数人的欢迎。[2]

可见，从电影产业市场供应与受众效益两方面来看，"媒介暴力"在电影传播中已经成为当之无愧的宠儿。这样的现象也让人不得不反思，如此大量的商业电影将暴力影像高频率、大剂量地推送至观众眼前，究竟会对受众产生什么样的影响？特别是当下商业电影普遍以"暴力美学"的外表包裹着高度同质化、模式化的类型片内容，这样"看上去很美的"媒介暴力审美化又在如何改变"暴力美学"本初的价值内涵？同时，又如何极为隐秘而深入内里地异化着受众的暴力价值观？而在这种价值观引导下又会带来哪些深刻的负面效应？

---

[1] 以上数据整理自中国电影家协会产业研究中心《2012中国电影产业报告》，中国电影出版社2013年版，第30—32页。

[2] 中国电影家协会产业研究中心：《2013中国电影产业报告》，中国电影出版社2014年版，第40—43页。表格内容引自艺恩咨询《2012—2013年中国电影观众研究报告》，艺恩国际信息咨询有限公司，2013年（http://www.entgroup.cn）。

(1) 商业电影"暴力修辞学"的可视性强化

对于暴力可视性的喜爱，主要源于其可以更真实地产生情境的代入感，以便使从未或很少经历现实暴力的观众能在"旁观无害"的前提下，实现暴力的虚拟体验。"每一次挥拳时紧绷的血管、每一颗子弹射入胸膛后血花四溅与痛苦的抽搐"时时刺激着观众的视听神经，所以逼真的视听效果和细腻的画面展示就成为商业暴力电影日常必备的媚俗面具。如《画皮2》中妖徒手挖心的血腥特写，《西游·降魔篇》孙悟空虐打唐三藏的拳拳到肉、口吐鲜血，这些画面都通过多机位拍摄、增加镜头数量与快速剪辑和大量使用运动镜头，演绎了暴力过程和结果的客观纪实。

另外，升格摄影（高速摄影技术）和数字虚拟成像的CG后期技术，前所未有地将动作过程细致分解，如《画皮2》中凶猛的黑熊扑食公主，并抓破其脸部的血肉模糊；霍心自残割瞎双眼的猩红一片，让观众在惊恐之余大呼过瘾。无所不能的虚拟成像技术甚至将以往暴力过程中无法直观的东西也可视化出来。如《画皮2》中活剥人皮的瞬间，《西游·降魔篇》中鱼精生吞活人，《钢铁侠3》中残忍的活人自焚过程。

(2) 商业电影"暴力修辞学"的观赏性强化

观赏性是形成暴力审美快感的最强劲动力，商业影片无不就此大做文章，逐渐形成新奇性、景观性和表演性等行之有效的操作策略。好莱坞的商业电影格外擅长营造新颖、奇特的暴力奇观，再加之对大场面震撼性景观的强大特技制作能力，"视觉系大片"一词由此诞生。花样翻新、匪夷所思的杀人方法是暴力新奇性的一大法宝，《变形金刚3》中霸天虎一派汽车人使用的枪炮可以瞬间将人类炙烤成灰烬，《变形金刚4》中配角卢卡斯在逃命过程中被霸天虎的炸弹击中，活生生的人顿时变为惨不忍睹的焦炭，《画皮2》中公孙豹被万箭穿心的惨象，巫师被鸟雀啄食转瞬"凌迟"为一具骷髅；《西游·降魔篇》中鱼精生吞孩童，切割、肢解、挖眼、焚烧……如此暴力和杀戮变异为令人恶心的方式，充满着施虐的激情，刺激着观众的生理承受底线。除了诱惑内心躁动的部分受众沉迷于直观宣泄的视听快感,这种对感官的摧残和挑战还能剩下些什么?

相对而言,国产动作片为了增加暴力的观赏性则在舞蹈化、浪漫唯美化等视听语言的表演性特征上下足了功夫。"当代武侠电影已不再把展示所谓客观、真实的武打动作作为最高的美学原则,而是注重使用各种特技手段制造人们难以想象的武林绝技"[1],打斗人物灵巧敏捷地闪、转、腾、挪这一类舞蹈化的动作设计早已极为普遍,上天入地、飞檐走壁、凌波微步等富于传奇色彩的舞蹈动作,再配合以动静结合、张弛有度的背景音乐,形成具有节奏韵律感的暴力表演让观众难以抗拒。例如,《画皮2》中蒙面人的马上对战,在节奏铿锵的战鼓声中,通过高速摄影表现了女主人公与战马时分时离、"人马合一"的出手不凡。

与此同时,浪漫的唯美化也成为商业电影暴力审美化的惯常伎俩。一方面增加视听语言的绚丽感:高速摄影的升格画面,配以婉转动听的背景音乐,既使观众看清了动作的整个过程,又以一种间离效果让观众在极度紧张的关头突然被放慢节奏,似乎进入了一个虚拟的唯美情境。另一方面,拉长的审美期待时间,使观众可以细致品味暴力动作变化的曼妙,时间的拉长也带来空间的拓展,更有利于观者感受动作力量的强度震撼,如《画皮2》中最后的决战激烈血腥的画面却是在狐妖轻柔婉转的歌吟中展现的。

(3)商业电影"暴力修辞学"的建构性弱化

商业电影"暴力美学"的形式表征嬗变突出体现在修辞性的强化,但悖论的是其建构性却在弱化。作为文化工业的典型产品,商业电影在资本旨趣下并不会把视听表征的艺术独特性和审美建构性放在第一位,而同质化、类型化的叙事模式才是其快速盈利的流水化作业标准。"由于资本旨趣、娱乐模式、享乐诉求的内在限定,所以商业

---

[1] 贾磊磊:《中国武侠电影史》,文化艺术出版社2005年版,第144页。

暴力电影难以逃脱一些固定化、程式化的叙事要素和结构模式。"①这其中，"美国神话"是商业"暴力电影"较常见的叙事模式，"类型电影的经典叙事方式历来被称之为——用不断重复自身组合/排列的固定惯例，来制造'美国神话'的象征性满足模式"②。观察近几年美国好莱坞的商业电影，如《变形金刚3》讲述美国大学生山姆如何领导汽车人解救地球于外星敌对势力的攻击；《变形金刚4》又一次演绎生活不得志的发明家伊格拯救地球于外星人的毁灭性侵略；电影《钢铁侠3》中的修理工托尼在对抗生物热能狂人、解救女友的同时，顺便轻松地拯救了美国总统，消灭了威胁人类的恐怖分子，这些影片内在的叙事模式都是以暴力营造"美国神话"为核心。

"美国神话"叙事模式在人物谱系上存在塑造超级英雄和绝对的二元对立阵营等同质化现象。美国作为移民国家，缺失了"神话"得以建构的史前文化，于是如何塑造一个带有本民族原型的神话形象，是好莱坞各种类型片的共同母题，如早期西部片中的带有拓荒精神的牛仔神枪手，再有就是动作片、科幻片、警匪片中富有拯救和牺牲色彩且有超出常人能力范畴的奉行个人主义和自由化的超级英雄，如《变形金刚3》中一名普通的美国大学生山姆被塑造成能对抗外星汽车人、逆转地球毁灭厄运的"小人物、大英雄"；《变形金刚4》中一名名不见经传的落魄机械师伊格；暴力对抗必然有正反两方，由此便产生了商业暴力电影人物关系中"超级英雄、导师、爱人、盟友、超级恶棍"构成的一系列二元对立关系。固有的二元对立关系，脸谱化的超级恶棍可以轻易使观众忘却暴力破坏性的道德问责，如《变形金刚3》里的霸天虎、御天敌；《变形金刚4》敌我不分的中情局特工和贪图暴力的KSI公司。

同时，"美国神话"叙事模式的剧情结构同质化则表现为：

步骤一：一贯以"末世危机"为叙事缘起，如《变形金刚3》开

---

① 李勇：《媒介时代的审美问题研究》，河南人民出版社2009年版，第198页。
② 杨剑明：《论好莱坞类型电影的"经典叙事方式"》，《戏剧艺术》1998年第3期。

头以外星汽车人霸天虎企图将赛博坦星球通过能量矩阵穿越时空与地球对接，从而使地球上60亿人沦为外星人的奴隶；《变形金刚4》美国中情局的高管背叛了汽车人，致使汽车人被驱逐、灭杀，人类重新落入毁灭危机；《钢铁侠3》中恐怖组织曼达林对美国进行轰炸和袭击。

步骤二：以善恶双方同时寻找关键"信物"为线索展开，如《变形金刚3》中的关键"信物"是来自赛博坦星球的能量棒；《变形金刚4》中的"变形元素"是一种异样的超能量金属元素；《钢铁侠3》中是"终极生物系统"。

步骤三：多轮对抗打斗往往是重要场景。《变形金刚3》中大小打斗、枪战有18次；《变形金刚4》中16次；《钢铁侠3》中14次。

步骤四：最终都是以善恶有报的"大团圆"结局将现实中复杂的矛盾"速食化"地消融在戏剧格局中。《变形金刚3》背叛者御天敌被消灭，地球又一次免于被毁灭的厄运，男女主人公更是尽释前嫌，终成眷属；《钢铁侠3》中总统被解救，男女主人公又恢复平静的生活。

阿多诺和霍克海默曾经将文化工业标准的同质化逻辑讽刺为"无情的一致性"，千篇一律的同质化单面孔的确是对形式表征风格多样性与差异性的对抗，使"暴力美学"形式意味的美感诉求嬗变瓦解，从而削弱了"暴力美学"的审美价值。如此这般，对暴力可视性和观赏性的修辞强化，将一个个暴力发生的第一现场轻松地推送至观众面前，使得人们消费一场血腥的街头暴力就像吃饭、睡觉一样变为一种稀松平常的日常生活行为，长此以往"暴力免疫"必然悄然而生，无论是影像的逼真暴力还是现实生活的真实暴力都会越来越无法刺激到默然麻木的受众。快感阈值不断提高，同情与怜悯之心无处而生，为了吸引观众商业电影只有在暴力可视性与观赏性的刺激程度上不断加码，如此这般恶性循环为观众带来的是"看上去很美"的视听饕餮盛宴，只是这贪吃的神兽蚕食的究竟是什么，值得人反思。

2. 商业电影"暴力美学拟像"的异化作用

面对"拟像"的负面效应,波德里亚曾不无担忧地说道:"以后,仿真原则将代替过去的现实原则来管理我们。"[①] 的确,"暴力美学拟像"的非真实化有一种超真实的效果。由此,模型替代真实——"拟像"谋杀了媒介主体辨别真伪的能力;虚拟的影像却是真实的编码改写了现实真实——"拟像"改造了媒介主体的无意识。

一方面,"暴力美学拟像"成为暴力行为的模型并用以实现受众的"真实暴力"替代性满足。表现在商业影片中"拟像"以局部取代整体的微缩方式概括了暴力的全部过程和后果,夸张美化了暴力的视听效果(如为了让爆炸时的火焰更猛烈和艳丽,影片会使用特殊的汽油弹道具,并在后期效果上做色彩处理),同时也置换了暴力所带来的残酷后果(如武侠影片中男主人公无论经历怎样的打斗、出生入死、遍体鳞伤,但最终还是恢复如初、毫发无损)。虚拟影像的模型描绘了人们更愿意相信的理想的暴力方式。长此以往,耳濡目染的观众会逐渐把商业电影中的"暴力美学拟像"当作暴力的全部内涵,反而使银幕之外的打斗、冲突、战争、谋杀、虐待、自杀等现实暴力成为其超真实的补充和仿真序列。真实与仿真实不断地相互换位,就在这不断地相互换位中,整个后现代的真实都显得像超真实,媒介主体也将逐渐丧失辨别真伪的能力。

另一方面,"暴力美学拟像"虽然是由虚拟技术制作的,但是其在大众媒体播放的同时传达的却是真实的编码,这种编码以越来越多的娱乐形式和戏剧传奇的编码方式来组织一个个"暴力故事",结果让受众把对真实暴力的感受等同于非真实的"暴力故事"的感受。其潜在的故事编码方式就是对暴力蓄意动机的弱化。几乎所有好莱坞影片中主人公的暴力行为都是在被逼无奈下的选择(或者出于自卫,或者为了保护家人、国家甚至整个人类的自由),如此编码的潜台词

---

① [法]让·波德里亚:《象征交换与死亡》,车槿山译,译林出版社2006年版,第3页。

就变为只要有正义的理由，暴力行为就是被认可的，而无须忍耐和反思；"暴力故事"的编码方式还体现在对暴力结果的游戏式美化。游戏是使人轻松快乐的，所以影片中暴力的承受者如果是反派人物就会对其遭受的破坏性匆匆一笔，轻描淡写地表现其死亡或失去了战斗力，而至于受伤的细节、产生疼痛的反应多数做简化处理。如果是正面主人公反而会着力描绘其刀枪不入的躯体，坚强刚毅的神情，即使受伤以后头破血流，甚至断臂残腿也依然看不出其经受的疼痛，反而总能奇迹般地完成最后反击。此外，游戏的规则就是可以无限循环、死而复生，使受众不用为真实的疼痛、流血、残疾、死亡负责和焦虑。处于和平年代，很少或从未经历过真实暴力的受众就这样在一个个"拟像"的暴力故事中完成替代性体验，对于暴力的理性判断被谋杀，无意识也在被重新建构。比如，长期接触暴力影像的受众会无意识地感到现实生活中也会时常发生暴力现象，"生长在一个媒体崇拜暴力的社会里，人们普遍有一种脆弱感、依赖感和不安全感"①，然而现实生活中的暴力出现率其实远远低于媒介的暴力曝光率。潜意识中对于"暴力有理，暴力无害"的思维逻辑一旦影响到无意识，就会使受众特别是价值观尚未成熟的青少年在行为上践行"以暴制暴、以牙还牙、打赢就可以赢得尊敬"的暴力逻辑。"在对角色的认同和沉迷中形成一种暴力价值观，遇事情就会自觉不自觉地将影像世界中的规则和思维模式挪用到生活当中，容易激发争端。"②香港电影《古惑仔》成为少年犯打架斗殴的"启蒙老师"这样的案例并不少见，2002年标题为《沉溺暴力电影与游戏 德校园血案凶手曾计划拍电影》的新闻报道了德国一名19岁的学生罗伯特·施泰因霍伊泽在校园里枪杀了16名师生和1名警察以后自杀。"2005年，名为《英国'妄想狂'残忍行凶 看暴力电影学杀人》的新闻报道了43

---

① 黄凯如、黄勇贤：《穿越视听时空：广播电视传播论》，新华出版社2003年版，第262页。

② 汪献平：《暴力电影——表达与意义》，中国传媒大学出版社2008年版，第201页。

岁的英国人罗伯特·博耶邮购了十字弩和武士刀，并反复观看《杀死比尔》《刀锋战士》等暴力电影，学习如何使用这些武器，计划杀死仇家"①；2015年10月25日央广新闻播出一则"留守儿童，为何留不住老师的命"的专题报道，播出"2015年10月湖南省邵东县三名分别为11岁、12岁、13岁的未成年人，因盗窃学校财物被发现残忍杀害一名小学女老师"的消息，而经案发后刑侦人员调查，三名少年皆为农村留守儿童，平日随意出入网吧，长时间沉迷网络暴力游戏是形成这起"学生杀老师惨案"的重要内在原因之一。

三 审美趣味消费化与媒介中扭曲的"身体意象"

波德里亚早在20世纪70年代就曾在《物体系》（1968）、《消费社会》（1970）中清晰批判了在消费社会大众媒介文化是怎样绑架受众"身体"的自我认同，以错误的"身体意象"，通过各种审美修辞来实现自我消费的。经过半个世纪，鲍氏的洞见并没有过时，进而经过量的积累发生了质的变化，那就是媒介中的"身体审美"呈现了暴力化的"身体意象"消费特征，并带来更深刻的负面影响。它们形成一种链条，逐层深入，异化着人们对"身体"的自我认同。

暴力涉及的范畴很广，最早隶属于犯罪学和政治学领域。关于暴力国际上最常用的定义出自20世纪70年代美国医务总监学术咨询委员会的一份报告："以公然的武力对他人或自身，或者违背他人意愿，带来伤害或死亡痛苦的强迫性行为。"② 20世纪80年代，新加坡亚洲大众传播研究与情报中心将其定义为："使用体力或言辞对某人或某些人造成心理或肉体上的伤害，以及包括对财产和肉体的毁灭。"③ 1996年，第49届世界卫生大会首次对暴力统一界定为："蓄意地运用躯体的力量或权力，对自身、他人、群体或社会进行威胁或伤害，

---

① 汪献平：《暴力电影——表达与意义》，中国传媒大学出版社2008年版，第199页。
② 王玲宁：《媒介暴力对青少年影响的实证研究》，博士学位论文，复旦大学，2004年。
③ 卜卫：《大众媒介对儿童的影响》，新华出版社2002年版，第327页。

造成或极有可能造成损伤、死亡、精神伤害、发育障碍或权益的剥夺。"① 总结来看，"暴力既指强制性的力量，更多指强制性的行为，是有目的的对生物造成生理或心理上的痛苦、伤害，或对物品造成损害的威胁或行为"②。由此推断，暴力化的主要特征应包括：（1）目的性或称有意性；（2）强制性（显性和隐性）；（3）破坏性或称伤害性（生理与心理）。下文将从三个视角深入细化地阐明当下媒介文本中存在的"身体审美消费"暴力化倾向。

1. 媒介中的时髦身体与苗条暴政

英国学者乔安娜·恩特维斯特尔最早在《时髦的身体》一书中，将时髦的身体作为时尚载体的发展历史进行了缜密梳理，并定义时尚为"具有特定历史和地域色彩的特殊衣着系统"③。齐奥尔格·齐美尔对时尚的定义则是耐人寻味的："时尚是既定模式的模仿，它满足于社会调适的需要；它把个人引向每个人都在行进的道路，它提供一种把个人行为变成样板的普遍性规则。但同时它又满足了对差异性、变化、个性化的要求。"④ 很显然在齐美尔眼中，"时尚能够吸收所有外表上的东西，并且把任何选择了的东西抽象化。任何既定的服饰、艺术、行为形式或观念都变成时尚"⑤，它"已经打破原先局限于穿着外观的界域，而以变幻多样的形式不断增强对品味、理论信念，乃至生活中的道德基础的影响"。与此同时，恩特维斯特尔在后续论述中也提出相似的观点："时尚在现代日常生活中发挥着主要的结构性

---

① WHO Global Consultation on Violence and Health, *Violence: A Public Health Priority*, Geneva: World Health Organization, 1996.

② 覃川等：《媒介素养与媒介德育创新——大众学生如何应对色情与暴力信息》，清华大学出版社 2014 年版，第 11 页。

③ [英] 乔安娜·恩特维斯特尔：《时髦的身体——时尚、衣着和现代社会理论》，郜元宝译，广西师范大学出版社 2005 年版，第 54 页。

④ 罗钢、王中忱主编：《消费文化读本》，中国社会科学出版社 2003 年版，第 243 页。

⑤ 同上书，第 264 页。

的影响"①,"它是现代人用来确证其身份认同的一种工具……人们可以用时尚来为自己获得一种令人印象深刻的'个体的'身份特征,但与此同时它也可能凸显出一致性,因为时尚本来就是对某种清一色的东西的强化"②。由上述二人的论述不难看出,"时髦的身体"既包括了身体外在形态、服饰、行为,也包括身体内在观念以及与身体相关的生活方式等内容的"时尚"表征。而社会群体对于"赶时髦"的热衷也是源于"时尚的魅力","他受到社会圈子的支持,一个圈子的内在成员需要相互模仿,因为模仿可以减轻个人美学与伦理上的责任感"③。

在日常生活审美化影响最为显著的大众媒介环境中,"时髦的身体"往往被冠以"苗条、美丽、健康"等审美化的修饰词语,"审美化身体"成为"时髦的身体",意味着新的时尚。而这种"时尚"在无孔不入的视觉化信息渗透中,使得受众的"身体审美"过程(即发现人类形体的理想外在形态和内在的身体文化隐喻,认可大多数人对"身体美"的评判标准,并按照此标准改造自己的形体和对身体的价值观的过程)已经大部分被媒介景观所铸造的"镜像"所控制了。因此,大众传媒在特定时刻关于"身体审美"的"苗条、美丽、健康"的表征实际上就是受众对自我"时髦身体"的理想化追求。而这种追求在当下愈发呈现出暴力的压迫感,使得人们在无法摆脱的媒介化生存中愈发感到时尚带来的焦虑失措。因此对于这一现象的揭示、批判是媒介素养教育值得关注的话题。

进入消费社会,人们对"苗条、轻盈甚至消瘦的"的审美偏爱从未停止,这些与美丽并没有天然关系的词汇却成为"美"与"丑"的自然区别符号。早在20世纪70年代的美国,就有约3000万人是大胖子或者认为自己是大胖子,根据波德里亚的记载,当时美国的一

---

① [英]乔安娜·恩特维斯特尔:《时髦的身体——时尚、衣着和现代社会理论》,郜元宝译,广西师范大学出版社2005年版,第62页。

② 同上书,第68页。

③ 罗钢、王中忱主编:《消费文化读本》,中国社会科学出版社2003年版,第264页。

项调查显示,"446位青少年中就有300位遵循某种作息、饮食制度以防止出现他们认为的肥胖身材"①。1981年的《纽约时报》上刊登的《肥胖色情》的评论文章认为,"肥胖尤其是女人的肥胖已经成为了很难被原谅的当代色情,肥胖是可耻的,比真正的色情更可耻"②。而在当下的中国,这种对于"苗条"身体的诉求几乎达到了疯狂状态,从"好女不过百(100斤)"到"辣妈",再到"型男",无论男女老幼都以"苗条"为外形美丽理所当然的必备条件,并以此为潜在的标准化规范管理着自己的身体。"2005年初,某著名护理品牌公布一份《美丽白皮书》显示,由于狭隘的、模式化的美丽定义影响,中国仅有4%的女性认为自己是美丽的。他人的目光左右着女性对自己身体的认同,45%的女性认为自己体重过重,几乎没有人认为自己体重过轻。"③

而这些以"苗条"为身体审美时尚的现象,都离不开消费社会大众传媒的蓄意推动。"苗条暴政"的媒介表征主要体现在通过文本修辞使得"身体审美化"的强制性特点更突出。具体而言,媒介通过炒作"苗条"偶像以及兜售如何进行减肥、节食、塑形美体等类信息,以更庞大的数量和更多变的形态编织成一件密不透风的"紧身衣",最终铸就一种美丽与压抑相结合的"线条"崇拜。从数量来看,仅以2015年3月19日搜狐、新浪、网易时尚频道的首页标题统计显示:这些网页标题都包含有瘦身、减肥、纤体、蛮腰、S形曲线、小V脸等强调"苗条"身体的词汇,并占有一定的比例。长年累月高强度的信息刺激,无形中将培养一种"人人爱苗条"的虚假舆论场,如表4-2所示。

---

① [法]让·波德里亚:《消费社会》,刘成富、全志刚译,南京大学出版社2014年版,第136页。
② 吴志翔:《肆虐的狂欢——传媒美学谈》,武汉大学出版社2006年版,第18页。
③ 同上书,第12页。

表 4-2　　　国内四大门户网站时尚频道首页标题内容

序号	搜狐网	新浪网	网易网	人民网
1	虐腹计划和小肥腰说 BYE BYE	跑步了也瘦不下来看看是不是忽略了这些	中国女性纤体白皮书	4 式瘦腿操轻松瘦大腿 HOLD 住清凉热裤
2	六个方法瞬间变职场小腰精	深蹲翘臀 OR 粗腿 这些"公认瘦身法"要推敲	记住吧！这四条才是永远有效的减肥真理	减肥饮食：吃点苦食物，轻松瘦八斤
3	OL 清晨瘦身操让身材不再"杯具"	轻松瘦身一天减掉 500 卡	好莱坞天价美容美丽到底有多昂贵	瘦腰美背普拉提夏天 S 曲线秀出来
4	为什么瘦身先瘦胸	腹肌 OR 孕肚分不清 超模怀孕"腹肌"太逆天	水原希子拍春日写真 香肩蛮腰性感十足	居家简易瘦脸按摩宅家也能轻松打造小 V 脸

　　"苗条暴政"的强制性还体现在其另一种文本修辞方法——通过"提喻"与"转喻"的复杂过程，建构"苗条"与"健康"之间的认知关联，使得"苗条"有了更深刻的认知约束力。现代修辞学中"提喻"是指"不直接说某一事物的名称，而是借事物的本身所呈现的各种对应的现象来表现该事物的一种修辞手段，大致归纳为四种情况：A. 部分和全体互代；B. 以材料代替事物；C. 抽象和具体互代；D. 以个体代替整个类"①；"转喻"则是指"用与被修饰对象相关的其他事物来指代被修饰对象"②。尽管早期关于这两种修辞方法的研究多集中于文字语言领域，但随着大众媒介视觉图像语言的发达，开始有以学者 Forcevialle 和 Urios-Aparisi 为代表提出的"多模态转喻、隐喻与提喻"的研究视角。多模态主要包括："1. 图画和视觉模态 2. 听觉模态 3. 嗅觉模态 4. 味觉模态 5. 触觉模态。"③通过借鉴修辞学的多模态转喻和提喻研究方法，可以清晰发觉当下媒介信息中（特别是广告信息）存在大量将"苗条"这一来源域与"健康、美丽、

---

① 百度百科：提喻（http://baike.baidu.com/link? url），2015 年 3 月 19 日。
② 维基百科：转喻（http://zh.wikipedia.org/wiki/转喻），2015 年 3 月 19 日。
③ 张辉、展伟伟：《广告语义中多模态转喻与隐喻的动态建构》，《外语研究》2001 年第 1 期。

青春、成功、幸福等"目标域强制性勾连在一个认知关系当中的修辞"陷阱"。

以近两年国内某知名品牌的酸奶产品平面广告为例,其中至少有两家的酸奶产品都选择了明星偶像作为产品的形象代言人,而广告图像文本中(如图4-1所示),两位代言人外在形象主要特征都是纤细苗条的身材(其中以裸露出的平坦腹部线条为标志)。很显然从视觉语言来看,两位形象代言人的身体局部特写可视为修辞的来源域,而两则广告的最终诉求"喝某品牌的酸奶就会拥有健康身体"可作为修辞的目的域。

```
┌─────────┐  提喻、转喻  ┌─────────┐         ┌─────────┐
│ 苗条身材 │ ──────────→ │形象代言人│ ──────→ │ 健康身体 │
│ 来源域   │              │         │         │ 目的域   │
└─────────┘              └─────────┘         └─────────┘
     └──────────────── 认知关系激活 ────────────────↑
```

图 4-1　某网络广告的修辞分析

通过从"苗条身材"以"局部特征代指全部的方法"完成到形象代言人的一次"提喻";再经历从"形象代言人"以相似特征(包括青春、活力与成功的事业)映射"健康身体"的一次"转喻",隐秘实现了来源域与目标域的认知关联激活,使得本没有意义内在关系的"苗条身材"和"健康身体"之间形成逻辑畅通、意义充实的修辞体系,最终使得"对线条的狂热,对苗条的痴迷如此之深刻,完全是因为这正是一种暴力形式,是因为身体本身在其中变成了祭品"①。

2. 媒介中"极致美丽"的神话化

"美丽之于女性,变成了宗教式的绝对命令。美貌并不是自然效果,也不是道德品质的附加部分,而是像保养灵魂一样保养面部和线

---

① [法]让·波德里亚:《消费社会》,刘成富、全志刚译,南京大学出版社2014年版,第136页。

条的女人的基本的、命令性的身份"①,这是波德里亚早在20世纪70年代就曾提及的针对消费社会"功用性美丽"作为审美化身体的一种"自恋式崇拜对象或策略及社会礼仪要素"的身体关系新伦理的批判。而在信息化媒介时代的今天,各种"美丽"符号裹挟着商品利益愈发猛烈地将追求"极致美丽"包装成一种"自然法则"。在这个"看脸"的时代:"颜值爆表""女神""男神""白富美""高富帅"等俨然成为一种有魔力的图腾崇拜对象,"极致美丽"的追求正在被建构为一种常识,这种无限制的欲望被塑造为自由的天赋秉性,通过各种"美丽"符号的运用神秘地抹消或升华目的性的限制。仅以2003年歌手蔡依林的一首名为《看我七十二变》的流行歌曲的歌词便可管中窥豹:

梦里面,空气开始冒烟,朦胧中完美的脸,慢慢地出现。
再见丑小鸭再见,我要洗心革面,人定可以胜天,梦想近在眼前。
今天、新鲜、改变、再见!
美丽极限,爱漂亮没有终点,
追求完美的境界,人不爱美天诛地灭。
别气馁,旧观念抛到一边,现在就开始改变,麻雀也能飞上青天。
无所谓,管它缺不缺陷,让鼻子再高一点,空气才新鲜。
再见单眼皮再见,腰围再小一点,努力战胜一切,缺点变成焦点。
什么正面侧面对面,只要是完美弧线线。
我的腰围再小一点,我的缺点变成优点,
再见面,要你们傻了眼。

---

① [法]让·波德里亚:《消费社会》,刘成富、全志刚译,南京大学出版社2014年版,第124页。

无所谓正面侧面都是完美弧线,

再见丑小鸭再见,自卑留给昨天,女大要十八变,看我七十二变。

这首歌在推出当年就很受欢迎,甚至十多年后的今天也依然被很多人熟知。而在大家接受其轻快旋律的同时,不知是否反省过自己正在被一种"追求极致美丽"是"自然而然、明显之至"的伪意识所控制。"极致美丽"而非普通意义上的"美丽"以"梦想""完美""极限""没有终点""七十二变"等符号夸张为"神话",而追求"极致美丽"则通过"我要洗心革面"和"人不爱美天诛地灭"完成了含蓄意指的"神话化"程序。下文结合罗兰·巴特的神话修辞学批判路径,再深入解析这一类电视广告的媒介文本是如何具体使得"追求极致美丽"成为一种暴力化的"神话"意指的。

巴特认为:"神话是一种言说方式(措辞、言语表达方式)"[1],"通过一种传播体系,一种意义构造方式来建构意义"[2],神话的意指作用有双重作用,"它意示和告知,它让我们理解某事并予以接受"[3]。而在索绪尔语言学思想的基础上将神话的意指过程图解为两个符号系统:语言系统和神话系统,使得能指、所指和符号三维模式在所指意义和内涵意义两个层次完成"含蓄意指的再度植入和文化意义的召回"。

当下的很多化妆品广告通过神话替换和创造使得"私人话语"变成"公共话语",甚至是"标准话语"。举例来看,国外某知名公司旗下的大型化妆品系列产品自 1997 年进入中国市场以来,一直拥有

---

[1] [法] 罗兰·巴特:《神话修辞术:批评与真实》,屠友祥、温晋仪译,上海人民出版社 2009 年版,第 169 页。

[2] [法] 罗兰·巴特:《神话——大众文化诠释》,许蔷蔷、许绮玲译,上海人民出版社 1999 年版,第 3 页。

[3] [法] 罗兰·巴特:《神话修辞术:批评与真实》,屠友祥、温晋仪译,上海人民出版社 2009 年版,第 177 页。

较高的市场占有率，公司的广告策略始终是以明星代言加产品特点视觉化阐释为核心，先后以多位国内知名影视明星为形象代言人。他们的主打广告语是"你值得拥有！"

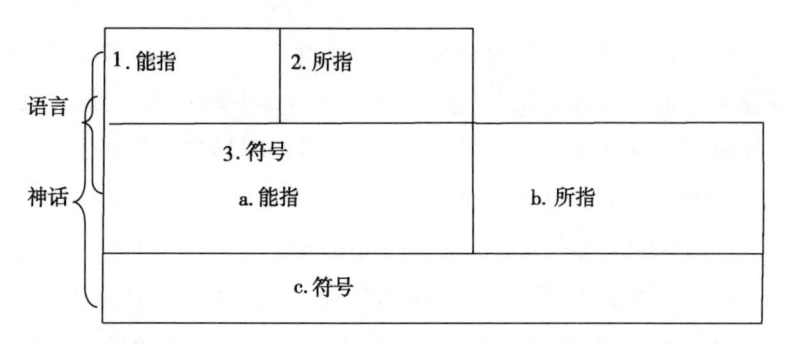

	1. 能指	2. 所指	
语言			
神话	3. 符号 a. 能指		b. 所指
	c. 符号		

图4-2　符号学分析示意

符号学家皮尔斯将符号分为象征符号、图像符号和指示符号。在上面这个广告文本中（如图4-2所示），语言系统的所指是比较直观的，即明星代言人。作为象征符号，从符号的能指意义来说，"明星代言人"的图像象征着成功的"美丽女性"。而在神话系统中，罗兰·巴特如此描述言谈被神话化的过程："当一个概念被赋予在一个已经存在的形式、意义上时，它并不使已有的意义消失，它的功能是扭曲、扩张原有的意义；当神话赋予在第一个层面上的时候，神话掏空了第一层面的概念，只保留形式，即能指，然后将神话置入其中，便构成了表达新的意义的符号。"[①] 在此文本中，语言系统的能指"美丽女性"到了神话系统中就转化为所指，而通过文本中不断加入的视觉及语言信息（即美丽是需要保养和修饰的，而通过外在的不断努力：使用化妆品，就可以塑造没有缺陷的美丽容颜）得到激发，如图4-3所示。

所指在此就开始逐渐发生含蓄意指的夸张、歪曲，"美丽"被无

[①] ［法］罗兰·巴特：《神话——大众文化诠释》，许蔷蔷、许绮玲译，上海人民出版社1999年版，第168—224页。

```
语言 ┌ 1.明星代言人 │ 2.美丽女性
     │ 3.符号
神话 │ a.美丽女性        │ b.追求极致美丽是人生价值的实现
     └         c.符号
```

图 4-3　网络广告"神话"化的符号学分析示意

限扩张为：没有皱纹、紧致年轻，甚至可以逆转岁月的极致美丽。巴特认为，"神话的意义包含全部的价值系统，历史、地理、道德、动物学、文学"①，这提示在神话系统中从所指到能指的意指作用是在整体语境和对于受众已有社会文化心理的迎合基础上实现的。巴特还进一步指出神话的有效性通过两个方面支持："在第一个层面上符号的特定性和图像（或信息）的准确性给予支持。第二个层面上符号与使用者的文化需要的契合程度，靠我们对一种概念的认可程度给予支持。"② 案例文本结尾明星代言人说出的广告语"你值得拥有！"就很好地利用了普罗大众"爱美之心人皆有之"的社会文化心理基础。"你值得拥有！"这句带有指示符号意味的文本，能指内涵就顺理成章地被理解为"追求极致美丽是每个人都值得拥有的，而如果不能拥有就等于违背了人的自然本性，失去了人之为人的基本价值"。此时"追求极致美丽"的符号就被过度正当言论为"神话"了。

四　审美趣味的道德二重性与媒介舆论暴力

在当下的媒介化生存过程中，内容层面的媒介暴力是显而易见

---

① ［法］罗兰·巴特：《神话修辞术：批评与真实》，屠友祥、温晋仪译，上海人民出版社 2009 年版，第 179 页。
② 王鸳珍：《从罗兰·巴特的符号学理论看刘文彩的"恶霸地主"神话》，《中山大学学报论丛》2006 年第 10 期。

的，如暴力影像、暴力游戏等，因此也更容易被纳入媒介批评和媒介教育研究者的视野，然而随着数字技术、互联网技术和移动终端技术的持续发展，全媒体与自媒体裹挟着每一个媒介使用者进入了全新的媒介伦理场域，在这里真实自我与虚拟自我、个体与他人之间的关系被彻底改变，在这个"人人都有麦克风"的时代，信息传播主体和接收者之间的角色关系看似更为平等和自由，可遗憾的是当这种平等和自由缺乏"社会成员间协商与互融"的社会以伦理美为内涵导向的时候，反而会造成媒介环境中更深刻和隐蔽的不公正与压制，如新闻信息的暴力传播造成对某些社会现象的过度渲染，以致形成对特殊群体的"污名化"；甚至造成对某一群体身心的伤害，如"人肉搜索"和"网络欺凌"所带给涉事者的沉痛打击。在这里媒体以媒介为工具，利用"议程设置"[①]和"文化霸权"等大众媒体特性进行有目的的、强制性的宣传，并因此对某些个体或群体造成破坏性伤害的行为和现象被笔者界定为媒介暴力的第二个层面——媒体暴力。

时下的媒体暴力表征中，由于媒介信息内容的有意渲染、过度传播，以及"人肉搜索"造成不当网络舆论的"网络欺凌"现象激增，再加之普遍存在于网络语言表达和交流过程中的"暴力元素"导致一种虚拟社交中的"易怒化"现象频发，诸此种种媒体暴力的泛化以及由此引发的负面影响逐渐引起媒介美育研究领域的关注。

"人肉搜索""网络欺凌"与媒介舆论暴力

在审美教育中，人文环境作为美的社会存在类型是很重要的组成部分，"人文环境主要由人赖以生存和发展的时代、民族、群体的社会关系以及物质生活环境所构成"[②]，由此延伸到大众媒介环境中，"时代、民族、群体的社会关系"自然也成为媒介美育不可缺少的一

---

① "议程设置"是20世纪70年代，由美国传播学者麦克姆斯和肖通过实证研究发现的大众传播媒介的社会功能和传播效果之一，意指在大众传媒信息传播中，会出现通过对某些议题的关注和表述强调或忽视来左右受众对客观世界的认知及某一事物重要性的价值判断。

② 王德胜：《美学原理》，人民教育出版社2001年版，第101页。

环。无论是自古以来人们对于"天下为公"大同理想的追求,还是现代公民对于"自由、平等、民主"的社会制度的期望,都因其以"和谐稳定的人际关系"为核心,在人类长期的生产劳动和社会共同生活中体现了人的理想、观念和意志,从而具有别样的审美价值属性。"只有当一个社会处于健康有序的人际状态时,社会才能安定繁荣,人民才能安居乐业,生活才能美满快乐;反之,社会道德败坏,人的尊严受到践踏,则人的生命价值也将被严重忽视,从而令人感到压抑、痛苦和不满。"① 由此可知,媒介人文环境的审美意义主要在于它是否能以和谐的社会关系形式积极地肯定人自身的生命存在和价值。而值得反思的是,在当下的媒介人文环境中,以"人肉搜索"滥用和"网络欺凌"扩大化为代表的网民受众群体性的非理性、非正义性行为正在形成一种游走在道德和法律边缘的"公审"和"私刑",对这种新型的媒介舆论暴力的内涵和特征的认知以及其负面影响(即对于媒介人文环境的破坏)的警觉是媒介美育对于提升公民媒介素养,建构和谐稳定的媒介人文环境过程中亟待重视的议题。

(1)"人肉搜索"的滥用——失控的"道德民兵"

所谓"人肉搜索",一般是指"利用现代信息技术,网民之间通过你问我答的方式来解决问题的互助式人性化搜索"②,最早的"人肉搜索"出现在猫扑网、天涯社区论坛、百度贴吧等处,是一种自发的、非常态网络事件,但发展至今,"人肉搜索"作为一种互联网日常的技术服务,广泛存在于在诸如找人网、豆瓣网、天涯问答、百度知道、新浪爱问、奇虎问答、雅虎知识堂等网站及搜索引擎。作为一项互联网搜索技术,"人肉搜索"功能从价值上判断是中性的。从搜索信息的效率层面来看,"人肉搜索"因为有了人工的参与使得广大的互联网用户能够彼此间提供信息帮助,甚至比一般的搜索引擎查询

---

① 王德胜:《美学原理》,人民教育出版社 2001 年版,第 102 页。
② 王文宏主编:《网络文化多棱镜——奇异的赛博空间》,北京邮电大学出版社 2009 年版,第 146 页。

得出的信息更准确、更有针对性、更快速，并且会附加很多周边信息。例如"5·12"大地震后百度和Google分别创建了各自的"人肉搜索"专区：百度"5·12"寻亲专区和谷歌亲人搜索，在灾后短暂的信息受阻的情况下，快速编织了一张可以覆盖40多家医院，提供4万多灾民信息的寻人信息网络。除了在信息搜索上体现了互联网更为便捷高效的网络共享精神，"人肉搜索"在诞生之初就有着"寻求事实真相、彰显舆论监督正义性"的受众心理动机，部分网民认为"当一些社会事件不在现行法律的制裁范围之内时'人肉搜索'这样的舆论监督和道德批判就成为捍卫社会正义的必要补充"。的确，在类似2006年的"比基尼功夫少女事件"、2007年的"华南虎事件"、2008年的"天价头事件""天价表事件"中，"人肉搜索"作为特殊的道德评价机制，披露了一些虚假新闻，也揭露了一些贪腐人员，一定程度上推进了新闻事件的曝光，从而起到了大众媒介的舆论监督作用。

然而，由于部分网民缺乏法律意识、隐私观念淡薄、缺乏尊重与保护个人隐私的主动性和自觉性，再加之当前的互联网相关法律中涉及公民言论自由权和隐私权的两大法律都存在漏洞，使得部分网站经营者故意炒作、反复置顶，或者放任自流、乐观其成。市场化的媒体为了迎合网民的窥视欲和娱乐心理，过分追求矛盾冲突激烈的新闻产品，在一定程度上对人肉搜索升级为网络舆论暴力起到了推波助澜的作用。

表4-3　　　　　网络"人肉搜索"暴力事件回顾列

序号	发生时间	事件名称
1	2006年2月	"虐猫"事件
2	2006年4月	"铜须"事件
3	2006年8月	"流氓外教"事件
4	2007年4月	"烧狗"事件
5	2007年7月	"史上最毒后妈"事件
6	2007年11月	"后妻博客骂前妻"事件

续表

序号	发生时间	事件名称
7	2008年1月	"很黄很暴力"事件
8	2009年3月	"人肉搜索引发玫瑰血案"事件
9	2010年12月	"女子殴打环卫女工"事件
10	2011年12月	"局长儿媳炫富"事件
11	2013年12月	"遭人肉搜索少女投河"事件
12	2015年5月	"成都被打女司机遭人肉搜索"事件

如表4-3所示,"人肉搜索"的滥用已经开始呈现明显的媒介暴力倾向,使得群体的舆论具有了"道德民兵"的伦理审判仪式感,甚至部分非理性的网络语言暴力转变为对当事人现实生活的行动"追杀",此时"异化了的人肉搜索就是在道德正义的名义下实施的一种群体性非正义行为……在'铜须'事件中,网民的反应几乎都是以道德的名义愤怒声讨事件主角'铜须',虽然对失德行为的讨伐具有正义性,但是网民的语言和行为充满了非理性的暴力色彩,诸如'以键盘为武器砍下他的头,献给受害者做祭品'的喧闹;组织虚拟的审判,以静坐、游行、谩骂等网络形式进行集体声讨,及至线下的曝光当事人隐私,致使当事人在逃离网络后仍然要面对现实生活中的恐吓电话,来自单位的压力,致使其整个家庭都遭受到困扰等。这种对个人隐私权利的公然挑战,使得一些网民原本正义的行为瞬间变为一种犯罪行为"[1]。更有部分极端的网民在当事人的真实身份被公布之后,将网络虚拟世界的言语暴力迅速演变成破坏法律规定的行为暴力,"采取的主要手段表现为恐吓、勒索、骚扰、谩骂、恶搞、涂鸦、围攻等,迫使当事人在现实生活中受到最大的惩罚和打击"[2],在媒介舆论的左右下,"人肉搜索"暴力影响也最终导致了"'铜须'事件

---

[1] 王文宏主编:《网络文化多棱镜——奇异的赛博空间》,北京邮电大学出版社2009年版,第158页。

[2] 罗昕:《网络舆论暴力的形成机制探究》,《当代传播》2008年第4期。

· 137 ·

的郑某被迫休学;'卖身救母'事件的陈易,在母亲死后也被迫退学;'烧狗'事件的朱某夫妇遭到工作单位的停职检查,家门被黑漆喷上了'死''瘟'等大字,两人再也不敢回小区居住并向警方申请保护"①。

由此,虚拟的"人肉搜索"事件已经演变为现实生活的群体暴力行为,甚至西方媒体将此事件抨击为"网络暴民现象",此时,"人肉搜索"的过度滥用,致使这一失控的"道德民兵"扰乱了媒介人文环境中言论自由与舆论监督、知情权和隐私权的合理平衡,使得本应反映民意、为公众谋福利的媒介舆论反而具有了损伤公众共同利益及个体隐私权、名誉权和人格权的暴力色彩。

(2)"网络欺凌"——裸露的伦理边界

欺凌,多是指强势的长期性伤害他人的欺压凌辱行为。随着网络技术的普及,通过互联网、手机等数字通讯设备,借助电子邮件、社交网站、即时通信、博客、微博留言等途径展开的"网络欺凌"开始逐渐增多,特别是在青少年群体中。"2012年《预防青少年犯罪研究》杂志社联合清华大学媒介调查实验室开展的一项问卷调查显示,95.4%的受访青少年(全国3560名6岁—24岁有上网经历的青少年参与调查)表示曾经遭遇到不同形式的网络暴力(除了网络欺凌,还包括网络上的血腥、暴力和色情内容)。"② 在其他国家也出现了大量类似事件:"17岁的加拿大少女帕森斯,于2012年4月悬索自尽;14岁的英国女中学生汉娜,于2013年8月以相同的方式自尽;因为电视剧《星梦奇缘》为不少中国观众熟悉的韩国女明星崔真实,于2008年10月在家中自缢身亡……这些令人惋惜的死亡,原因都是相同的:无数人、无数陌生人,通过网络对他们进行了无休止的羞辱!

---

① 罗昕:《网络舆论暴力的形成机制探究》,《当代传播》2008年第4期。
② 陈昌凤、胥泽霞:《网络欺凌与防范——互联网时代的未成年人保护》,《中国广播》2013年第12期。

这的确是只有网路才能施加的暴力。"①

（3）媒介舆论暴力的慎思

上述的"人肉搜索""网络欺凌"等网络行为和事件的共同特征是，暴力的实现都以媒介舆论为施加工具，如果没有攻击性、伤害性的媒介舆论就不会最终导致对个体或群体的伤害。学者陈力丹提出："舆论是公众关于现实社会以及社会中的各种现象、问题所表达的信念、态度、意见和情绪表现的总和，具有相对的一致性、强烈程度和持续性，对社会发展及有关事态的进程产生影响。其中混在着理智和非理智的成分。"② 大众媒介本身就是形成社会舆论、扩大正面舆论和引导负面舆论的重要途径，发展至数字媒介时代，网络媒介舆论已经成为社会舆论十分重要的类型。学者曾润喜则认为："网络舆情是由各种事件的刺激而产生的，通过互联网传播的人们对于该事件的所有认知、态度、情感和行为倾向的集合。"③

从传播学角度定义网络舆论暴力，"是指在一定的时间和空间内，多数网民通过网络言语和现实行为对网络最新事态中的当事人表达非理性的基本一致意见，从而造成人格侵权的不公正力量"④。而从法学角度定义网络舆论暴力，则表述为："由某一网民在网上公布的某一信息引发的，众多网民利用网络搜索获取该信息中的当事人的个人信息并公布于众，进而在网上发表大量侮辱、诽谤言辞或不当评论进行攻击，甚至延伸到现实生活中，造成当事人隐私权、名誉权严重损害甚至可以导致当事人死亡的大规模网络集体侵权行为。"⑤

以"人肉搜索"和"网络欺凌"为代表的媒介舆论暴力（主要

---

① 中央电视台大型纪录片主创团队：《互联网时代》，北京联合出版公司2015年版，第184—185页。
② 陈力丹：《舆论学——舆论导向研究》，中国广播电视出版社1999年版，第25页。
③ 曾润喜：《网络舆情信息资源共享研究》，《情报杂志》2009年第8期。
④ 罗昕：《网络舆论暴力的形成机制探究》，《当代传播》2008年第4期。
⑤ 邱业伟、纪丽娟：《网络语言暴力概念认知及其侵权责任构成要件》，《西南大学学报》（社会科学版）2013年第1期。

指网络舆论暴力）所带来的危害是多方面的，如法律层面、政治层面、心理和生理层面等，集中于美育的视角（即媒介人文环境中的社会美）来反思媒介舆论暴力的破坏性弊端，主要体现在以下三个方面。

首先，媒介舆论暴力对于个体或群体的隐私权、名誉权和人格权的伤害，其实质就是对于生命、尊重与自由的价值破坏与解构。胡泳在《众声喧哗》一书中如此描绘隐私权的意义："（敞视）这样的文化忽略了在暗影中也有个人的情感、反思、内聚、创造性、自我认知、尊严、意义，以及其他埋藏在生活深处的东西。这些东西离开了超然、静谧和隐匿将不复存在。人们只有在从日常生活中退居出来的时候——才可能成为人生更为基本或更为深刻的部分创造条件。"①媒介舆论暴力以大量歪曲的谣言、不明就里的情绪宣泄、暴力语言攻击，在揭底事件当事人全部隐私的同时，也残忍地践踏了对方的尊严，破坏了其现实生活的私密环境。

其次，媒介舆论暴力还会破坏网络的理性协商和对话机制，使得网络难以胜任公共领域的角色。"网络媒体能否合格担当起新的社会公共领域的角色，关键在于它能否形成理性的协商机构和对话机制。"②网民卓儿在题为《我不敢读鲁迅》的帖子上坦言自己对中小学语文的不满，特别记述了自己对于鲁迅作品的"不解"。一石激起千层浪，此帖在论坛上迅速遭到网友的质疑，其中大有言辞激烈的批评和指责。其实卓儿遭遇围攻并非个别，"行走网络间语言暴力随处可见，这是形成网路理性协商话语的大敌……攻击性的语言是表象，背后潜伏着根深蒂固的独白型思维方式和非此即彼的敌我意识"③，"哄客社会没有发育出健康的公民团体，为捍卫民权和推进宪政提供

---

① 胡泳：《众声喧哗——网络时代的个人表达与公共讨论》，广西师范大学出版社2008年版，第174页。

② 王文宏主编：《网络文化多棱镜——奇异的赛博空间》，北京邮电大学出版社2009年版，第17页。

③ 同上书，第18页。

理性支持，反而滋养了蒙面的网络民兵，在针对'小人物'的话语围猎中，不倦地探求道德和游戏的双重狂欢。这是互联网民主的歧路，也是中国哄客自我反省的沉重起点"①。媒介舆论暴力在此时已经不是维护社会公平、正义的助推器，反而成为独断专行、党同伐异的群体暴力手段。

最后，媒介舆论暴力所惯有的表达形式——"暴力语言"将激化社会矛盾，促成变异的非理性社会生活。"语言不仅仅是一种表达，而且意味着我们的生活本身"，伊格尔顿曾经说过："意义其实是被语言创造出来的。我们并不是先有意义或经验，然后再着手为之穿上语词；我们能够拥有意义和经验仅仅是因为我们拥有一种语言以容纳经验。而且，这就意味着，我们作为个人的经验归根结底是社会的；因为根本不可能有私人语言这种东西，想象一种语言就是想象一种完整的社会生活。"② 从这个意义上说，媒介舆论的暴力语言必然带来一种新的社会生活的想象。

第二节 媒介审美趣味提升的关键环节——培养"人的媒介社会关系"的全面发展观

一 主体的漂浮与沉溺——自省人与自我关系的新矛盾

从本章第一节的论述中可见，无论是对于媒介情色产品有心无心的卷入，还是在媒介暴力中频发的舆论暴力现象，在某种程度上都反映出参与者缺乏责任心与网络行为的游戏态度，甚至是对于自我人性弱点的放纵。站在美育"人的全面发展"的理论视角来看，上述问题的出现，实质上是人与自我关系的疏离导致的。笔者认为，这种疏

---

① 朱大可：《"铜须"、红高粱和道德民兵》，《东方早报》2006年6月8日。
② [英] 伊格尔顿：《二十世纪西方文学理论》，伍晓明译，陕西师范大学出版社1986年版，第76—77页。

离结果的产生,与第一媒介时代电子媒介的信息方式导致自律自我的解构;进而第二媒介时代,数字媒介虚拟书写主体直接将自我呈现为"他者",这两个问题是紧密相关的。

1. 电子媒介语言与理性自律自我的解构

在媒介教育史中,带有保护主义色彩的媒介美育理论也早有关于媒介环境中,人与自我关系问题的讨论,无论是法兰克福学派、英国文化研究,还是结构主义—符号学理论对于这一问题关注的核心都是通过理性建构主体,即站在对大众媒介批判与对抗的视角,向印刷时代建立起来的线性的、抽象的、理性的自律自我致敬。以阿多诺和霍克海默的观点为例,便可略窥全豹。马克·波斯特曾指出,阿多诺和霍克海默对于"文化工业"的批判,将自由行动者转化为被动受害者,而实际上背后隐藏着两人对于"人与自我"关系中主体的自律/他律这一尚有疑问的二元律逻辑,阿多诺早在1938年发表的文章《论音乐中的拜物特性及听觉的退化》中,就提出古典音乐因电台媒介的分散传播,使其成为流行音乐并染上了"拜物化"特性,这实际上造成了人们音乐品位的降低和听觉的退化,"所有拜物化听众中,电台发烧友也许是最彻底的,他听到什么,甚至是怎么听到的都与他毫无干系;他只在乎他在收听节目这一事实本身"[1]。阿多诺如此看待媒介中主体建构的自律/他律的二元对立关系,意味着在他看来,作为电台听众(也包括其他媒介受众)的主体,如果不能进入对话,那么该主体就是不自由的,马克·波斯特将其评价为"用二元律来理解媒介交流中的主体构建过程"[2]。

然而随着电子媒介的不断普及,电子媒介语言的信息方式对人们生活的不断渗透,媒介教育中的"阿多诺们"开始意识到想通过理性自我的自律完全对抗"文化工业"等潜藏意识形态的他律实际上

---

[1] Andrew Arato, Paul Breines, *The Essential Frankfurt School Reader*, New York: Urizen, 1978, pp. 270-299.

[2] [美]马克·波斯特:《第二媒介时代》,范静哗译,南京大学出版社2001年版,第10页。

是举步维艰的，电子媒介通过其信息方式的"无语境和自指性"对自律自我的解构日益加深，印刷媒介时代独尚的"理性主体"开始了漂浮之旅。语境或称言语情境是交流行为产生意义的重要限定条件，在传统面对面交流的口语时期，和什么人、在什么时间，交流双方的表情、语调、肢体语言等都会构成一种信息流动的交互情境，电子媒介改变了人们社会行为的时空参数，在麦克卢汉所言的"地球村"中，每个人都可以在任何时间、任何地点与任何人交流。然而这种远距离的电子媒介会话从根本上改变了口语交流的"语境"。马克·波斯特就曾明确提出："电视机是一个新的语言语境，它与过去极其显著的不同在于，说话者（可理解为整个播放机构）对语境的控制程度，迄今为止仍难以想象，电子媒介通过控制种种语境而编创了会话的脚本。"①

而造成自律主体解构更重要的原因在于，电子媒介无语境的语言通过独白性的传播使其自指性被不断强化，这将诱导接受者以游戏态度看待媒介中的自我建构过程。作为大众传播媒介的电子媒介和数字媒介都具有会话的独白性特征，即便网络数字媒介的交互性使这一点受到质疑，但只要具有大众传播的功能，那么作为信息输出端的强势与接收端的相对弱势就构成区别于平等对话的"独白性"交流。无语境与独白性的共同作用，使得电子媒体与数字媒体的言语自指性程度超越了以往的媒介形态。任何形式的媒介交流对于主体建构最重要的意义就在于通过语言实践模拟社会生活关系，并试图在对话中确定并稳定此种社会关系。"言语通过加强人们之间的纽带，把主体构建为一个群体的成员。印刷文字把主体构建为理性的自律自我，构建成文化的可靠阐释者，他们在彼此隔绝的情形下能在线性象征符号之中找到合乎逻辑的联系。"② 然而，电子媒介用无情境、独白性的语言

---

① ［美］马克·波斯特：《信息方式——后结构主义与社会语境》，范静晔译，商务印书馆2000年版，第64页。

② 同上书，第66页。

置换了说话的人群，打破了会话中的全面交流，失去了指涉社会关系的确认关联，反而变成了卖弄口才的自我指涉，这就从根本上瓦解了理性自我所必需的话语自指性。"由于和接受者说话的人并不认识接受者，又由于广播之外并不存在一个明确限定的指涉世界来提供一个标准以评价意义流"①，导致了自律性主体的解构与漂浮。

2. 虚拟书写主体直接将自我呈现为"他者"

电子媒介信息方式依然在发挥功能的今天，互联网的出现使得媒介的交流情境更加复杂多元。网络世界中，除了有依循电子媒介信息方式的大众传播，也出现了由虚拟性和互动性而营造的新型匿名人际交流情境（如即时聊天工具、BBS、社交APP、网络游戏）。部分网络交流发烧友将此新的交流情境视为一种从社会约束中解放出来的体验，一种摆脱他律的理想自我的建构契机，然而事实却并非如此乐观。如在上文论述中可见，虚拟身份虽然鼓励交流中的公开批评，但也扩大了人性中的抱怨、愤懑、嫉妒等负面情绪，使得网络舆论比现实生活的人际交往更容易呈现暴力化（如人肉搜索事件）、伪狂欢化（如网络哄客现象）和感性化（如网络语体中多用身体感官词汇）等倾向。

互联网中的虚拟书写与口语交谈和文字书写不同，这里的"书写"代表了通过键盘输入文字和语音及图像进行的互动式交流，这从一定层面上将"书写"扩展覆盖了以前只限于当面交际、书信、电话或电报的交流领域。虚拟书写对自我建构最确凿的影响表现在"引入了身份游戏的种种可能性"。"即便他们的交谈伙伴使用真实姓名，或者像在当面交谈中那样表达自己，音讯服务中的交谈发烧友，还是假定他们的交谈伙伴不是'真实'的人。"② 人的社会关系与虚拟身份彻底脱节，个人历史标记中的身体、性别、声音、年龄、职业一概不用顾及。虚拟

---

① ［美］马克·波斯特：《信息方式——后结构主义与社会语境》，范静哗译，商务印书馆2000年版，第66页。

② 同上书，第157页。

书写使人沉迷于将自我创作为小说角色,从诸如情感、需要、观念、欲望、社会立场、政治观点、经济状况、家庭境况、成就体验等诸多角度,美化虚构自我。这实际上是另一种变相的自我解构,通过对感性本性的沉溺来实现对理性自我的解构。

绝对的自由必然产生不自由,虚拟空间的自我幻想消解了真实自我与欲望之间应有的结构差异,因而使主体被去中心化和自我异化,即被"作为限制并激发越轨意识的这种自我在隐匿或悬置起来时的经验"所异化。虚拟、模拟的经验日益被直截了当地当作现实的替代品,模拟的经验被现实当作真实行为的母体。而实际上,网络沉溺被人诟病的原因也大多出于此,例如沉溺电子游戏中的暴力、淫秽、控制与占有欲实际上也会促使人们与现实的界限模糊不清,甚至将虚拟世界中人的劣根性的游戏作为评定和规划真实生活的标准。此时,虚拟书写主体直接将自我呈现为"他者"。

二 感性自由的悖论——反思人与媒介技术关系的新问题

1. 对工具理性的现代性反思

在"保护主义范式"阶段的媒介美育理论基本没有将媒介技术作为研究的客体单独加以审视,大都是将批判的目标穿过媒介作为载体的独立特性而直接锁定其内容承载的政治、经济、文化、意识形态等方面的问题。法兰克福学派围绕报刊、广播、广告等大众媒介的制作和传输技术所带来的"文化工业"效应及其背后的产业利益链条,批判了媒介技术将人变为异化的"单面人";结构主义—符号学理论则对媒介的符号表征技术展开鞭辟入里的解析,质疑了媒介技术符号覆盖下,人的意识形态的自由表达的存在合法性;后现代主义对晚期资本主义社会消费特征的解构,则从媒介技术效果的层面解剖了"拟像"媒介环境中人的主体的"内爆"。很显然,在上述理论思想中,人与媒介技术是对立的,因此媒介美育鼓励的是培养受众站在敌对立场,以警觉的目光审视媒介技术将对人的高贵主体性可能造成的任何损伤。从某种意义上说,保护主义的媒介美育一直试图通过对媒介技术所承载的工具理性进行现代性的反思来实现对价值理性的追求。

2. 媒介技术的感受性回归

然而，当代大众媒介无论是印刷品、广播、电影、电视，还是网络、手机都对图像和声音（有的强调单一一种，有的则是两者同时），这两种注重感官刺激的表征方式越来越投以青睐目光，比如报纸杂志上整版大幅的彩色图片；电视新闻对重大事件不间断地24小时实时同步直播；电影里的3D仿真成像和杜比环绕立体声；甚至手机信息也单独为短信聊天设计了各种图片表情……以电子媒介为代表，视听文化、图像文化成为时下最耀眼的表征形态。逐步强化的媒介技术表征的感性形态转向已成为人与媒介技术之间更引人注目的问题。媒介技术表征的感受性回归是如何呈现的，又将如何影响人的媒介体验、媒介行为甚至主体构建，这些成为媒介美育在处理人与媒介技术关系时亟待思考的问题。

从人的动物属性而言，感性是先于理性而被接纳和关注的，人本来就是经验性的存在物。在文明的诞生之初，无论是欧洲地区的原始洞窟壁画，还是非洲考古发现的岩壁上的图腾形象，都向我们昭示着人类从感性进入世界、进入文明的历史事实。然而随着各种象形文字的出现，感性逐渐被理性文明驯服并规划。但回顾历史的文化进程，感性的复归从来就没有停止过。古希腊时期，亚里士多德的《诗学》中曾就"诗与哲"展开论证，锡德尼则更是直接为诗歌的感性价值论辩。经过漫长的中世纪宗教哲学压制，文艺复兴伴随着人性的觉醒将人的欲望与感受性价值引入哲学研究的视野，此后的英国经验主义哲学家更是明确地将感受性从笼统的哲学研究中独立出来。康德对人的感受性的重新定位，是西方古典哲学对感性研究最高的认可。18世纪的伤感文学、19世纪的浪漫主义则更是将人类情感表达推向新的高点。进入现代文明时期，"非理性"主义哲学以反叛者的姿态，在心理科学的支撑下为感性研究的认知价值和文化价值开辟了新的领域。

然而当代的媒介技术的感受性回归却正在从理论到实践完成彻底

的形态转换，因此它是一场对知识、文化的重构。对媒介技术的感受性趋势，有的学者称其为"图画转向""图像时代"或"视觉文化转向"；另一些学者则从"听觉文化"来评判这种趋势，如麦克卢汉和沃尔夫冈·韦尔施，而两者皆有对媒介技术感受性发展倾向的一致认可。仅以前者为例，W. J. T. 米歇尔首先提出"图画转向"（Pictorial Turn），"哲学家们所谈论的另一次转变正在发生，又一次关系复杂的转变正在人文科学的其他学科里、在公共文化的领域里发生，我想要把这次转变称作'图画转向'"①。他试图将图画转向定性为哲学研究中的语言学转向，因为音像时代、电子复制技术以及媒介控制技术形成一种全新的视觉仿像系统，甚至是幻觉主义，这使得米歇尔认定"图画转向"将转变学术研究的对象以及方法。阿莱斯·艾尔雅维茨从艺术和文化领域的"视觉转向"探讨技术影响下我们的表达、感知、理解、评价的真实处境。

3. 感性带来的新型压迫

面对媒介技术带来的文化表征的感性化，利奥塔和麦克卢汉等人给予了充分的肯定，然而随着数字媒介的普及和对人们生活的不断渗透，这种感性化所带来的新形态的压迫却日渐甚嚣尘上。面对感官化盛宴，人们在媒介技术面前显得从未有过的快乐和自在，然而过度的视听刺激却必然转换为另一种束缚，正如波德里亚和居伊·德波所担忧的感受性表征技术的"完美罪行"。

（1）难以触摸的客观真实——自在自为的图像符号

图像自人类有主体意识以来就被不言自明地看作是对现实客观明晰的展示。

中国古语"眼见为实"就是最好的例证。然而生活在口语文化和印刷文化时代的古人可能想象不到，在今日的大众媒介包围下，眼见也无法辨别真假，图像甚至正在成为人类触摸真实的屏障。因为臣服

---

① [美] W. J. T. 米歇尔：《图像理论》，陈永国、胡文征译，北京大学出版社2006年版，第3页。

于对感官刺激的追求和理想效果的形式美塑造，图像正在脱离它与客观现实的外在、内在联系，成为漂移的"能指"，成为自在自为的"图像符号"。首先，图像的二维特性，平面化、无深度使人与外界客观真实逐步脱离关系。媒介图像无论是静态还是动态都是利用二维屏幕展现三维空间的事物，这样的视觉符号特点只有长和宽，而没有纵向的第三个维度，只能从正面观看，并利用人的视觉错觉弥补空间景深的立体感。自古以来的中西方绘画都试图通过独特的绘画技法来解决这一问题，于是有了油画的立体焦点透视法和中国画的散点透视法。图像的二维特性带来最大的问题就是塑造形象的"扁平化"，这同时意味着信息的压缩和直观、快速的感受方式及思考模式，正如波德里亚在其《消失的技法》一文中所言："把某个对象变成照片，就是从它上面逐一剥下所有特性——重量、立体感、气味、纵深、时间、连续性，当然还有意义。"[1] 除此以外，当下媒介环境中的图像普遍趋向无意义、无深度、无主题，以拼贴和恶搞为手段的后现代视觉文本，例如QQ聊天、网络论坛、微信聊天中的表情图像，还有铺天盖地、无处不在的美女俊男的广告图像。当人们的视线整日被如此"赏心悦目、轻松娱乐"的图像语境包围，在被动阅读中，人的想象力、创造力却受到严重压抑，人们无须动脑寻找图像中的彼岸价值，逐渐疏离阐释图像背后的思想的快感与激情，越来越多"凝视"的阅读转化为视觉感官的消费愉悦，因为意义早已预设，无须主体的解读和思考。另外，如上文"媒介暴力"论述中所提及的"拟像"问题，也在不断诱使人们用媒介塑造的虚拟真实感置换以往赖以为生的现实真实感。

（2）从静观到震惊——"无思之看"造成的非真实"主体性"

首先，媒介图像对于外观的真实重视造成了媒介使用者对内在真实的忽视。例如旅游拍照，现代人旅游很少会有古人游览山川寄情自

---

[1] ［法］让·波德里亚：《消失的技法》，载罗钢、顾铮主编《视觉文化读本》，广西师范大学出版社2003年版，第77页。

然，然后写景、作文，甚至为了找到一个准确表达自己情怀的词再三斟酌，反复推敲，流连于一地一景良久的情致了。有时候旅游忙忙碌碌似乎只是为了拍照，而因为觉得有了图像的真实记录，一看就会记起当时的美好感觉了，所以拍照渐渐取代了内心的体味与移情，"登山便要留影于山，观海更要拍照于海"。于是旅游时，空间中的我有什么真实的体会与感受渐渐地忘却了，取而代之的只有留影照片似乎才能证明"那时那刻"我的空间存在，这就造成了空间属性上人的主体性的丧失。其次，媒介的流动影像越来越注重视听感官效应，"眼球经济"大张旗鼓地宣扬"速食模式"的审美趣味。对绘画韵味的静观尚可有闭目冥想的时机，但影视图像却分别以每秒24格和每秒25帧快速在眼前闪过。于是无暇停顿，流动的视听以不可抗拒的速度将人的思绪情感来回穿透，这时人在时间维度的主体性被蚕食。同时"视听盛宴"是如此让人欲罢不能，然而又越发乏味。似乎成了"鸡肋"，人人都知道太炫太酷，不真实，可还是难以约束自己不看，同时因为已经被浓墨重彩、复杂奢华培养出欣赏的"重口味"，使得对一些真正有艺术内涵但视听形式简朴真实的作品反而失去了欣赏的"耐性"，造成某种意义上艺术品位的退化。以上两方面使得人的主体性在时间上也丧失了主动权。

综上两点使我们清楚看到，媒介感性化表征正在切断人对客观环境的洞察，而后又从空间和时间上阻碍人向内与自我的对话。媒介正在以"完美图像"掩盖人类被诱导和欺骗，并逐渐远离真实感的事实。

（3）媒介幻术：复制、时空压缩、数字化虚拟——爱上"超真实"

从"膜拜价值"到"展示价值"，这是本雅明在20世纪就预见到印刷技术特别是"复制"将给人类艺术价值带来的影响，他当时列举了绘画与电影作对比。如果本雅明生活在今天的电子媒介时代，他也许会将其思考向前推进一步：由于电子的复制速度远远快于印刷机，图像符号在数量上大规模、无障碍地传播到地球村每个角落，此

· 149 ·

时个人的"拟像"便产生了一加一大于二的效果，也就是个体的白日梦转变成大众的"超真实"，这就是为什么现在网络上的流行话题会经常让人无法理解、不知所措。因为这个时候媒介传输的图像符号已经由于众人的"点击"突破了以往的"展示价值"，开始呈现"符号膜拜价值"，具体表现为对新闻事件的无厘头恶搞、青春偶像崇拜、名牌商品的奢侈消费等，可谓由量变到质变的"蝴蝶效应"。"超真实"登峰造极之处就是数字化的虚拟技术（包括虚拟环境、虚拟情境），例如日常生活中数字照片处理技术，通过 Photoshop 等软件的简单操作，每个人都可以对照片上不够满意的部分（身材、脸孔、周围环境）进行"理想化"加工，经过处理后的照片经常会使人惊叹："呀！这都不像我了。"于是人们开始迷恋上这个自己都不认识的"自己"。除此之外更为隐秘的"超真实"被虚拟技术用在电视广告、影视明星塑造、MTV、电子游戏甚至新闻中，传播着必要的价值标准，人的习惯、意志、人格、愿望等都一一归顺。

　　以上所谓完美的"真实"，我们可以看到在大众传播时代，人借助技术几乎打破一切物理属性上对外界认知和传达信息的障碍，包括时间、空间、海量复制、质量上的超高清摄像技术，可谓第一次有机会全方位迫近人类认知领域的一切"真实"。然而通过批判论证发现，适得其反的是人类反而陷入了传媒技术带来的更复杂的"超真实"之中，甚至乐不思蜀。当技术完美到艺术化的地步，完美本身就是一种"罪行"。而人类为这种"罪行"付出的代价就是不知不觉中将灵魂献给了虚幻的"梅菲斯特"，也许后知后觉的人回忆起来会发现主体面对现代大众媒介技术的三步陷落过程：第一步，当实现"超真实"的技术理性占据主导地位，人就开始"意乱情迷"思维混乱，出现马尔库塞所说的"单面人"倾向。第二步，媒介技术表征对人类感官喜好的无限谄媚，使得人逐渐迷失内心自由，而成为感官意义上的"存在"。第三步，最终的主体性真正丧失是当"超真实"在后现代的大众传媒环境完善起来的时候，人们甚至甘愿生活在虚拟环境中，因为当"超真实"替换了真实被人们喜爱，这种最深的迷失已经无痛感。

海德格尔曾说过:"技术的本质绝非任何技术的事物,如果我们只是设想和推进技术的东西,接受它、或者躲避它,我们就绝不能经验到我们和技术的本质的关系。"[①] 技术理性的泛化,实则为人类中心论的滥觞,媒介技术的快速发展带给人们以便利,但无视物性的存在是危险的,这就需要重新审视人作为存在者的地位。因而,人类面对媒介技术必须要清醒地意识到技术的本质,以及人与技术之间互为主体的"间性关系",在趋利避害的制衡关系中,降低人性被异化的风险。

三 无物之词——正视人与他人的媒介关系的新发展

2000年互联网在世界范围内普及之前,电子大众传媒时期的人与他人的媒介关系主要体现在信息制作者、传输者与信息接收者之间的对立矛盾。因此,印刷时代和电子时代的媒介教育中,关于人与他人的媒介关系,基本围绕着强势群体对弱势群体的意识形态霸权展开批判与反思。通过本书第一章的理论回顾也可见,法兰克福学派理论、英国文化研究、结构主义—符号学理论以及后现代主义理论中,人与他人媒介关系的最终平衡在于弱势群体(信息接收者)通过思辨、符号分析等方式抵抗强势群体(信息制造者和传输者)的意识形态渗透,以此实现相对自由、独立的精神空间。从研究视角来看,更多是站在受众的视角。从研究方法来看,则是通过媒介信息的内容分析,进而推理出单向传播的大众媒介所遵循的文化制作逻辑、传输逻辑、盈利模式和意识形态渗透性。换句话说,就是更多关注媒介内容,研究人们"看什么,看多少,人们如何认识和理解所看到的内容,以及他们所看到的内容将如何影响他们的思考和行为,关注的焦

[①] [德]海德格尔:《人,诗意地安居》,郜元宝译,广西师范大学出版社2000年版,第99页。

点是媒介信息,而并非是不同媒介所产生的不同信息流动的模式"①。

然而数字媒体的出现,特别是互联网的普及,将媒介作为信息传播工具的功能拓展为信息交往的平台,人与他人在虚拟网络中实现了某种程度的身份等同,即信息制作者、传输者、接收者的"三位一体",媒介信息交流成为人的社会关系构成不可缺少的重要部分,这也必然产生媒介中人与人社会交往关系的彻底解构与重构,进而促发网络社会中人与他人交往沟通的新形式和问题的出现。在上文提到的媒介"身体意识"的扭曲和媒介暴力美学的论述中已经集中谈及了如网络哄客、网络审丑围观、网络人肉搜索、网络舆论暴力等"人与他人媒介关系失衡"的现象征候,在这些表征背后实际上暗含的是诸如虚拟交往的自我意识膨胀、虚拟交往中的道德相对主义盛行、虚拟交往中主体责任意识消解等根本问题。很显然,面对这些新问题的出现,继续停留在完全运用电子媒介单向大众传播时期对"人与他人关系"的理解,已经很难解释问题何以出现,并解答如何处理矛盾纷争。在这个问题上,媒介环境学派学者约书亚·梅罗维茨的相关研究为媒介教育提供了新的理论支撑。

梅罗维茨在《消失的地域:电子媒介对社会行为的影响》一书中,延续伊尼斯、麦克卢汉等媒介环境学先行者的思考路径,致力于探讨媒介技术属性、媒介环境、媒介角色和社会秩序间人与他人的社会生活的改变。不同的是,伊尼斯以政治家的眼光,预言了媒介在时间和空间上的不同偏向,导致了人们对于民族、历史和进步等观念的冲击和转变;麦克卢汉则力证媒介在人的"感官平衡"中的主体性价值,而梅罗维茨对两者的上述观点在继承的同时也提出了发展性的思考,即"麦克卢汉并没有给出具体的理由来解释,为什么具体的有不同感官平衡的人会有不同的行为"②。此时埃尔温·戈夫曼的"场

---

① [美]约书亚·梅罗维茨:《消失的地域:电子媒介对社会行为的影响》,肖志军译,清华大学出版社2002年版,第11页。

② 同上书,第3页。

景理论"给了梅罗维茨新的灵感,他意识到"媒介场景的组合改变了角色的行为模式,并且改变了社会现实的构成"①,以电视为典型的电子传媒打破了印刷媒介时期的空间私密隔离,使得不同的社会场景重新组合在一起后,原本恰当的行为就必须随之变化、调整。进一步深入分析,场景的改变实质上是改变了交流双方的言语归类属性,"电子媒介使许多社会言论重新分类,这使得大多人发现自己以一种新的方式与别人接触"②,原本特定私人场景下言语的意义与内涵在大众传媒通过跨时空传播的过程中,使私人空间与其他社会场景融为一体之时,言语意义的社会规范属性就发生了变迁,并最终导致社会行为和社会生活的改变。梅罗维茨列举了三种典型的改变:"儿童与成人概念的模糊,男性气质和女性气质的融合,政治英雄与普通市民的等同",梅罗维茨的观察主要是在信息单向传播的电子媒介时代展开,所以虽然难能可贵地开始关注人的社会行为及社会关系与媒介环境的关联,但放在当下的数字媒介时代,上文提及的虚拟交往的诸多问题就需要更多的理论推进,即在媒介环境学和"场景理论"的基础上,以言语的改变为切入点,考察由于场景变化导致的人与他人建立的交流的变化。

1. 虚拟交流中无语境的"场景议程"

上文已阐释过,语言的语境一定程度上决定言语的内涵,"词语的部分意义取决于在何处使用它们"③,结合戈夫曼的"场景理论"对此判定理解更为容易。戈夫曼认为,"每一个特定的场景都有具体的规则和角色"④,而人们为了适应社会生活,其中不得不采取的方

---

① [美]约书亚·梅罗维茨:《消失的地域:电子媒介对社会行为的影响》,肖志军译,清华大学出版社2002年版,第6页。
② 同上书,第7页。
③ [美]马克·波斯特:《信息方式——后结构主义与社会语境》,范静哗译,商务印书馆2000年版,第64页。
④ [美]约书亚·梅罗维茨:《消失的地域:电子媒介对社会行为的影响》,肖志军译,清华大学出版社2002年版,第21页。

法就是学会既有文化中的"场景定义",按照"场景议程"组织自我的社会行为。梅罗维茨也曾举例说明"场景议程"的规范性,比如"葬礼上要求的行为与婚礼上不同,晚会的规则与课堂的规则不同,找工作面试中担当的角色与精神治疗时面谈的角色完全不同"①。网络媒介的虚拟交流中,虚拟、匿名、随意和日常化的言说平台实际上就是一种全新的"无语境的语言环境",是继电子媒介将印刷媒介中私密的交流场景置换为公开的播放场景后,另一种"公开化的私密交流场景",而按照戈夫曼和梅罗维茨的论证,任何场景都天生具有独特的"场景议程",尽管人们常常抱怨在"场景议程"中必须遵守某些礼仪,必须履行各种义务;尽管有些人曾一度以为在虚拟的网络媒介环境中,人们可以通过匿名拒绝承担社会角色以期获得绝对的自由。然而,"场景议程"对人的交往行为的"不得不做"的强迫性就在于,每个人稳定的、充满安全感的自我观念是无法在完全孤立状态下呈现的,它必须是在与他人关系建构的互动中才能得以相对性地实现的。梅罗维茨在书中举例:"一项令人不安的研究发现,原本正常的学生在被随机分配去守卫模拟监狱后,开始显现出一种原本不属于他的冷酷、侵略性和虐待狂行为。"② 这就意味着虚拟的无语境实际就是一种新的"场景议程",人们自以为的绝对自由却反过来制约着自我,"虚拟、匿名、随意和日常化"的言说平台,无形中增加使用者交流行为中的缺乏理性、倾向于发泄性和责任感缺失的问题出现,而当我们对此全然不知的时候,人与他人的媒介关系就开始逐渐紧张、恶化。

2. 关系的断裂——言谈身份的消散

作为媒介环境学派的后起之秀,马克·波斯特曾经反复思考第二媒介时代交互性的电脑书写形式对主体建构的确凿影响,并最终将其总结为四个方面:

---

① [美]约书亚·梅罗维茨:《消失的地域:电子媒介对社会行为的影响》,肖志军译,清华大学出版社2002年版,第28页。

② 同上书,第25页。

（1）它们引入了对身份进行游戏的种种可能；

（2）它们消除了性别线索，使交流非性别化；

（3）它们使关系中的现存等级失去稳定性，并根据以前不相关的标准将交流重新等级化；

（4）它们消解了主体，使他从空间和时间上脱离了原位。①

按照其逻辑，由于电脑书写主体的完全匿名化，使得主体在网络及电子存储中消散了，这种消散自然带来了与他人关系中的"身份"的游戏，而当社会规约在游戏身份中失去组织行为的效用之时，以往社会交往中典型"场景议程"的等级划分就失去了稳定性，比如在网络论坛中传统的"场景议程"（学校的教师与学生的传授关系、法庭上法官与嫌疑犯的判罚关系等）就完全失去了交往行为的约束力。这也继而会导致现实社会中具有社会和道德公约性的交流原则被打破，造成虚拟媒介环境中人与他人关系的紧张，"冒昧无礼、趣味粗俗，孩子用来捉弄人的交谈"甚嚣尘上。

3. 关于"言谈"的言谈

网络会谈缺少面对面交流中起引导作用的常规提示和程式，因此言说态度比较随意，这常会引发一种不被人回应和重视的焦虑感，一些标新立异的词汇和技巧就成为引人注意的最佳选择，因此马克·波斯特指出："电脑会议鼓励公开批评，并同时鼓励人们提出非流行的或离奇古怪的观点。"② 与此同时，虚拟环境中碎片化、非线性、即时感的交流不像共时的言语行为（如面对面交流或文字交流），对其自己语言实践的反思达到前所未有的程度，这也导致网络虚拟交流中的阐述风格和逻辑的严密性都将大打折扣，甚至形成诸如上文提到的网络语体中的伪狂欢现象的出现，沦落为割断与他人正常交流过程的，一种自我消耗性的关于"言谈"的言谈。

---

① ［美］马克·波斯特：《信息方式——后结构主义与社会语境》，范静晔译，商务印书馆 2000 年版，第 157 页。

② 同上书，第 156 页。

第五章

美在间性：媒介美育的审美观发展论

第一节 主体间性美学启发下的审美观认识论

一 "主体间性"的认识论价值

"主体间性"为 20 世纪西方哲学范畴，又译为"主体际性""交互主体性""主体通性""共同主观性"以及"共主体性"等。从表面的汉语词源学来看就是"在主体之间的""位于主体之间的"，也就是指事物处于主体之间的一种状态。《西方哲学英汉对照词典》对此作了更为详尽的解释："如果某物的存在既非独立于人类心灵（纯客观的），也非取决于单个心灵或主体（纯主观的），而是有赖于不同心灵的共同特征，那么，它就是主体间的……主体间的东西主要与纯粹主体性的东西相对照，它意味着某种源自不同心灵之共同特征而非对象自身本质的客观性。心灵的共同性和共享性隐含着不同心灵或主体之间的互动作用和传播沟通，这便是它们的主体间性。"[①] 而其实质则在于承认"他者"，而非"他物"的与"自我"的并存，这种主体间性被认为是世界上一种规定性的属性而理所当然地存在着。

认识论领域的"主体间性"则主要是指认识主体之间的关系，涉及知识的客观普遍性问题。在近代主体性哲学中，往往是在主客体对

---

① ［英］尼古拉斯·布宁，余纪元编著：《西方哲学英汉对照辞典》，王柯平等译，人民出版社 2001 年版，第 5 页。

立的框架中考察主体的认识能力，对认识主体之间的关系并不注重，例如，笛卡尔、莱布尼兹等提出天赋观念，康德提出先验主观性，黑格尔提出辩证的自我意识是认识的普遍性等，他们都把知识的可靠性建立在共同的认识结构、良知等未经反思的前提下。而"主体间性"既是对认识主体之间关系问题的引申，也是对主客体认识关系问题的超越，它更意味着自我主体如何认识他人、如何认识他人的心灵、如何形成对世界的共同认识、如何实现主体间的沟通和理解等此类的问题。

最早提出"主体间性"概念的胡塞尔就是站在认识论视角阐释自己的观点的，他为了摆脱先验想象学的"唯我论"，提出了反思，"当我这个沉思着的自我通过现象学的悬搁而把自己还原为我自己的绝对先验的自我时，我是否会成为一个独存的我？而当我以现象学的名义进行一种前后一贯的自我解释时，我是否仍然是这个独存的我？"[①] 这就意味着从"经验自我"走向"先验自我"是远远不够的，"自我"必然走向"他人"，先验唯我论必须走向先验交互主体性。胡塞尔的认识论"主体间性"理论包括两方面核心内容：第一，关于他人主体性的先验自我构造问题；第二，共同的世界视域的交互主体性构造问题。学者倪梁康将两层含义阐释为：第一，主体间互识的可能性问题；第二，主体间共识的可能性问题。换句话说，首先要解决"我"和"他人"的互识，即我如何把握他人的主体性问题，其次要弄清不同主体之间的构造是否具有共同性。尽管胡塞尔的认识论"主体间性"理论本身并不完善，还存在着理论缺陷和局限性，但其对媒介美育的启发意义仍然值得关注。

二 主体间性美学启发下的媒介审美观认识发展

第一，为解决媒介化生存危机的根本矛盾引入"主体间性"理

---

① [德] 埃德蒙·胡塞尔：《笛卡尔式的沉思》，张廷国译，中国城市出版社2002年版，第122页。

论。如上文论证所言，媒介化生存危机的根源在于主客对立的二元逻辑以及具有占有性人格缺陷的"主体性"美学框架，这始终束缚着人的思想和行动，使得人与媒介、人与他人、人与自我、人与社会文化生态之间不可避免地处于对峙状态，因此即便从法兰克福学派开始就不断提倡人们保持对自我被媒介"异化"现状的理性反思，或者是科学严谨的结构主义符号学逻辑缜密的媒介批判分析方法的引入，也仅仅只能解决媒介发展某一阶段的局部性问题。随着媒介技术形态的日新月异，特别是进入交互性的数字媒介时代，虚拟的媒介生存中人与人的交往日渐频繁，媒介技术和由此产生的文化对人的生活嵌入愈加深入，越来越多的人感到真实自我与虚拟自我的疏离，最让人困惑的就是站在矛盾对立的某一方看自己的媒介生存都是正确无误、情理之中的，但为何媒介化生存危机愈演愈烈？（如媒介暴力中人肉搜索问题的一方认为：媒介的信息自由是社会民主的重要保障，当一些问题得不到法律的惩罚时，民众通过道德舆论来谴责、审判是有理有据的。而另一方则认为：很多网民对事件的具体细节并不了解，同时网络的虚拟性也增加了网民道德情感的非理智化，通过对个人隐私的过度暴露造成了对当事人的现实生活的困扰，如失业、失恋、家人不得安宁，这本就是极权而绝非民主。）

  以认识论的"主体间性"理论来看待这一矛盾便可以找到合理的答案。胡塞尔指出："内在的第一存在，先于并包含着世界上每一种客观性存在，就是先验的主体间性，即以各种形式进行交流的单子的宇宙。"[①] 传统认识论的命题源于笛卡尔的"我思故我在"，其内在命题是：只有被自我主观认识到的才是存在和有意义的。如此说来，对世间万物的认知最终剩下的是且只能是一个纯粹的认识主体，即"我思"。然而胡塞尔的认识论主体间性却看到了世界中不仅存在着我的"思我"，而且也存在着他人的"思我"，他人或他

---

① ［德］埃德蒙·胡塞尔：《笛卡尔式的沉思》，张廷国译，中国城市出版社2002年版，第156页。

人的"思我"显然不是一般的物和客体，而是与我一样的认识主体。为什么我的"思我"与他人的"思我"在先验现象学看来本质上是统一的？这里从"自我"走向"他人"，由"我思""我"的认识变成"我们思""我们"的"主体间性"认识论，即先验交互主体性才是确保由先验自我建构起来的知识、事物、世界的共同、客观、普遍的有效性。延伸到媒介化生存中，只有将"自我"与"他人"（包括外在于先验自我的一切他者，如媒介技术、其他网民、网络文化等）以"主体间性"的认识方法实现"视域融合"才可能实现各种矛盾危机的调和。

第二，理解之上的移情——认识媒介化生存中的"他人"的可行性路径。胡塞尔直接从"交互主体性"出发，立足人的群体来谈自我对他人的构造，要在群体的意义上即单子主体之间的联结的意义上来理解。胡塞尔针对"他我"是如何显现？"自我"如何确认"他我"的存在？即如何把握"他人"的主体性等问题，胡塞尔首先提到了"配对（Pairing）"的概念，在其论述中虽然"自我"与"他我"总是并且必然是在原始的"配对"中被给予的，并由此得知不同于肉体的纯粹意识的"他我"的存在。但同时胡塞尔也指出，"他我"绝对不能成为直接被知觉的对象，但我仍可以通过与"自我"的类比，站在他人的位置上理解"他我"。建立在"配对"联想基础上的"移情"（Empathy）即是类比的具体路径，"主体间的世界是主体间经验的派生物，它是以移情为中介的"[①]，"我"通过"移情"产生"共同经验"来说明他人的存在，从而将他人纳入认识之中。然而当"移情"仅仅是根据自我的意义去统觉他人的意义，根据自身的喜怒哀乐去设想他人的喜怒哀乐，根据自己的生活风格去理解他人的生活风格，如此在"自我"纯粹意识的对象化过程中的"交互主体性"只能是"自我"的投影，对他人的控制和同化是显而易见的。因此胡塞尔在《纯粹现象学和现象学哲学的观

---

① 任平：《走向交往实践的唯物主义》，人民出版社2002年版，第123页。

念》中提出，主体间的"移情"需要以相互理解为基础的思维，即各种经验会随着主体的不同而不同，然而并不妨碍这些经验统一成主体间的经验。究其实质而言，"理解"意味着"自我"与"他我"之间是相互规定的。当理解之上的"移情"这一"主体间性"路径具体联系到媒介化生存实践，多元价值观的兼容并蓄，"自我"与"他我"之间的共生互利，矛盾调和的协商共赢等都可以成为媒介美育的基本原则。

第二节　主体间性美学构建的审美观实践论

一　"主体间性"的实践论价值

哈贝马斯的交往行动理论的核心就是主体间性问题，他立足于具体的、实际的社会问题，其独特的问题意识不在于解决纯粹的认识论问题，而在于试图解决主体间合理交往的可能性问题，为解决晚期资本主义的社会危机和社会困境寻找理论上的突破口。哈贝马斯的实践论"主体间性"理论，反思当代社会的现代性危机，澄清主体性所赋予的工具理性行为的危害，进而倡导主体间的交往行为，构建以平等的对话、理解、交往、合作为特征的和谐社会的实践关系。

哈贝马斯认为，在现实社会中人的社会行为可以区分为四种行动类型：第一，目的性行动，又称为工具性行为。"它是指一个行动者通过理性计算，以寻求达到特定目标的最佳手段"，这类行动旨在取得成功，是完全工具性的。第二，规范性行动。"它是指社会群体成员依据共同的价值决定他们的行动。"第三，戏剧式行动。"它是指一种行动者在公众中通过或多或少的有意识地显露其主观性而造成一种关于他本人形象或印象的行为。"行动目的是自我呈现，并控制他人对自己的印象。第四，交往行动。"它是指主体之间通过语言媒介，以对话的形式实现符号的协调互动，达到人与人之间的相互理解和一致。"① 哈贝马斯的上述四种行动类型，目的性行动面向外物的客观世界；规范性行动面向他人的社会世界；戏剧式行动面向自我的主观世界；"只有交往行动模式，首先把语言作为直接理解的一种媒体，在这里发言者和听众，从他们自己所解释的生活世界的视野，同时论及客观世界、社会世界和主观世界中的事物，以研究共同的状况规定"②，而正因为交往行为同时考虑兼顾了三种世界，所以在人类的社会行为中更具有本质上的优越性。站在历史进步的视角，哈贝马斯对交往行动的价值做了深刻的阐释，他曾意味深长地指出："对幸福的追求总有一天也许会意味着完全不同的东西——例如，不是聚敛可供人们私人处置的物质性的东西，而是指建立一种社会关系，在这种社会关系中，相互共存占统治地位，满足也不再意味着一个人在压抑别人需求方面获得成功。"③ 正是在这个意义上，哈贝马斯批判了现代性和工具理性以及主体性哲学的弊端和局限，然而与后现代主义一些极端和虚无主义的批判者不同，哈贝马斯并没有止步于对人类理性的彻底解构，而是以"交往合理性"来试图找寻人类救赎的路径。

二 主体间性美学启发下的媒介审美观教育实践

哈贝马斯的"主体间性"理论对媒介美育的启发价值主要体现在以下两个方面。

第一，"交往合理性"作为一种实践理性可以为解决媒介化生存中的"主体性"危机提供解决之道。如果说胡塞尔的认识论"主体间性"理论更多的是从如何看待媒介中的主体及其他一切外在因素的关系的话；哈贝马斯的"主体间性"理论即"交往合理性"则不仅

---

① [德] 哈贝马斯：《交往行动理论》第一卷，洪佩郁、蔺菁译，重庆出版社1994年版，第122—143页。

② 同上书，第135页。

③ [德] 哈贝马斯：《交往与社会进化》，张博树译，重庆出版社1989年版，第205—206页。

是一种认识意识、一种自我观念，而且是更有行动指导意义的实践理性。"所谓的交往行动是指不同主体之间以语言为中介，以理解为目标，通过理解和交流，达成共识，从而实现合作、协调关系的那种行动。"因为"交往行动"本身具有关涉人类不同社会行为的特殊属性，使得"交往合理性"具有调和多重理性协调发展的功能，这也就在无形中化解了"主体性"带来的现代性危机。哈贝马斯认为，工具理性即人的目的性行动作为现代性精神之所以陷入困境，并不是因为人类的"理性精神"应被彻底抛弃，而是因为目的性行为过分片面地强调以个人成功为目标的"目的—手段"关系，导致个人的主体性优势极端发展，工具理性与人的其他理性全面分裂。在哈贝马斯看来，自康德以降，人类的工具理性、实践理性与审美理性就已经被割裂开来。要实现对"主体性"危机的救赎，必须重构现代的人类理性，而只有"交往行动"同时将人的知识理性、道德理性和审美理性在同一行动中实现共存和统一。因此，解决"主体性"危机需要重建人类理性，而这里的人类理性就是指"交往合理性"。

第二，"交往行为的一般假设"为解决当下媒介化生存危机提供实践规范。哈贝马斯建立普通语用学的理论旨趣在于，研究语言使用者之间的交往关系，即通过解释学的批判反思，确立起主体间交往的有效性规范，为实现"理解"创造普遍条件，"普通语用学的任务是确定并重建关于理解的普遍条件（在其他场合，也被称之为'交往的一般假设前提'），而我更喜欢用'交往行为的一般假设'这个说法，因为我把达到以理解为目的的行为看作最根本的东西"[①]。哈贝马斯认为，在沟通行动中，处于对话关系的两个或更多参与的说者或听者，必须相互和同时满足四种普遍性的有效性要求，具体包括：①可理解要求（comprehensibility claim），"即说话者所说的句子必须合乎语言的规则系统，以便让听者能够从语言结构中获得正确的相互理解"。②真理性要求（truth claim），"即说话者提供的陈述确实为真

---

① ［德］哈贝马斯：《交往与社会进化》，张博树译，重庆出版社1989年版，第1页。

实,或者被陈述的命题必须满足真实性条件,以便听者能够分享说话者的知识"。③真诚要求(truthfulness claim),"即陈述者真诚地表达他的观念,内心真实的情感和交往意向,以取得听者的信任"。④正当要求(right end claim),"即言述应为听者和读者共同所承认的规范性语境确立一种正当性、妥当性"。这也就是说,作为"交往行为一般假设"要求媒介交流中,实践者在形式规范上应该做到:"首先,演说者必须选择一个可领会的表达以便说者和听者能够相互理解;其次,言说者有提供一个真实陈述的意向,以便听者能够分享说者的知识;再次,言说者真诚地表达他的意向,以便听者能够相信说者的话;最后,言说者必须选择本身是正确的一个话语,以便听者能够接受,从而使言说者和听者在以规范为背景的话语中达到认同"①。总结来说,可理解性、真实性、真诚性、正确性可被视为媒介生存中有效交往行为的实践规范。

为进一步解释交往合理性的可能性条件,哈贝马斯还提出了所谓的"理想的言谈情境",他认为一个进入话语论证的人,除了要遵守上述四点有效性以外,还要遵守以下四项条件:

(1)"一种话语的所有潜在参与者均有同等的参与话语论证的权利,任何人都可以随时发表任何意见或对任何意见表示反对,可以提出质疑或反驳质疑。"②

第一点引申到媒介化生存实践中,可作为培养良好公共话语第一条具体原则——鼓励理性论证。面对当下媒介交流中出现的过于感性化、偏激甚至带有攻击性、集中于申言等状况,如何引导媒介公共话语倾向妥协性、建设性、解决问题的方面发展,哈贝马斯的"理想言谈情境"为我们指明了"理性论证"的话语价值。论证(argumentation)是建立在理性之上的,需要论者提出清晰的命题,并为命题提供证据,即便对某个论证有反面意见,也必须以客观证据来论辩。大

---

① [德]哈贝马斯:《交往与社会进化》,张博树译,重庆出版社1989年版,第3页。
② [德]霍尔斯特:《哈贝马斯传》,章国锋译,东方出版中心2000年版,第80页。

卫·赖夫也提出:"良好的慎议话语应将理性论证与叙事、个人体验、情绪表达、移情倾听结合在一起"①,而不是诸如伴随着激动情绪和不顾一切代价保持自己观点的争吵、说教或讲故事等。

(2)"所有话语参与者都有同等的权利作出解释、主张、建议和论证并对话语有效性规范提出疑问,提出理由或者表示反对,任何方式的论证和批评都不应遭到压制。"②

第二点引申到媒介化生存的实践中,可作为培养良好公共话语的第二条具体原则——保持平等。媒介交往中发言权的平等性是尤为重要的,个人的公民身份确保了他可以表达自己的声音,而不应根据财富、权力、知识来评判一个人的媒介发言权。然而每个人都可以平等参与并不意味着他们实际上会参与,这也是会出现强势群体与弱势群体之间的"数字鸿沟"的原因所在,被话语霸权"污名化"的弱势群体并非没有平等的发言权,而是他们没有更好地实现自己的平等发言权。例如"应当鼓励潜水者更多地参与(讨论),但也必须认识到,潜水者是任何社区的必然组成部分。无论如何,理想化的讨论要求去除阻碍平等参与的条件,如形成排他性的小圈子,或者一个人独霸论坛的话语权,剥夺他人的参与机会"③。

(3)"话语的参与者必须有同等权利实施表达话语的行为,即表达他们的好恶、情感和愿望。因为,只有个人陈述空间的相互契合以及行为的互补才能保证行为者和话语的参与者采取真诚的态度,袒露自己的内心。"④

(4)"每一个话语参与者都必须有同等权利实施调节性话语行为,即发出命令和拒绝命令,作出允许和禁止,作出承诺,自我辩护

---

① 胡泳:《众声喧哗——网络时代的个人表达与公共讨论》,广西师范大学出版社2008年版,第280页。
② [德]霍尔斯特:《哈贝马斯传》,章国锋译,东方出版中心2000年版,第80页。
③ 胡泳:《众声喧哗——网络时代的个人表达与公共讨论》,广西师范大学出版社2008年版,第279页。
④ [德]霍尔斯特:《哈贝马斯传》,章国锋译,东方出版中心2000年版,第80页。

或者要求别人做出。因为只有行为期待的相互性才能排除某种片面要求的行为义务和规范判断,为平等的话语权利和这种权利的实际应用提供保证,解除现行强制,过渡到一个独立于经验和行动的话语交往系统。"①

第三、第四两点借鉴到媒介化生存的实践中,可作为培养良好公共话语的第三、第四条具体原则——承认差别,反思价值一元化;中和矛盾,互惠中求平衡。出于媒介环境所具有的后现代状况,以往传统大众传媒(报纸、广播、电视)中确定、单一、明晰的价值判断已经被高度多元化、非绝对和复杂的数字交互语境所取代,因此对一个命题的价值、假设与条件经常性地反思是十分必要的,"这不仅是因为真理被相对化了,也是因为情况变化过快,导致价值和假设无法长期站住脚。这种反思性不仅必须在个人层面展开,也必须在系统层面展开"②。这也就意味着我们必须认识到媒介语境中的意识形态差别,并承认差别存在的必然合理性,例如多数群体应该认识到少数群体看待世界的方式可能与他们截然不同,而这种不同并没有绝对的是非对错之分。而差别必然会导致矛盾,那么既然对复杂问题很难找到解决办法,媒介公共话语此时就应保持中和的态度。"既不夸大主张的有效性,也不夸大个人经历的普遍性。随着社会的碎片化,应该对自己的想法作持中的表达,以便于他人发展交互性关系。"③ 但中和矛盾也不意味着对不同观点毫无原则地简单容忍,而是要在对话中对这些观点加以论证。"宽容太容易滑向孤立,而尊敬又不容易实现。互惠性构成了孤立与欣赏之间的一种参与形式。"④

---

① [德] 霍尔斯特:《哈贝马斯传》,章国锋译,东方出版中心 2000 年版,第 80 页。
② 胡泳:《众声喧哗——网络时代的个人表达与公共讨论》,广西师范大学出版社 2008 年版,第 283 页。
③ 同上。
④ 同上书,第 279 页。

第三节　主体间性美学引导下的审美观本体论

一　"主体间性"的本体论价值

当代哲学、美学的生存论转向表征着从"超验的、抽象的实体存在论"向"实践的、感性的生存存在论"的转变，以生存、意义、价值、发展等理念构成的有着自身相对独立思想话语背景的生存论哲学，被看作是对西方古代的哲学本体论、近代的哲学认识论的批判，通过对话，形成关于生存主题特有的话语。德国哲学家、宗教学家马丁·布伯的"关系生存论"（或称"相遇的哲学"）从另一个视角为我们展示了"主体间性"对于媒介美育的生存论启示。

马丁·布伯在《希伯来的人文主义》一文中指出："在近代哲学思想的指引下，人们信奉征服——进步的原则，片面依靠技术，不断脱离自然，已走向了孤立、崩溃的边缘；在社会中，个体沦为'集体'机器的齿轮，人与人相分离，责任感逐渐丧失；在信仰领域，人们已与神圣相背离，无力承担信仰；于是世界的意义只存在于表象之中，世界成了无根基的世界。相对主义价值观，放任的生活方式，道德感的衰竭，成了这个世界的特征。"[①] 如此这般的现代危机正是当下媒介化生存危机的真实写照，如上文所提及的媒介给人类带来的迷思、困境与挑战，其中的共性问题不正是人类与技术、与他人、与自我在价值观、道德感、生活方式等方面出现了矛盾碰撞吗？而面对这样的生存图景，马丁·布伯认为人类必须重新靠近"上帝"，实现与崇高和神圣的相连。但这一"上帝"并不是纯粹外在于人的超然的上帝，上帝也不存在于人类反求诸己、孤寂沉思的体验中，而是存在于对话、相遇中，在人与人的交际中体会世界的意义，体会上帝的存

---

① 刘小枫编：《20世纪西方宗教哲学文选》上卷，上海三联书店1991年版，第102页。

在。换句话说，生命的本真在于"关系"，他曾大胆地提出："可以设想：名称、观念、对人及物的表象皆肇始于纯粹关系性事件和境况。"[1] 马丁·布伯的"主体间性"思想的意义就在于，使人明确了媒介生存的核心意义就在于"关系"，就是"关系"，"凡真实的人生皆是相遇"[2]。换句话说，媒介中自我的存在就是"关系"，而不是自我如何认识与他人的关系、处理与他人的关系，这也从根本上体现了"主体间性"思想的智慧。接下来，需要进一步说明的是"关系"的内涵。根据马丁·布伯的论述，自我只能存在于"我—你"或"我—它"两种关系之中，而只有在"我—你"的关系之中，才能体现"主体间性"智慧，也才能显现本真之我。

二 主体间性美学启发下的媒介审美观本质

"我感觉某物，我知觉某物，我意欲某物，我体味某物，我思想某物——凡此种种绝对构不成人生。凡此种种，皆是'它'之国度的根基"[3]，"原初词'我—它'之我显现为殊性，自我意识为经验与利用之主体"[4]。布伯认为"我—它"关系并不是人的本真存在，在此关系中，我与外物完全处于主客分离的二元对立，为了自我生存及需要，"它"和"它们"只不过是被我反映、认知和利用的对象，通过对它们的经验而获得关于它们的知识，再假手知识以使其为我所用。这其实正是很多受众使用媒介的日常心理，通过使用媒介获取信息为自己的生活服务（如收听、收看广播电视新闻节目）；或是通过与他人的媒介沟通建立联系，使得对方的行为促成自己某一目标的实现（如电影出品方制作娱乐类商业大片）。只要持有明确的目的性态度，则"在者"于我便是"它"，世界于我便是"它"之世界。布伯认为

---

[1]　[德] 马丁·布伯：《我与你》，陈维纲译，生活·读书·新知三联书店1986年版，第34页。
[2]　同上书，第27页。
[3]　同上书，第18页。
[4]　同上书，第27页。

这样的关系必然会招致两种结果：第一，"与我产生一切关联的在者都沦为了我经验、利用的对象，是我满足我之利益、需求、欲望的工具"①；其次，"为了实现利用在者的目的，我必须把在者放入时空框架和因果序列中，使其作为物中之一物加以把握……如此，则在者不过是众'它'之一'它'，相辅相成的有限有待之物"②。这也就可以理解，为何在媒介化生存危机中过分抬高"主体性"，甚至失当的损伤他者利益的现象频繁出现，如媒介虚假宣传、网络诈骗、不道德营销，等等。

自我的本真存在只有在"我—你"关系中才能实现。"你"并不是与"我"相分离的对象，"你"也不再是无主体性的有限有待之物，"你"就是整个世界，其外无物存在。而"我"与"你"相遇时，我不再是一经验物、利用物的主体，我不再是为了满足我的任何需要，哪怕是所谓崇高的需要而与其建立关系。

将"我—你"关系引申到媒介生存中，实际上就是一种非功利性的、超越性的关系，是你中有我、我中有你的休戚与共的"天下大同"，实质上就是一种朝向无限自由的、充满审美情怀的"诗意的栖居"。

马丁·布伯并不否认人既筑居"它"之世界，为了生存与发展"我—它"关系是存在的必然，人类历史上每一种科学技术的发明都是从这种关系中产生的。但他更强调，人也栖身于"你"之世界，"人无它不可生存，但仅靠它则生存者不复为人"③。在此意义上，媒介美育的生存论"主体间性"实质上就是倡导人们在媒介生存中不要仅仅拘泥于"我—它"关系的现实利益，只有将"我—你"关系纳入媒介生活的视野，才能使"人与媒介技术""自我与他人""理性与感性""人与媒介文化生态"之间的矛盾得到根本的化解，真正实现存在的自由，并最终达到"人的自由的全面发展"。

---

① [德] 马丁·布伯：《我与你》，陈维纲译，生活·读书·新知三联书店1986年版，第7页。
② 同上。
③ 同上书，第10页。

第六章

融合式体验：媒介美育的
审美能力发展论

第一节　审美能力的意义与媒介化生存
　　　时代的审美心理变迁

一　作为审美素养提升基础的审美能力

正如费尔巴哈所说："如果你对音乐没有欣赏力、没有感情，那么即使你听到最美的音乐，也只是像听到耳边吹过的风，或者脚下流过的水一样。"① 这实际上意味着"没有审美能力就不可能使潜藏的审美对象在意识中呈现，不可能有审美感受和审美表现，所以也谈不上任何审美活动的发生。因此培养学生的审美能力是提高学生审美素养的关键，也应该成为美育诸多任务中的关键环节"②。

所谓审美能力是指"成功的从事审美活动所需要的心理特征"③，"审美能力具有高级心理能力普遍的综合性和复杂性，它包含着感觉、知觉、注意、记忆、想象、情感、理解诸多心理要素，是一个各部分相互关联、渗透与融合的整体……在具体的美育过程中，有时候或许要对学生的某一心理因素（如感觉能力）进行突出训练，但是审美

---

① 北京大学哲学系美学教研室：《西方美学家论美与美感》，商务印务馆1980年版，第211页。
② 杜卫：《美育论》，教育科学出版社2014年版，第173页。
③ 同上书，第172页。

活动具有整体性，所以，审美能力的培养主要是综合性的"[1]。从审美活动的心理流程来看，审美能力的形成离不开审美感觉力、审美知觉力、审美记忆力、审美想象力、审美情感力、审美理解力和审美创造力。因此，具体探讨个体审美能力的培养就需要分别从上述不同的心理层面展开有针对性的教育内容、策略等问题的研究。

然而与传统的"保护主义范式"时期不同，随着社会因素、媒介技术因素、文化因素的改变，作用于审美能力形成的关键心理要素也有了改变。因此，站在对比的视角考察媒介化生存时代审美心理的变迁，是探寻"超越保护主义范式"的个体审美能力教育首先要解决的问题。

二 媒介化生存时代的审美心理变迁

1. 从"领悟"到"体验"：审美期待的感知化凸显

"审美期待是主体在审美注意下产生的主观上希望审美对象出现的或审美活动发生的一种心理状态。"[2] 当内在的审美需求被外在条件激发进而形成行动内驱力的审美动机，审美期待便在此时发生。从某种意义上来说，美育区别于一般审美活动最重要的就是审美主体的自发与自觉，而是否产生审美期待则是进入美育心理过程的启动阶段。用"领悟"一词来概括"保护主义范式"环境下审美期待的心理特征，主要是因为其涵盖两个层面的意义。第一，传统美育中对"理性价值"的追求被视为最根本的审美需求。无论是在古典诗歌、戏剧、绘画还是音乐当中，"审美鉴赏的最终目的就是超越感性的艺术世界而进入理性的哲学沉思中，体验那种神圣价值的辉煌灿烂"[3]。第二，领悟也代表了审美主体与审美客体之间的关系，主体审美需要的激发最关键的取决于审美主体的主动积极与自我掌控，而非被动满

---

[1] 杜卫：《美育论》，教育科学出版社2014年版，第176页。
[2] 郭成、赵伶俐：《美育心理学——让教与学充满美感和生机》，警官教育出版社1998年版，第121页。
[3] 王一川主编：《新编美学教程》，复旦大学出版社2009年版，第182页。

足。"这首先要求鉴赏者尽力排遣掉个人的功利意图和偏见。"[1]

而进入媒介化生存时代,特别是网络媒介环境中,技术、传播、视觉文化以及后现代消费主义等多方面因素逐渐消解了传统美育审美期待中的"领悟",同时也培育形成了以"体验"为主要特征的审美期待心理。在这里,"体验"更准确而言就是感受性经验,即获得感官视觉、听觉、触觉等感知觉的生理快感经历;通过进入仿真的虚拟情境,以实时互动反馈为交流方式,进而获得喜、怒、哀、恶、欲等各种情绪和道德感、理智感、美感等情感的替代性或补偿性满足,以及模拟各种意志活动而获得的替代性成长经验和自我成就感的满足。以"体验"概括媒介化生存时代美育的审美期待心理特征原因主要有两点:第一,感受性经验成为网络审美最主要的审美需求;第二,获得网络中沉浸美感的方式也由体验逐渐取代了直观和理性共同作用的审视和批判。褪去传统审美体验具有的原构性、历构性和超构性特质,网络审美期待中的"体验"更强调快速进入、当下性与暂时性。

2. "想象"让位于"情感":审美心理过程中"情感力"的关键性

"心理过程是心理活动发生或发展的一些操作加工程序。"[2] 审美的心理过程非常复杂,从物理信号到人的神经生理信息,再到心理信息,而后审美信息的传达接收与转变都是十分快速的,"它是感知、情感、想象、理解诸种心理因素协调和谐运作的心理过程"[3]。由"迁想"进而"妙得",传统美育的动态心理流程中,审美想象是最核心的关键要素。"审美想象就是在感性经验的基础上开拓新的意蕴,

---

[1] 王一川主编:《新编美学教程》,复旦大学出版社2009年版,第181页。
[2] 郭成、赵伶俐:《美育心理学——让教与学充满美感和生机》,警官教育出版社1998年版,第123页。
[3] 皮朝纲、钟仕伦:《审美心理学引导》,成都电讯工程学院出版社1988年版,第86页。

构筑新的表象的心理过程，其最终目的是创造富于独创性的意象"①。

审美想象的核心地位是因为传统美育过程中存有大量需要调动审美主体积极性去填补的"缺失"和"留白"。这种"缺失"一方面是由于制作材料、工具以及创作技巧上的相对粗糙、落后（如绘画相对于影像艺术），使得人们美感需求中对"真"的渴望只能通过想象调动以往的体验经历从而实现情境结合、情景融会，感到身临其境，获得"人在画中游"的美感。这一点中国山水画中的全景视点和卷轴画中散点透视"移步换景"的创作手法足可验证。"缺失"的另一方面则是源于有些艺术门类由于艺术语言的天赋特性，使得主体在审美过程中最活跃的形象思维被暂时悬置，转而通过想象促发抽象思维的加工，才能在头脑中塑造完整的艺术形象。典型的如语言文学艺术中"一千个读者就会有一千个哈姆雷特"，音乐欣赏中同样也需要想象弥补听觉形象的单一，塑造立体的视听感知形象。也许正是由于客观层面的缺失反而造就了古典艺术中对"象外之象，景外之景""有余味""韵"等审美趣味的追求，这也使得"留白"成为备受传统艺术关注的创作手法，而对"留白"的审美也更深入地调动了审美主体的想象心理。

然而，审美想象发展到网络媒介时代却受到新技术逻辑和文化逻辑的双重压抑，使其逐渐被淡化。新技术逻辑主要表现为网络媒介的制作逻辑（包括数字技术、虚拟技术形成的图像自动化生成、复制，以及逼真的完美化表征），传输逻辑（主要指网络媒介的时间、空间压缩实现的瞬时传输），表征呈现逻辑（主要指网络媒介中由于多媒体呈现方式使得文化表征形态出现感性化趋势）；网络媒介的文化逻辑则主要表现为"消费主义"的狂欢（其中"娱乐经济"导致的感官享乐主义是典型代表），在此以"图像文化"为例，集中论证审美想象在网络媒介中发生的变化。海德格尔早就提出"世界图像化"

---

① 皮朝纲、钟仕伦：《审美心理学引导》，成都电讯工程学院出版社1988年版，第86页。

的预言，认为视觉是控制未来世界的方式，丹尼尔·贝尔也讲过："当代文化正在变成一种视觉文化，而不是印刷文化，这是千真万确的事实。"[①] 麦克卢汉也曾提及此问题。图像文化，特别是数字技术诞生之后的图像趋于完美，完美到超越人的想象所能触及的精致程度，于是"视觉奇观""拟像"在机械复制时代将感官上的"震惊"快感淋漓尽致、毫无保留地奉送到网民面前，使得积极的想象自然退化为被动的感官"刺激—反应"这一心理模式。数字修复、美化技术（例如美图秀秀这样的网络图像处理软件）加之虚拟互动技术的实现，使得人们不用再为传统艺术中的"世外桃源"努力在脑海中营造想象的意境，只需戴上3D眼镜便可轻松走入真实的梦幻仙境（3D网络游戏《暗黑世界》《盛世三国》等）。同时图像编码的简化让受众省去了烦琐的理性解码过程，画面信息很容易被接受，因此主体只需投入感性、感觉即可获得审美快感，此时审美想象再一次失去发挥作用的舞台。着眼未来，随着数字制作和传输技术的不断更新，能够灵活掌握数字创作技术，而让艺术想象凌驾于技术之上的只能是少数专业人群，而越来越多的日常审美过程将以被动的视听盛宴作为生活化常态。

　　取代审美想象占据审美心理过程核心要素地位的是审美情感。心理学中将"情感"定义为"人对客观事物的态度体验及相应的行为反应"[②]，可以说情感通过体验来反映客观现实与人的需要、动机之间的关联。审美情感则是人类一般情感中的一种，"指客观事物或者现象是否符合审美价值取向（审美观念、审美标准、审美需要、审美兴趣等）而产生的积极的态度体验"[③]。之所以说在网络媒介环境中审美想象逐渐让位于审美情感成为整个审美心理流程中的核心要素，

[①] ［美］丹尼尔·贝尔：《资本主义文化矛盾》，赵一凡等译，生活·读书·新知三联书店1992年版，第156页。

[②] 彭聃龄：《普通心理学》，北京师范大学出版社2004年版，第364页。

[③] 郭成、赵伶俐：《美育心理学——让教与学充满美感和生机》，警官教育出版社1998年版，第135页。

除了上述审美想象在网络环境中自身的发展困境，同时还需论证审美情感本身在网络媒介中为何更频繁而轻松地自发形成。原因主要可以从审美主体和审美客体两个角度来看：其一，网络审美中主体的审美需要表现出强烈的情感趋向，这一点上文也已多角度论证。还有大量实证研究可以辅佐证明这一观点：陈俊、张积家等（2006）对"大学生网名命名动机"进行了研究。研究结果表明："大学生的网名命名的动机按重要程度依次为：张扬个性、便捷自然、寻求自我价值感、崇尚流行和宣泄情感"①。张峰、沈模卫等（2006）在"互联网使用动机、行为与其社会心理健康的模型构建"的研究中，参照"互联网态度调查量表"编订了由17个项目组成的大学生互联网使用动机问卷，采用了结构方程模型技术进行数据分析，得到了两大动机：信息获取性动机和人际情感性动机。才源源（2013）经过两次测验对708名高中及大学生进行了"网络游戏心理需求"问卷调查，从结果分析中可以看出，"现实情感补偿这一维度的高因素贡献率说明了网络游戏是青少年一种退避式的应对生活压力事件的方式"②。其二，从审美客体而言，网络多媒体文本更具有材料、形象、内容的审美情感属性。网络界面、视听影像多媒体、网络语体、网络游戏甚至是网络社交媒体的整体包装，这些网络媒介中的审美对象外在形象充满了情感诱发性，具有生动具体的感性特征，能直接作用于人的外部感官，使人对其在观照中直接得到视觉或听觉的审美感触，并诱发审美主体的情感指向。③

由上述论证可见，受众在网络为代表的媒介化生存环境中，审美心理结构发生了多维度、深层次的变革，而对于"审美感知力和审美情感"这两大核心要素的把握将成为美育过程最具有活力的环节，因为审美感知和情感是网络审美体验期待中最具有指向性的方面，而只

---

① 参见才源源《青少年网络游戏心理研究》，硕士学位论文，华东师范大学，2013年。

② 同上。

③ 蔡正非：《美育心理学》，中国社会科学出版社1997年版，第74页。

有充分经历审美感知和情感的唤醒、激发、内觉体验才能实现网络的审美沉浸。这也就是说,要想更好地从方法上掌握培养受众的媒介审美素养,最关键的就是掌握审美感知力和情感力的培养方法。

第二节 网络博物馆与个体审美感知力的培养

在数字技术的基础上,与互联网结合的网络博物馆最早出现在20世纪90年代,一般认为以法国卢浮宫的网络博物馆上线为开端。发展至今,网络博物馆基本呈现为三种类型:"第一,纯网站式的,即图片、文字、多媒体信息等平面信息的集成,如我国的数字科技馆、数字工程;以及欧洲跨国、跨机构、跨资源、跨中央地方的'Europeana'计划。第二,是以互联网为基础的虚实整合形式,以实体馆为基础,以数字科技进行场景重现,如我国首都博物馆的网络博物馆、故宫博物院的网络博物馆即为此种类。三是通过虚拟现实设备提供使用者互动和仿真观赏,又称为网络虚拟博物馆。"[①] 目前网络虚拟博物馆正处于快速发展阶段,如中国数字博物馆、"数字故宫""数字敦煌""数字颐和园""数字圆明园"、台北故宫博物院等均为代表性案例。同时,网络虚拟博物馆正在与移动终端设备不断整合,通过手机APP软件,网络虚拟博物馆开始脱离PC实现更自由、便捷的观赏体验。

一 审美感知经验的积累、拓展、革新

1. 海量审美客体的线上呈现与审美体验的自由、便捷

"培养审美感知力的重要途径是引导儿童去亲身体验和感受现象世界,使自己的感觉活动逐渐适应对象世界中对称、均衡、节奏、有机统一等美的活动形式,最后形成一种对这样一些模式的敏锐选择能

[①] 汪彦君:《数字时代的"文艺复兴"——Google Art Project引发的思考》,《现代出版》2011年第3期。

力和同情力。"① 这就是说,审美感知力的培养首先需要发展感官的敏锐性,即在与丰富、生动的感觉世界保持密切接触的过程中解放和提升感受力,这从根本来说就需要积累大量的审美感知经验。与传统的课堂艺术教学和实体博物馆审美教育相比,网络博物馆以数字化信息的方式将考古文物、各类艺术品、非物质文化遗产以文字、图像(动态、静态)、声音(音响、音乐、解说词)、交互式体验的媒介承载方式展示在互联网上,这就为审美感知教育集中提供了数量庞大的审美客体。

举例来看,世界上最早将博物馆实体展品"搬到"网络虚拟博物馆进行尝试的是法国卢浮宫博物馆(http://www.louvre.fr/zh/)。早在,1995年卢浮宫就开设了官方网站,但当时还只能简单介绍卢浮宫博物馆历史和展览信息。"2004年卢浮宫博物馆实现了网络虚拟博物馆的全面升级,把3.5万件馆内公开展示的藏品以及13万件库藏绘画放上网站,并提供了法语、英语、西班牙语和日语四种版本的3D虚拟参观项目。2005年,卢浮宫网站开通电子商务功能。从1995年到2005年这10年里,随着互联网的普及,卢浮宫网站的访问人数也持续上升,在2004年已经和实际进卢浮宫参观的游客人数持平,都是600万。"② 大英博物馆网络虚拟博物馆(http://www.britishmuseum.org/)则通过一项名为COMPASS(COI-lections Multimedia Public Access System)的系统筛选出不同的典藏部门的5000种艺术收藏品,并对其进行文字、图像和动画设计,然后免费投放在互联网上供网络用户浏览。开设于2008年的"欧洲虚拟博物馆"(http://www.europeana.eu/portal/)由欧盟文化委员会推动,虚拟博物馆已经收集了来自27个欧洲国家和地区的上千家图书馆、美术馆、报刊陈列馆和档案馆的藏品。包括1214576张图片,47362条文本信息,1045部影像

---

① 滕守尧:《审美心理描述》,四川人民出版社1998年版,第346页。
② 曾焱:《卢浮宫的虚拟与现实》,《三联生活周刊》2009年第2期。

信息，571 条录音信息和 438 件 3D 虚拟成像作品①。此外，由谷歌公司于 2011 年推出的 Google Cultural Institute（GCI）项目，其中的 GOOGLE ART PROJECT 就是为一项网络博物馆开发的工程（http://www.google art projec.com）。截止到 2012 年 4 月，"谷歌网络虚拟博物馆已经覆盖了来自 40 个国家和地区的 151 家博物馆、艺术馆、档案馆和文化馆，线上展出艺术品多达 32000 余件，累计超过 2000 万人参观该网站，约建立了超过 18 万种个人在线收藏集"②。参与谷歌虚拟博物馆的著名艺术博物馆、美术馆档案馆包括：美国纽约大都会艺术博物馆（The Metropolitan Museum of Art, NYC-USA）、美国纽约现代艺术博物馆（MOMA, The Museum of Modern Art, NYC-USA）、西班牙索菲亚皇后艺术中心（Museo Reina Sofia, Madrid-Spain）、西班牙提森·波涅米萨博物馆（Museo Thyssen-Bornemisza, Madrid-Spain）、捷克布拉格卡姆帕艺术博物馆（Museum Kampa, Prague-Czech）、英国伦敦国家美术馆（Republic National Gallery, London-UK）、法国凡尔赛宫（Palace of Versailles-France）、荷兰阿姆斯特丹国立博物馆（Rijksmuseum, Amsterdam-The Netherlands）、俄罗斯圣彼得堡冬宫博物馆（The State Hermitage Museum, St Petersburg-Russia）、英国伦敦泰特美术馆（Tate Britain, London-UK）、意大利佛罗伦萨乌菲兹美术馆（Uffizi Gallery, Florence-Italy）、荷兰阿姆斯特丹梵高博物馆（Van Gogh Museum, Amsterdam-The Netherlands）等。当如此众多的艺术精品免费呈现在互联网上，任何人只要拥有基础的硬件设施就可以浏览、精读这些作品。同时网络虚拟博物馆也将以往固定的教学课堂延展到每个家庭当中，使得教师、家长和学生可以共同参与到媒介审美的教育实践中。

网络博物馆在提供海量审美客体信息的同时，由于互联网的媒介

---

① 上述数字信息整理自 http://www.europeana.eu/portal/collections/art-history，2016 年 3 月 1 日。

② Ngak, Chenda., "Google Art Project Features White House, The Met, National Gallery", *CBS News*, Retrieved April 15, 2012.

载体特性使得受众可以在参观时间、地点上不受传统实体博物馆的约束，也因此使得审美感知经验的积累更为自由、方便和快捷。以卢浮宫网络博物馆为例，面对实体博物馆400多个展示房间，近6万件藏品陈列，普通参观者很难在一周之内完成全部展品的游览。但通过互联网的虚拟游览，则可以一次性完成古代东方、古埃及、古罗马和希腊艺术、绘画、素描、雕刻、工艺美术等七大馆中3.5万件展品的所有图文信息。"观众在虚拟博物馆空间里面可以得到更接近与使用博物馆资讯的可能性，'数字展示'跨越了地理界限。"①

2. 打破时空界限、艺术形态壁垒与审美感知体验的多元化

网络博物馆对于受众审美感知力的拓展主要体现在，一方面通过数字化信息处理和虚拟现实技术可以打破时空界限，实现跨历史、跨地域的自然、历史、文化景观的综合体呈现。例如"欧洲虚拟博物馆"（http：//www.europeana.eu/portal/）就曾经展出由虚拟成像技术制作的"古希腊建筑文明展"。该展通过3D技术和全景漫游等技术，遵照考古发现的古希腊建筑遗址，复原了千年前古希腊的帕特农神庙、露天剧场以及奥林匹克竞技场等虚拟建筑艺术。让观者可以身临其境的感受古希腊建筑的魅力，重温西方文明摇篮的昔日盛景。另一方面，通过文字、图像、影像、声音等多媒体符合方式，使得如非物质文化遗产等抽象而无形的精神文化得以实现更直接、生动的审美呈现，从而使受众获得更深刻的审美感知体验。例如，中国茶叶网络博物馆（http：//www.teamuseum.cn/）收集整理了自原始时代的良渚文化时期一直到明清时代，分布在云南、四川、西藏、福建、广东等多个地区关于中国茶文化的起源、发展、制作、名品等内容，设计制作了"茶史、茶萃、茶事、茶缘、茶具、茶俗"六个展示区域，可以帮助受众在较短的时间内形成对中国茶文化全面的审美感知。

3. 网络数字艺术带来的审美感知革新

在数字媒介诞生之前，艺术品的承载多数以声音、自然介质（石

---

① 曾焱：《卢浮宫的虚拟与现实》，《三联生活周刊》2009年第2期。

头、木头、竹、纸)、胶片、磁带等媒介来实现。而当数字媒介出现后，艺术的呈现方式也开始有了新的变化，特别是当互联网与数字媒介融合后，一种新的艺术形态悄然而生。网络数字艺术对审美感知教育的价值主要体现在，它推动了一种虚拟现实与交互体验共同组成的新的审美感知方式，将以往看、听为主的被动式审美感知变革为看、听、读、写、画、敲击等多感官融合的审美感知方式。以美国惠特尼艺术博物馆 2003 年举办的名为"Data Dynamics"的展览为例，这次展览就是一次将网络数字艺术与实景场馆浏览和互联网线上交互浏览综合为一体的尝试。展览中一件名为 Apartment 的作品就是一件典型的网络数字艺术。"它实际上是一张特别有沉浸感的城市虚拟地图，让画廊观众与在线用户都能参与规划与构建。为了在城市中心区建造自己的公寓，用户必须输入不同的句子。每个单子都被加以分析，重新配置于一定的语义模式，以形成公寓的蓝图。用户输入的单词与句子越具体，他们的公寓就变得越大，令人印象越深刻。当二维的蓝图变成了三维的图像结构，观众可以在背景音乐的伴奏下巡视虚拟公寓。在结束参观时，观众带着自己所输入的句子、系统构建的蓝图及模型离开。而每个观众所建造的公寓都备入档案数据库，这样整个虚拟城市的建筑，随着造访用户的增长而不断取得进展。"[1]

二 审美感知力教育的可操作性提升

1. 反复、细化、对比等审美感知力训练的可操作性提升

对于审美感知力的培养不仅需要积累大量的审美经验，同时在审美感觉转化为审美知觉的过程中还需要对审美客体信息的深加工，使得大脑受到外界刺激产生的感觉信息被抽绎为统一的、有组织的整体性表象。这就需要在审美教育过程中尽可能为学生提供对同一审美客体的多次反复感觉刺激、审美客体的近距离接触和局部细化感受以及相似审美客体的差别性对比感受的训练。在这一点上，传统课堂美育

---

[1] 黄鸣奋：《网络媒体与艺术博物馆》，《现代传播》2003 年第 6 期。

教学很难实现这种审美感知力的长期、深度训练，毕竟不是每个人都有收藏家那样的条件可以天天近距离把玩、欣赏艺术品，也不是每个人都有条件每天都去博物馆、艺术馆、画廊、展览馆反复揣摩艺术品，而对于大多数通过书籍、刊物、影像资料接触艺术品鉴赏的受众而言，由于技术限制又很难在复制品上感受到色彩、像素、质感等细节上的真实还原。面对这些问题，网络博物馆从根本上打破了美育训练流程中的时间、空间、技术以及物质资源上的束缚，使得审美感受力训练的可操作性得到极大提升。

例如，卢浮宫网络博物馆就尝试将达·芬奇的《蒙娜丽莎》以高清晰度的数字格式制作成图片，在线浏览者不但可以根据自己的时间安排自由地浏览该作品，同时通过下载工具软件，还可以实现对画作的任意局部放大，这样就使得对作品的线条、色彩、光影、肌理、笔触的细节分析更切实可行。另外，谷歌的"Google Art Project"在提升审美感知力训练方面的作用也值得重视。2012 年"Google Art Project"实现了两项新技术：第一项是 Indoor-Version of the Google Street View 360-Degree Camera System（室内全景"小推车"）对展厅进行 360 度全景图像采集。有了此技术，"网络浏览者就可以在街景拍摄'小推车'的引导下，对故宫博物院等实体博物馆、美术馆、展览馆内部建筑和展品，进行 360 度全方位游览，实现在线身临其境般地欣赏国宝'翠玉白菜'和'毛公鼎'以及范宽《溪山行旅图》等珍贵馆藏"①。第二项技术是有通过"十亿像素"（Gigapixel）技术拍摄制作 70 亿像素超高清图片。"通过头戴式高清数字照相机和便携式图像分解存储设备，Google Art Project 的工作人员可以实现对艺术品画面拍摄质量的几何倍数提升，这项技术制作的高清影像具有超过普通照相机的 1000 倍以上的局部像素清晰度。"②谷歌公司的 Amit Sood 说

---

① 吕世威：《Google 艺术计划的中国攻略》，《艺术财经》2014 年第 4 期。
② Pack, Thomas, "The Google Art Project is a Sight to Behold", *Information Today*, 28th, May 2011, p. 5.

道:"以梵高的《星空》为例,Gigapixel技术它能让你看出体现画作细节的东西,如果你想看笔触呢?你将它放大,真的近看它,我真的可以看到这些裂痕。还有,比如台北故宫博物院提供的《岁朝图》,谷歌的超高清晰图像技术能让画面点开之后看得到纤维。甚至,如果想看一件由三文鱼皮制造的男士成衣,只要点击放大,连皮质的纹理都能清晰可见。"①

2. 信息搜索、个性化服务与审美感知力教育操作性提升

网络虚拟博物馆通过数字搜索引擎,可以很便捷地查询到浏览者需要的作品信息,这极大地缩短了审美教育中找寻实体资料的时间。这一点,卢浮宫网络博物馆做了很好的尝试,"在Blue Martini软件套装的帮助下,浏览者可以根据自己的喜好与职业需要定制个性化界面。对那些准备去巴黎参观卢浮宫的人,这个网站可以事先提供三维互动地图,帮助制订参观路线,在400个迷宫一般的房间里迷失的可能性至少降低一半"②。

同时,网络虚拟博物馆的数据整理系统,可以按照不同的主题关键词,将纷杂的作品归类梳理,从而呈现为网络虚拟博物馆线上众多的特色专题展览。比如,故宫博物院的网络虚拟博物馆(http://www.dpm.org.cn)在"时空漫游"页面就根据时代、建筑空间、展品种类设有"宫殿御苑游""宫廷史迹游""宫藏珍宝游"等特色游览路线。每条虚拟游览路线里还设有如"宫殿御苑游"的"紫禁城全景、区域场景、宫殿介绍";"宫廷史迹游"的"人物、故事、礼制、习俗";"宫藏珍宝游"的"书画、古物、图集"等子专题展览。再例如,敦煌研究院网络虚拟博物馆(http://tour.dha.ac.cn/),在其搜索页面绘制了莫高窟的主要景点位置图,并将每个景点主要的艺术作品通过嵌入动态图像的方式直接标注在地图的所在位置,在这幅动态的全景地图上,浏览者根据自己感兴趣的艺术作品,可以直接移动鼠标点击进

---

① 参见李蓉慧《10亿像素:谷歌眼里的艺术品》,《第一财经周刊》2012年第6期。
② 曾焱:《卢浮宫的虚拟与现实》,《三联生活周刊》2009年第2期。

入,这样既使浏览者对整个敦煌莫高窟的地理全貌有了直接的感知,又能目标明确地快速找到自己想要深入观赏的艺术作品。

除此之外,由于互联网的超文本链接特性,还为网络虚拟博物馆提供了更强大的审美感知教育拓展训练途径。比如在谷歌的"Google Art Project"在虚拟场景展示中,不同的展品还会通过超文本链接到 Google 的学术资源库,包括 Google Scholar、Google Docs、YouTube,这样使用者可以通过拓展链接的文字、图像、视频、音频等辅助信息更全面深入地感受作品。与此同时,"观众还可直接将喜欢的文物推荐至 Facebook 等社交网站提供储存图片的个人化虚拟收藏库(My Gallery),用户在这里依兴趣自行作跨越国度与博物馆的整合,并对喜欢的作品进行收藏、下载、评论、分享。其检索工具(Discover),可以协助网友搜索想浏览的博物馆或作品,让网友自行跨国、跨博物馆检索,甚至在个人储存空间中策划一个自己的在线虚拟展览,展示所有依个人兴趣或不同主题搜索的作品,让网友也可以模拟担任线上策展人,其教育及个人化功能独具特点"[1]。

三 审美知觉力的内在"审美图示"教育强化

针对审美知觉力的培养,阿恩海姆曾指出:"无论在什么情况下,假如不能把握事物的整体或统一结构,就永远也不能创造和欣赏艺术品。"[2] 格式塔心理学此种对审美感知心理的整体组织性原则的强调实际上就是冈布里奇所提出的"审美图示","没有一些起点,没有一些初始的预成图示,我们就永远不能把握不断变动的经验,没有范型便不能整理我们的印象"[3]。可以说在某种意义上"个体的内在审

---

[1] Mediati, Nick, "An Extension of Google Street View Enables Interactive", *Web-Based Virtual Museum Tours*, *PC World*, April 2011, p. 29.

[2] [美]阿恩海姆:《艺术与视知觉》,滕守尧译,中国社会科学出版社 1984 年版,第 5 页。

[3] [英]冈布里奇:《艺术与幻觉》,卢晓华等译,湖南人民出版社 1987 年版,第 82—83 页。

<<< 第六章　融合式体验：媒介美育的审美能力发展论

美图示就是审美知觉力的某种组织原则，它预先制约着审美知觉的作用方式和所建构的审美形式结构。审美图示像一个过滤器，选择某些与自己相适应的感觉信息，而忽略其他信息；而且它以整体反应的形式去把握对象，将感觉材料整合为完整的形式结构"①。审美图示作为一种潜在的审美心理范式，显性地影响着人的审美知觉。因此，对审美感知力的培养，关键是要提升受众内在审美图示的形成和水平的提高。

影响人的内在审美图示的因素多样而复杂，"既有无意识的成分，又有意识的成分；既有个性的成分，又有社会的成分；既受到当代审美风尚的影响，又受到历史、传统的制约；既从遗传中获得先天的因素，又从教育和文化熏陶中获得某些后天成分"②。因而在有指向的审美教育过程中，把握形成审美图示的关键心理因素和重要心理过程就显得尤为重要。审美图示的形成与发展受限与审美经验的广泛积累有密切关联，这一点在上文已有论述。而与此同时，直接的感知经验如果想深入提炼为稳定的内在审美图示，还需要"审美记忆力"对大脑浅层信息的贮存、重现，以此形成对审美对象的"特征辨别、意义填充和综合评价"，进而才能沉淀为对审美知觉有规范和制约作用的内在审美图示。在这样的阐释基础上，审美记忆力对于培养审美感知力的价值就有了存在合理性。

1. 网络虚拟博物馆与人的"情绪记忆"能力提升

人的审美记忆大致可分为"运动记忆、情绪记忆、形象记忆和词—逻辑记忆等几类"③，但对情绪记忆和形象记忆内容敏感性更突出。审美情绪记忆往往会把事物外观的整体和细节的形式特征所激发的情感体验，持续新鲜地保持在大脑中。特别是当审美事物被整合在统一的特殊场合（或称情境）中，这时候的审美情绪记忆也会更丰

---

① 杜卫：《美育论》，教育科学出版社2014年版，第181页。
② 同上书，第182页。
③ [苏联]彼得罗夫斯基：《普通心理学》，朱智贤译，人民教育出版社1981年版，第315—317页。

富、鲜明和深刻,因为它既在相对短的时间内感受到了更多的审美形式感的刺激,同时因为统一的情境还会产生"1+1 大于 2"的对较大的审美对象或审美心理氛围的记忆,例如,"对整个建筑群、整部小说、一片风景或置身于群体性审美活动场合的感受,就会留下整合性的审美情境记忆"①。针对审美记忆提升的这一特点,网络虚拟博物馆由虚拟现实技术和多媒体整合技术所共同营造的全景漫游式审美活动,就可以发挥良好的审美感知力教育价值。

举例来看,湖南省网络虚拟博物馆为了更好呈现长沙马王堆考古遗迹的艺术展品,让受众产生身临其境的审美体验,从而对千年前西汉时期的中国古文化有全面、形象的了解,利用虚拟场景和全景漫游技术制作了"走进軑侯家"的专门在线展区。"根据马王堆汉墓出土文物及汉代有关的文物和文献资料,用 3D 动画虚拟曾经显赫一时的軑侯家府场景。场景由軑侯夫人辛追作导览人物,在她的带领下走进軑侯家,参观者可以观赏一件件美轮美奂的精美文物,感受軑侯府钟鸣鼎食的贵族生活,让汉代高度发达的物质文明在观赏和交互操作中得以轻松解读。"因为,展览是建立在軑侯府的特殊场景中,而且设定了軑侯夫人接待宾客的一天为故事背景,所以当游客点击进入游览流程,就会被自然地带入"两千年前西汉贵族生活的一天"这一特定情境中。根据故事情节的推进,展览将有关西汉贵族生活衣食住行的建筑景观、考古器物、风俗礼仪有机结合在各个具体场景中,这极大地调动了观者的审美情绪记忆。2015 年,谷歌的文化研究中心又推出了基于"360 度环景影片"技术设计的"虚拟剧场"。在这项技术基础上,通过"Google Art Project"的网上博物馆,来自世界各地的音乐会、歌剧、舞台剧、芭蕾舞剧表演正在以"身临其境"的全新感受方式呈现在每一位网络用户的屏幕上。"Google 虚拟博物馆推出的全新表演艺术专区,在之前的古文物、画作、古迹之外又开拓了新的艺术领域,并且这一次为了符合表演艺术的动态性,Google 虚拟

---

① 杜卫:《美育论》,教育科学出版社 2014 年版,第 191 页。

博物馆运用了 360 度环景影片，让观者（我们）可以'坐在舞台正中央'，在舞台上环顾正在进行中的舞蹈、歌剧、音乐会……你还可以看到这些经典表演的历史资料，你可以进入这些剧场的后台，你甚至可以直接站在舞台上参与表演"①，很显然，这样的审美情境记忆将会很好地提升观赏者的审美感知能力。

2. 网络虚拟博物馆与人的"运动记忆"能力提升

"提高记忆力的一个重要规律是对感知材料进行充分的加工。这种加工包含按感知材料的特征进行分类，对形式结构进行拆解和重组，对记忆对象做深入理解，而加工过程中利用肌肉的运动可以增进记忆力"②，比如临摹一幅名画就比单纯观赏画作更利于记忆，伴随着观看大声诵读一首诗歌就比只看不读要更便于审美记忆。而利用审美教育的这一心理特征，网络虚拟博物馆的交互功能也有了更大的开发潜力。例如，湖北博物馆在 2016 年刚刚与百度的百度百科数字博物馆合作，将 100 件数字化藏品分别在馆藏精品、青铜器、金玉器、漆木器四个线上分馆展出，生动全面地勾勒出荆楚文化风貌。其四大镇馆之宝"曾侯乙编钟""郧县人头骨化石""元青花四爱图梅瓶"以及"越王勾践剑"，在百度百科数字博物馆均做重点展出。其中"曾侯乙编钟"的展示页面就通过交互设计，在"钮钟"的分页面浏览项目中设置了"钮钟正鼓音色演奏"的交互体验区，参观者可以利用鼠标模拟鼓槌随意在虚拟的曾侯乙编钟上敲击，聆听由数字模拟而成的编钟古音，也可以利用古音演奏简单旋律。这样的动作记忆很好地深化了体验者对曾侯乙编钟的音色、音高、音准的感知认识。

3. 网络虚拟博物馆与"定向活动记忆"能力提升

另外，据研究，"适当的提出记忆要求，明确记忆目的也可以促进记忆力的提高"③。在这一点上，网络虚拟博物馆依然可以利用交

---

① 见"太酷了！Google 让你身临其境看歌剧"，ifanr 爱范儿，2015 年 12 月 10 日。
② 杜卫：《美育论》，教育科学出版社 2014 年版，第 192 页。
③ 同上。

互体验功能很好地提升受众的审美记忆力。例如在，故宫博物院网络虚拟博物馆的"时空漫游"页面就专门开设有"故宫游戏"的项目，游览者在网上参观各处宫殿的同时，可以在线点击"故宫游戏"，根据游戏设定的题目进行拼图、简短问答等带有"目的指向性"的"定向活动记忆"。这就使得浏览者在交互游戏的同时更好地被激发作为参与者的审美兴趣。

第三节 "微信公益"与个体审美情感力培养

一 审美情感力生发与积极情绪

审美情感作为一种心理动力，是审美创造与审美表现的动机与内驱力，它推动着心理诸功能区创造人与自然、人文环境的自由观照和相互迎合的体验关系，使他们成为命运的共同体。从审美活动的心理过程来看，"情感力是审美能力结构中的核心因素，它作为审美心理动力和审美体验能力，对于审美创造、审美表现和审美理解均起着决定性作用。它与感觉力、知觉力、注意力、记忆力、想象力和思维力等相结合，支配着整个审美过程，各种心理功能是以它为中介构成审美能力的。所以，情感力的高低与强弱直接决定了审美能力的水平"①。同时，笔者在上文也已论述过，在媒介化生存时代的审美心理变迁中，"想象"让位于"情感"。因此，在主客观合理作用下，对审美情感力的培养成为个人审美能力教育的核心议题。一般而言，审美情感力的教育主要强调通过"情感动力的释放"和"自我情感的审美体验"两种方式来实现。但多数情况下，"审美情感"被笼统化、抽象化、模糊化定义。笔者在此节借助近几年积极心理学的相关研究成果，利用实验调查数据证明，积极情绪与审美情感之间存在正向关联，进而提出，以"微公益"为代表的亲社会行为所产生的积

---

① 杜卫：《美育论》，教育科学出版社2014年版，第197页。

极情绪体验可作为审美情感力培养的教育策略的理论和实践命题。

1. 积极情绪对审美情感力的教育价值

积极心理学（Positive psychology）是当代社会背景下兴起的一场心理学革命，最早是由美国著名行为主义心理学家、宾夕法尼亚大学教授塞利格曼（Martin E. P. Sligman）发现并提出。国际积极心理学网站首页对积极心理学的概念定义为"是一种以积极品质和积极力量为研究核心，致力于使个体和社会走向繁荣的科学研究。"而积极心理学的创始人塞利格曼（Seligman）将其定位为："是指心理学不仅要致力于研究人类的各种心理问题，同时也要致力于研究人的各种发展潜力、美德和积极力量等"。积极心理学有着多方面的思想渊源和理论背景。首先，它的出现是传统科学心理学的一次自我反思，"二战"后心理学由于将研究重点放在心理障碍、婚姻危机、毒品滥用和性犯罪等问题上，逐渐使自身具有了病理学的学科性质。这不但违背了心理学对发现人类幸福和培养人的非凡才能这样的初衷，更导致很多现代心理学家几乎不知道正常人怎么样在良好的条件下获得自己应有的幸福（Seligman & Csikszentmihalyi, 2000）。在这样的问题意识促发之下，又受到人格特质理论、马斯洛的人本主义心理学及西方20世纪五六十年代心理健康运动等影响，同时积极心理学也得到了来自东方的佛教哲学和西方建构主义哲学的理论支撑，使其在21世纪已经发展成为影响世界的思想潮流。

1998年在墨西哥召开的艾库玛会议第一次明确了积极心理学的三大研究内容：积极情绪体验、积极人格及积极的社会制度（或积极的社会组织系统）。"积极的情绪体验着重研究人针对过去、现在和将来的积极情感体验的特征及产生机制。"[1] 积极的人格则主要研究人的积极力量或美德的界定及分类，包括"爱和工作的能力、勇气、交往技巧、美感（将美感视为特质性变量）、坚持不懈、宽容、创

---

[1] 任俊：《积极心理学》，开明出版社2012年版，第4页。

新、理想、灵性、天赋和智慧等"①。积极的社会制度则主要论证"积极的社会制度不仅是构建积极人格的支持力量,而且是个体不断产生积极体验的最直接来源"②。积极情绪体验的准确定义是个尚存有争议的问题,原因主要来自于各方对"积极"的理解不同,主要观点有两种:如拉尔森《人格与社会心理学的回顾——情绪》一文认为,积极情绪就是一种具有正向价值的情绪;而部分心理学家则强调积极情绪指能激发人产生接近性行为或行为倾向的一种情绪。笔者赞同"积极情绪即所有能激发个体产生接近性行为或行为倾向的情绪"③。

塞利格曼(Seligman)教授在《真实的幸福》(Authentic Happiness)一书中把积极情绪分为三类:与过去有关的积极情感(包括满意、满足、充实、骄傲和安详)、与现在有关的积极情感(包括即时的快感和长久的欣慰)、与未来有关的积极情绪(包括乐观、希望、信心、信仰和信任)④。此外,积极心理学家弗雷德里克森将积极情绪从分类学意义上划分为几种常见类型:"快乐(Joy)、兴趣(Intrest)、满足感(Content)、爱(Love)和自豪(Pride)、感恩(Greduate)"⑤。

在积极心理学的三部分研究内容中,增进个体的积极体验是发展个体积极人格、积极力量和积极品质的一条最有效途径。这主要依赖于积极情绪的特殊功能,即"积极情绪的扩建理论"(The Broaden-and-build Theory of Positive emotions),这是由积极心理学家弗雷德里

---

① 陈丽君:《美感与积极情绪的关系及对变化觉察的影响》,博士学位论文,西南大学,2010年。

② 同上。

③ 任俊:《积极心理学》,开明出版社2012年版,第66页。

④ 参见[爱尔兰]卡尔《积极心理学》,丁丹译,中国轻工业出版社2013年版,第3页。

⑤ Fredrickson B. L., "The Role of Positive Emotions in Positive Psychology. The Broaden and Build Theory of Positive Emotions", *American Psychologist*, 2001 (56): 218-261.

克森（Fredrickson）在 21 世纪初提出的。他通过一系列实验证实了自己的假设，即"积极情绪能扩建个体的行为或者思想，而消极情绪则能缩小个体的行为或思想"①，并用一个图表形象地展示积极情绪扩建理论作用过程（见图 6-1）。

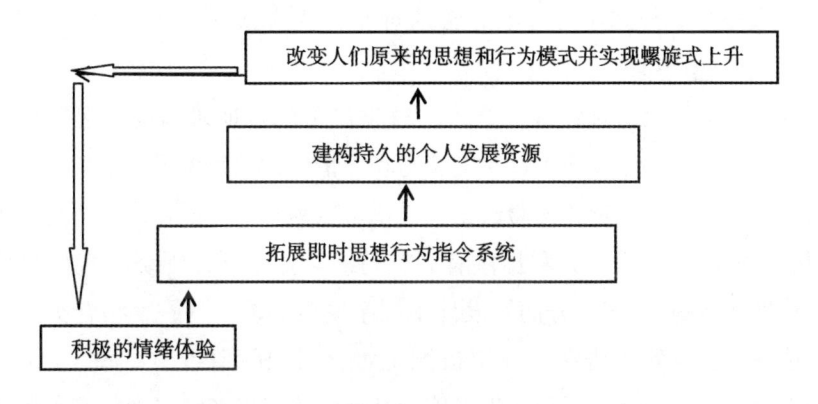

```
    ┌──────────────────────────────────┐
    │  改变人们原来的思想和行为模式并实现螺旋式上升  │
    └──────────────────────────────────┘
                    ↑
         ┌──────────────────────┐
         │   建构持久的个人发展资源   │
         └──────────────────────┘
                    ↑
         ┌──────────────────────┐
         │   拓展即时思想行为指令系统  │
         └──────────────────────┘
                    ↑
            ┌──────────────┐
            │  积极的情绪体验  │
            └──────────────┘
```

图 6-1　积极情绪扩建理论示意②

具体而言，"愉悦推动着我们去游戏，兴趣让我们更愿意去探究，满足促使人们更好地整合信息，相反消极情绪则会使思维变得狭隘。无论是通过游戏、智力资源还是社会心理资源，积极情绪都促进个体发现新异事物、拓宽了身体、智力和社会及心理资源，促使个体积极人格的形成，更重要的是这些资源会被储存起来并提高人们的成功和生存能力"③。弗雷德里克森在这里着重提到，"愉悦创造了人类游戏的冲动，使人们打破限制的同时充满了创造力，而这种冲动不仅是在社会行为中，同样也出现在人类理性和艺术行为当中"。这也就是说通过积极情绪的扩建理论研究，弗雷德里克森大胆预设了积极情绪和人的审美情感生成之间存在着必然的正向关联，即积极情绪会有助于审美认知的发生，对培养人的审美情感有着本质的心理关联。这一观

---

① 任俊：《积极心理学》，开明出版社 2012 年版，第 70 页。
② 同上书，第 71 页。
③ 陈丽君：《美感与积极情绪的关系及对变化觉察的影响》，博士学位论文，西南大学，2010 年。

点也得到了一定的支持，甚至有些人认为，"人类的艺术行为就是积极情绪体验扩展的一种直接结果，因为人类在应激资源状态下只会出现一些本能性的保护行为，这种行为的特点是具有刻板性，它不能产生美感不能创造艺术。只有积极情绪导致的个人持久发展资源的状态下，人类才会想到用一些不寻常的奇特行为方式或思想来表现自己，艺术便由此产生"①。

在这样的理论预设前提之下，科学严密的实证研究也是必不可少的。西南大学陈丽君博士针对美感与积极情绪的关系做了一系列探索性实验，其中一些宝贵的实验数据和结论可以为我们验证积极情绪与审美情感生成机制之间的关联提供有力支持。具体来看，围绕"美感体验与积极情绪的关系"，陈丽君设计了两个主要实验，其一，结合美感词汇选择法和自我报告法来评定被测是否会对国际情绪图片库（IAPS）当中随机抽取的样本图片产生美感，并评定等级以考察强度。实验得出的结论包括："被试选择美感词进行评定，说明情绪图片确实能够唤起被试美的感受，相关矩阵显示各类型美感与其图片所对应的情绪各维度相关显著，说明美感是一种情绪体验，能够通过情绪各维度来表现，这为美感与积极情绪关系的构建提供了基础。"② 其二，对各美感类型评定强度与三种情绪类型（积极情绪、中性情绪、消极情绪）的愉悦度进行相关检验。结果显示："四种美感体验与中性情绪、积极情绪愉悦度都显著相关，特别是与积极情绪的相关系数都高于中性情绪，说明四种美感类型更接近于积极情绪类型。在这基础上又对各类情绪愉悦度对四种美感的预测解释率进行了逐步回归分析，对于四种美感类型，都只有积极情绪愉悦度进入了回归模型。"③ 这就意味着，积极情绪与审美情感的生成具有一定程度上的预测意义，进一步而言，通过培养人们的积极情绪进而有力地激发审美情感的生成，获得审美

---

① 任俊：《积极心理学》，开明出版社2012年版，第71页。
② 陈丽君：《美感与积极情绪的关系及对变化觉察的影响》，博士学位论文，西南大学，2010年。
③ 同上。

体验从而建构美育心理的全新方法已经得到了初步的理论论证和实验验证。因此，完全可以尝试在未来的媒介美育教学中通过培养积极情绪来促进审美情感的生成，营造审美体验的良好氛围，进而提升审美情趣和审美理想。

2. "微信公益"作为亲社会行为的积极情绪体验

"微信公益"的前身，起始于 2011 年在新浪、腾讯、网易、搜狐门户网站的"微型博客"社交平台上的几起公益事件，如中国社会科学院农村发展研究所于建嵘教授，在个人微博最先发起的"随手拍照解救乞讨儿童"的线上公益活动，"仅十天，各地网友上传了 900 多幅照片，'微博打拐'逐渐成为一起公共事件。随后，公安部联合线上打拐活动进行了专项整治行动"[1]，这一"微公益"活动至今仍在延续；另如，2011 年 2 月，由《凤凰周刊》记者邓飞发起，联合国内 500 余名新闻记者和数十家新闻媒体，在中国社会福利基金会的支持下组织的，为中国贫困山区小学生提供"免费午餐"的微博公益活动。"截止到 2012 年底，'免费午餐'总共帮助到 36467 个孩子，分布在全国 17 个省区的 205 所学校……目前的募集资产总额是 2918 万元。"[2] 而随着 2012 年腾讯公司设计研发的"智能终端即时通讯服务免费应用程序"——微信（We Chat）的逐渐兴起，"微信公益"开始以较大的用户基数[3]、更活跃的移动交互平台、用户参与的高黏度聚集效应以及交互体验所带来的持续创新效应，逐渐取代"微博公益"成为推动我国互联网公益活动的新动力。与传统的线下公益活动相比，"微信公益"具有参与群体广泛，关涉主题多元化的特点。具体活动主题包括：关注弱势群体、保障社会公平；提倡绿色环保、发展生态公益；关注健康公益、促进社区孤老残障人士的权益以

---

[1] 参见张建峰《微博公益传播研究》，湖南大学出版社 2013 年版，第 55 页。

[2] 中国广播网：《免费午餐项目公布财报：收入 2544 万支出 1112 万》，新浪新闻中心（http：//news. sina. com. cn/c/2013-04-03/054926719943. shtml，2016 年 3 月 1 日）。

[3] 据腾讯企鹅智库数据 2015 年发布数据，已经有超过 1000 万微信用户通过公益平台参与捐款，其中 95%的月均捐款额度在 100 元以内，符合小微捐款的公益模式。

及各类志愿服务活动的募集等。

延续上文论述思路,在积极情绪的培养研究中,亲社会行为与积极情绪体验的正向关系已经在国内外的近期实证研究中得到了初步的证实。例如,2013年重庆大学开展的"大学生合作型亲社会行为的积极情绪体验调查"①,在对重庆市5所高校的1350名在校本科生进行实证数据测验的基础上,得出实验结论:"大学生合作型亲社会行为的积极情绪体验包括愉悦情绪、奋进情绪与成就情绪三种。其中,亲社会行为与愉悦情绪和奋进情绪呈显著或极其显著正相关,其亲社会行为主要体现在公益事业和日常生活两种类型。"② 这就意味着以公益事业为代表的亲社会行为在培养学生的积极情绪方面有显著的效果,因而存在作为教育途径的价值空间,换句话说,参与以"微信公益"为代表的亲社会行为活动,有助于积极情绪的体验和培养,从而提升受众的媒介审美情感力。下文将以具体例子,展开论证"微信公益"如何通过"释放和体验"的积极情绪培养路径从而提升受众的审美情感力。

二 审美情感力的动力释放培养

1. "微信公益"的强关系传播营造信任度较高的情感氛围,更利于激发参与者情感释放

积极情绪的形成和释放需要营造良好的情感氛围,特别是快乐、满足感、爱等带有较强的私密情感属性和理性提升色彩的积极情感,更需要建立在审美主客体间相互信任的高度真实的情感氛围中。"微信公益"的审美情感力培养价值也正是建立在以朋友圈为代表的"强关系"人际传播十分有利于营造信任度较高的情感氛围的基础上的。

---

① 李颖、罗涤:《大学生合作型亲社会行为的积极情绪体验研究》,《重庆大学学报》2013年第4期。

② 同上。

<<< 第六章 融合式体验：媒介美育的审美能力发展论

马克·格兰诺维特最早提出人际交往中的"强弱关系"理论，他通过"互动频率、情感强度、亲密关系、互惠交换四个指标来衡量关系的强弱。互动次数多的为强关系，反之则为弱关系；感情较强较深为强关系，反之则为弱关系；关系密切为强关系，反之则为弱关系；四是互惠交换，互惠交换多而广为强关系，反之则为弱关系"[1]。2012年，腾讯微信增加了"朋友圈"这一新的网络社交应用项目，形成以手机移动用户为主要应用群体，通过即时、实时的线上信息、图片、视音频传播以及评论、点赞、转发、收藏等交互体验方式，"意在整合用户现实关系资源"，形成以"熟人圈"为主体的虚拟社交新形态。据中国互联网信息中心（CNNIC）发布的《2014年中国社交类应用用户行为研究报告》显示，"与其他网络社交方式相比，微信是基于熟人关系链的在线社交。微信联系人中，主要有现实生活中的朋友、同学、亲人、亲戚、同事，占比在70%—90%之间"[2]。基于"强关系"人际传播平台，"微信公益"的传递信息更为真实可信，也更利于使用者在熟人圈的公益活动中满足自我的情感需求和归属感。

举例来看，2014年2月，一条名为《寒冷雪天，转发温暖爱心》的微信被众多网友在各自的"朋友圈"转发，这条消息的当事人是浙江天台县一位名叫傅相标的35岁个体商人，其双目失明的父亲在正月初三因为突发脑梗死而住院，因经济条件有限，现急需爱心人士的帮助。这条看似很常见的网络求助信息，却因为傅相标的身份而在微信朋友圈引发了一次热烈的"微信公益"事件。原来，傅相标本人就是一位热心公益、经常为身处灾难和疾病中的人提供帮助的"爱心人士"。"自2012年以来，他光是以'微爱心接力'为话题的微博就有1411条，而他的粉丝数量好几万。傅相标还成立了'微友会'，

---

[1] ［美］马克·格兰诺维特：《镶嵌：社会网与经济行动》，罗家德译，社会科学文献出版社2007年版，第6页。

[2] 中国互联网络信息中心：《2014年中国社交类应用用户行为研究报告》，2014年，第21页。

发动爱心人士200多人,先后组织七八次大型活动推广天台县的公益事业。利用'微友会'的平台,傅相标和义工们为需要帮助的人募得善款几十万元。"①而当这篇《寒冷雪天 转发温暖爱心》的微信消息在朋友圈发起"不能让善良的人在遇到困难时孤立无援"的"微信公益"号召时,很快激发了多个"朋友圈"参与者的情感共鸣,"爱心接力从线上传递到线下,在老人的病房里,几乎每天都有近50名陌生人前来看望他"②。类似的,成功激发参与者"爱"与"感恩"等积极情感释放的"微信公益"还有很多,如"免费午餐"公益计划、"小雨滴"大学生青年志愿助学计划、"微微萤火虫"捐书计划等不胜枚举。

2."微信公益"的多媒体融合信息呈现,更便于激发参与者的"移情"心理

以手机作为移动接收终端的"微信"社交软件,本身就具有数字媒介超链接、多媒体融合、交互式体验的特点。借助"微信"的上述特点,"微信公益"在信息呈现上也凸显了多媒体融合的特征,可以同时支持文字、语音、图片、视频、音频、超链接、交互对话等多种形式的信息传播。这在无形中丰富了受众的视听感受,营造了更有整体沉浸感的情感氛围。比如,以音频传播为例,2014年9月28日,百度通过微信平台发起了"世界上最动听的歌"——"国际聋人日微信公益活动"。这次活动主题为"用爱为听障人士奏出动人旋律",内容为,以音频推送的方式,在活动主页面上免费投放了多首高音质的经典音乐,包括《The Sound of Silence》《天空之城》《Love Story》《Happy》等。但这项公益活动的特点却是,"在人们陶醉于乐曲时,旋律却戛然而止,耳中陷入寂静"③。此时的"寂静"在打断受众正

---

① 浙江即时报:《天台公益人傅相标父亲病重 网友微信朋友圈接力传递爱心》(http://zjnews.zjol.com.cn/system/2014/02/11/019852499.shtml,2016年3月1日)。

② 同上。

③ 百度:《世界上最动听的歌微信公益活动》(http://www.digitaling.com/projects/13146.html,2016年2月1日)。

常听觉感受的同时,也在瞬间激起了受众的情感共鸣,加之此时手机画面会自动切换为一段宣传"国际聋人日"的文字:"再动听的歌对聋人而言只是沉默无声,9月28日国际聋人日,让我们用心关注听障群体,分享这首歌,传递无声关爱。"① 此情此景,无声更胜有声,受众在与听障人士感同身受的同时,一份对特殊群体关爱和尊重的情感油然而生。

三 审美情感力的体验培养

如果说审美情感动力的释放是直接的,那么审美情感的体验能力却是具有反思意味的、间接性的,也就是说"审美体验实质上是一种对自我情感状态的体验"②。美育学者杜卫曾指出:"儿童和青少年感情充沛,往往有比较强的情感释放欲望,但是直接的情感释放不同于审美体验。所以教师应该引导学生对艺术作品进行反复的琢磨,也要注意让学生对自己的作品进行认真、细致的评价,使他们养成深入体味审美对象的习惯,这些对于促进学生体验能力的发展是有帮助的。"③ 这就意味着,在审美教育中,如何培养学生更积极的审美参与热情,以及培养学生在审美体验过程中欣赏、品味、创作审美客体的习惯将是情感力培养的主要议题。而针对这一议题,"微信公益"活动的交互式体验则表现出了对审美情感力的体验培养方面更大的教育价值。下文通过对代表性案例的分析,展开论述。

"微信的功能分为基本功能和插件功能,基本功能包括语音视频聊天、LBS定位及实时对讲功能,插件功能包括附近的人、漂流瓶、摇一摇、购物、微支付、微信红包等,公益与微信功能的结合丰富了

---

① 百度:《世界上最动听的歌微信公益活动》(http://www.digitaling.com/projects/13146.html,2016年2月1日)。

② 杜卫:《美育论》,教育科学出版社2014年版,第200页。

③ 同上。

公众参与公益活动的方式。"① 同时，微信借助手机的移动性和渠道的私密性，通过微信的自动回复、问卷调查、在线投票、拼图猜图游戏、刮刮卡、LBS定位、扫一扫以及微会议功能大大提高了微信公众号与用户之间的互动程度，优化了社交平台基于人际传播的用户体验。同时，评论、点赞等功能也让用户及时得到反馈，增加了微信的互动趣味性。比如说，语音的交互式推送和上传就是"微信公益"的一项特色功能，"公益活动通过微信平台发送语音，不仅增加了信息量，提高信息传达的准确性，减少了受众在理解上的偏差，语音还能够增加用户的现场感，使公益信息能够从情感上感染收听者，拉近了用户交流的距离"②。

2014年腾讯公司在微信软件上开设了"为盲胞读书"公众号（ID：voice donate），希望通过用户上传语音的交互式服务，改变传统慈善捐助方式，以"捐助一分钟声音"来形成新的公益活动体验方式。参与过程包括：收集声音、智能筛选、音频实体、盲胞听书。对普通的微信使用者而言，"在排队的时候、等公交的时候、想说话的时候，随时随地，打开微信就能捐献声音，完成声音接力，为1263万盲胞创作有声书。只要进入'为盲胞读书'的微信账号，就可以选择类别，朗读系统自动推送的一段文字，你也可以拿起手边的书，为盲胞朗读自己喜欢的段落。后台将收集语音文件，制成有声书，提供给盲胞收听"③。活动开始至今，已经有57万余人参与，共同完成了100多本书的有声音频录制，具体包括：1200微信用户共同捐献《世界上所有的童话都是写给大人看的》、1146个微信用户共同捐献《像少年啦飞驰》、675个微信用户共同捐献《奠基者》、1853个用户共同捐献《人性的弱点》、1103个微信用户共同捐献《可爱的洪水猛兽》、1568个微信用户共同捐献《陌上花开》、1328个微信用户共同

---

① 詹恂、严星：《微信使用对人际传播的影响研究》，《现代传播》2013年第12期。
② 胡少雄：《基于微信平台的公益传播》，硕士学位论文，内蒙古师范学院，2015年。
③ http://www.digitaling.com/projects/12614.html，2016年3月1日。

捐献《想得美》等作品。类似的交互式"微信公益"活动还有2013年发起的"上学路上"公益活动，该项目同样是关注留守儿童这一社会弱势群体的精神健康问题，希望通过召集志愿者捐献声音为留守儿童讲述故事，以陪伴他们共同上学为主题立意。由上述成功的"微信公益"事件可见，通过这种交互式的体验方式可以更好地调动受众的参与亲社会行为的积极性。而在每个人的创作过程中共同完成"公益作品"，这本身就是带有"关爱他人、尊重分享、和谐共赢"的"社会美"价值内涵。

综上，借助"微信公益"这种比较常见的亲社会行为对积极情绪的催化作用，无论是在学校、家庭还是自我层面的审美教育实践过程中，将能更多地引导学生关注有典型意义的"微信公益"事件，分析其对社会交往和人际交流的深化价值，更多地鼓励学生认可并参与到弘扬社会正能量的"微信公益"活动中，发现人性的"真、善、美"，体味和谐友爱的社会美，进而使更多的人成为积极情绪的传递者甚至发起者，这也将成为媒介化生存时代一种崭新的审美教育途径。

第四节 阿普艺术与个体审美创造力的培养

一 审美创造力与阿普艺术审美属性

在个体审美能力的构成中，审美创造力是审美感知力、记忆力、情感力、理解力、想象力以及表现力等多项能力的综合体现。主要指"人在审美中能动创造的能力，包括创新观念、新方法、新手法的能力和创造新审美意象、新艺术形象的能力"[①]。在教育中审美创造力的提升主要体现在能动地创造审美意象的能力，而"艺术形象、意境的原创性、新颖性、独特性、生动性、超越性、感染性等，则是审美

---

① 邱正明、朱立元：《美学小辞典》，上海辞书出版社2007年版，第69页。

创造性思维和行为的内在根源"①。在艺术史上,媒介技术转变带来审美创造整体变革的例证并不少见,从口语媒介、文字媒介、印刷媒介到电子媒介以至数字媒介,艺术创作的技能和作品呈现方式都发生了迁移。例如,从口头文学诗到手抄《圣经》,从戏剧脚本到广播,从模拟信号的影视作品到数字虚拟影像的广泛传播。阿普艺术的诞生正是在 21 世纪初期数字媒体技术内部格局的又一次变革推动下的产物,而阿普艺术对于个体审美创造力培养的价值也正是在"媒介技术作为创造艺术的变革动力"的基础上得以生发的。

阿普(APP)是英文(application software)的缩写。相比于计算机的系统软件,APP 是直接服务于用户应用需求的微型计算机软件,多安装于智能手机、便携式计算机、平板电脑之上。随着 APP 应用的广泛普及,应用软件的艺术化和数字艺术的移动化发展趋势合力推动了阿普艺术(APP ART)的诞生。作为 APP 移动终端微型软件的衍生物,阿普艺术(APP ART)的审美属性主要体现在呈现价值("即 APP 图标和界面如何以创新性设计显示其特色。在终端界面上用统一而有变化的图标形象、简洁、美妙地展示系统的功能,实际是一种着眼于提高服务水平的应用软件的艺术化"②)和创意化应用(即运用 APP 软件的特殊功能进行艺术表达、创作和鉴赏)两方面。而阿普艺术作为一种全新的审美教育途径,则是因其在艺术创作、艺术传播、艺术鉴赏三方面都有推动审美创造力的发展潜力,下文将结合经典案例,展开论述。

二 审美创造力提升与阿普艺术的创作革新

目前的移动信息接收终端如智能手机、平板电脑基本都带有收集声音的 MIC,用于扬声的话筒,前置或后置摄像头以及不同类型的内嵌传感器(包括速度、光线、温度、方向、磁力、重力等物理感和心

---

① 邱正明、朱立元:《美学小辞典》,上海辞书出版社 2007 年版,第 69 页。
② 黄鸣奋:《阿普艺术:移动互联时代的新品》,《艺术百家》2015 年第 2 期。

跳速率、运动步伐等人体感觉测量）等统称为移动捕获信息功能。除此以外智能手机还具有基于 GPS 技术，或是基于移动运营网的基站的即时定位功能。正是在这两种新的媒介技术支持下，阿普艺术为参与者提供了新的艺术创作方式的可能性。

如德国艺术媒体与技术中心（ZKM）在 2014 年设计研发的"Geometric Music"——几何图形声音就是一款利用移动终端的微音器来提供参与者交互式艺术创作和欣赏的阿普艺术作品。在软件的应用程序支持下，这一作品鼓励参与者利用移动终端录制的环境声音和人声录音凭借即兴的直觉感来创作"音乐"。而后通过软件的数据处理，这些"音乐"被重新呈现为几何图形，使用者可以通过混合与匹配不同的几何图形，改变图形的大小、位置来实现对"音乐"作品的再次编辑，"几何图形声音"可以帮助使用者实现动态的音乐拼图这一带有艺术色彩的创意行为①。2011 年，来自芬兰、柏林、伦敦和北京的艺术家联合组织共同设计了一件基于 IOS 手机系统的阿普艺术作品"Last Clock"——最新时钟。这件作品就巧妙地运用了手机的内置摄像头，分处世界各地的艺术家利用手机摄像头实时地拍摄自己所在物理位置的景物画面，然后上传至统一的 APP 平台。作品最终呈现的画面是一块普通钟表的表盘，上面有时针、分针、秒针在不停旋转。有趣的是，随着钟表指针的移动，一段不同地区的实时场景画面会被叠印在表盘上，此时，钟表记录的抽象时间与参与者所处的地理时空的人类时间，以及遥远的生活在别处的他人的时间被同时重叠在一个画面，会让参与者产生一种带有审美意味的对时间与真实的另一番"观照"②。2012 年荷兰的 JODI 艺术工作坊利用手机的身体传感器为 IOS 手机平台制作了名为"ZYX"的阿普艺术作品，这款软件允许使用者自行设计和展示一系列肢体行动，它不仅仅激发参与者一些貌似打破常规的"荒诞舞蹈"，而当参与者的肢体活动得体而有序列感

---

① http://www.app-art-award.org，2016 年 3 月 30 日。
② Ibid..

时，手机会反馈以独特的音乐效果以表示赞赏①。

除了在艺术创作的材质、手段、类型、参与方式上，阿普艺术打破传统艺术创作的界限，带给参与者焕然一新的审美体验，同时阿普艺术也带来了如游戏艺术、增强现实艺术等艺术形态的革新。例如，2012年奥地利的艺术家Jörg Piringer设计了名为《辅音》（Konsonant）的阿普艺术作品，这是利用字母、声音和软件技术进行的艺术创作尝试。它包括四段不同的声音游戏，规则是让参与者在特殊字母系统中找到辅音，然后使用者可以用找到的这些辅音字母创作乐曲，也就是说字母变为自动生成音乐的原材料，这个游戏不但可以用于创造新的音乐旋律，甚至可以尝试短小的实验性音乐作品②。2012年德国艺术学院的学生设计了名为"Globosome free"的阿普艺术游戏，用户通过陀螺仪驾驭一个食草球体，游戏规则为"球体既不能因为无休止的暴饮暴食而导致地球资源的匮乏，但同时还要努力摄取能量以完成建立种群的目标"③，在这样看似两难的游戏任务中，设计者希望激发的是参与体验者对"生态、平衡、责任、博弈"等问题的审美考量。2014年艺术家斯图兰恩·梅耶（Philipp Stollen Mayer）创作了名为"Sometimes You Die"的阿普游戏作品。这款游戏初看上去与一般的跳跑类游戏没什么大的区别，然而与一般游戏参与者有限的生命指数不同，在这款游戏中，参与者可以无限制地复活。当碰撞障碍物，或者选择了错误路线导致游戏角色"死亡"的时候，下一轮游戏会自动拼贴至此时的截点，然后游戏角色的一次新"生命"被再次复制。只是每一次"死亡"的"尸体"并不会被清除，而是留在原处而且必须用作克服原处障碍物的"尸体台阶"。与此同时，游戏的背景音乐中开始反复播放踩踏"尸体台阶"发出的诡异的讽刺的音效。某种意义上设计者之所以给该款游戏取名"Sometimes You Die"，就是

---

① http://www.app-art-award.org，2016年3月1日。

② Ibid..

③ Ibid..

在提醒参与者反思暴力游戏甚至生活中真实的暴力行为（战争、种族冲突等）带给人们对"死亡"的麻木和冷漠，"正如游戏一如既往地进行着一样，死亡已经被接受，只有积累'分数'和找寻目标还在无休止的继续着"①。

三　审美创造力提升与阿普艺术的传播与欣赏革新

阿普艺术的审美创造力提升价值还体现在它实现了艺术传播与艺术欣赏的革新。先以艺术传播来看，因为阿普艺术依托的移动终端设备可以通过无线网络接入互联网，这就使得艺术的传播打破了时空界限，对于一件艺术作品的欣赏再也不会因为实体博物馆的空间有限而阻碍了其审美魅力的广泛传播。"移动应用软件的流行为艺术创意的表现与传播开辟了新途径，它可以是无远弗届的艺术联络器，帮助我们在世界范围内寻找有共同爱好的人士，并与之分享艺术成果"②，同时也可以实现艺术资源的共享，协调各种艺术活动，以最大化地实现艺术传播的效果。举例来看，2014年艺术家Michael Volkmer（迈克尔·沃尔默克）创作了名为"Radwende"的阿普虚拟社区艺术品（也称为"群艺术"或"云艺术"）。作品关注以德国威巴斯登威代表的欧洲城市的发展变化带给自行车运动爱好者的不适与困惑。创作者认为，现代城市快速发展与人类自身的健康发展（如参与自行车运动）之间必然存在着矛盾，产生矛盾的原因不单纯是现有城市为发展自行车运动所提供的简陋的公共设施服务，同时也是自行车爱好者们缺少一个交流的"社区"。因此，创作者尝试通过APP软件实现威巴斯登威的自行车适宜运动路线的可视化、即时图像呈现。在这张特殊的"社区地图"中，当下发生在城市某地的交通事故会被随时用加粗的字体标示在该区域，同时每一位自行车骑行者还可以通过APP的移动终端链接网络，将自己的骑行路线记录在这张"社会虚拟地

---

① http：//www.app-art-award.org，2016年3月1日。
② 黄鸣奋：《阿普艺术：移动互联时代的新品》，《艺术百家》2015年第2期。

图"上。在威巴斯登威的城市博物馆,设置了专门的展区,供游览者观赏这幅实时变化着的奇妙的城市地图。它一方面在提示城市交通建设的缺陷之处,同时也在提醒大家不要忘记那些常常被忽视的"自行车运动爱好者"①。

阿普艺术通过连接互联网,创建了一种通过虚拟艺术社区进行艺术鉴赏的方式,这将在无形中提升参与者的审美鉴赏创造力。与以往要求固定地点、固定时间的学校教育、实体博物馆参观和家庭艺术鉴赏相比,通过APP软件既可以连接不同地区的网络艺术资源,通过整理筛选,营造"掌上虚拟博物馆、艺术馆、展览馆",这种随时随地的便携化艺术鉴赏将极大地扩展使用者的审美视野,增加艺术素养的积累;而同时,通过交互体验参加到阿普艺术设计的虚拟艺术社区的活动中来本身就是一种"变被动为主动、融合体验、创作与鉴赏为一体"的新的审美活动方式。例如,2012年澳大利亚艺术家Andrew Bluff(安德利亚·布鲁夫)创作的"Mobile Phone Orchestra"就是对于审美鉴赏方式的一次大胆创新。在这件名为"手机管弦乐队"的阿普艺术作品中,每一位手机使用者都可加入"自动化的合作音响实验",这就使得每个移动装置都成了"个体音响发生器",通过网络在公共音响空间将这些散落的声音汇集起来,就形成了独一无二的创意音乐作品,参与实验者可以随时反馈收听这些变幻莫测的奇妙音乐。②

阿普艺术对于审美鉴赏的创造力提升不仅体现在针对"鉴赏方式"的革新,同时它还带来了艺术欣赏的理念新内涵,即打破对完整的、已完成的艺术作品的被动接纳和解读,而开始尝试接受未完成、存在对话和协商空间的艺术作品,这也意味着在鉴赏趣味上开始关注"对变化的妥协与理解"。有关这一问题,德国卡尔斯鲁厄艺术和媒体技术中心(ZKM)尤利娅·约希姆研究员的观点值得进一步思考,尤利娅·约希姆指出:"我完全可以想象,艺术正在越来越朝着可移动化的方向发

---

① http://www.app-art-award.org, 2016年3月1日。
② Ibid..

展。艺术 APP 的出现本身就已经反映了这一趋势：人们可以把这些小而精的艺术作品放在裤袋中，随时随地观赏一番。也就是说，艺术再也不再局限于某一个固定的地点，也许若干年后，那些用于展览艺术品的封闭空间也将不复存在。取而代之的将是随时随地能够提供艺术作品的环境，借助特定的科技媒介，艺术作品将触手可及，也能随时被修改。艺术家将隐身于创意活动的背后，艺术合作将成为新的焦点，这种程序化的理念本身也体现了对不断发生的变化的妥协与理解。这种趋势也已经在艺术 APP 身上得到了体现，这些作品一直在不断更新，2011 年的获奖作品今年可能已经完全成了另一副模样，它们可能又上了一个新的层次，对一些构图进行了修改或是增加了新特性。"①

例如纽约艺术家科斯马·托博勒斯（Esmeralda Kosmatopoulos）2013 年创作的"MARK-IT"作品，就是一项特殊的"参与性公共艺术项目"。在这个作品中，艺术家邀请纽约市民自愿加入，在划定好的五个区域内进行移动，以他们运动的轨迹组合成虚拟的城市绘画。"参与者先将 APP 下载至手机，按照要求选择好一种色彩，然后就可以加入到集体创作中。在一个月的时间内，每一位参与者携带手机的城市旅行轨迹都会被记录下来，绘制在虚拟的画布中，形成有错综复杂的交叉、叠画的多彩线条构成的进行中的城市景观。而在此期间，这件未完成的、进行中的、活着的阿普艺术作品可以实时呈现在互联网上。当活动结束，每一位参与者都可以获得带有自己特殊编号的最终作品。"②

---

① 艺术眼：《专访德国卡尔斯鲁厄艺术和媒体技术中心（ZKM）尤利娅·约希姆》（http：//www.artspy.cn/html/news/8/8127.html，2013 年 4 月 23 日）。

② http：//www.turbulence.org/works/MARK-IT/，2013 年 9 月 23 日。

结　　语

　　自 2000 年以来，全球各地区的互联网普及率迅速提升。"互联网"这一"实时的交互式数字媒介技术"彻底打破了以往依托口语媒介、印刷媒介、电子媒介技术建立起来的"传授时空分离"、单向推送的大众信息传播模式。与此同时，人类的生活从未如此"受制"于一种媒介。无处不在的网络包围下，人的感知方式、行为模式、思维习惯、生活常态都发生了根本性变革，这一切都预示着人类的社会生活已进入互联网时代。

　　互联网时代的到来给媒介美育研究带来两个重要议题。第一，在新的媒介语境中，前互联网时代的美育理念和实践路径是否依然可行？第二，面对新媒介场域里错综复杂的审美现象和问题，什么样的美育理念和实践策略才能引导人们朝向"诗意的栖居"？回顾媒介美育发展史，前互联网时代所倡导的"保护主义范式"，首先是建立在"通过文化防御、政治防御和道德防御来实现人的主体性"的审美价值观的基础上，它强调在"二元对立"视角下确立对大众媒介的批判性审美意识，并通过"单极化"的学校灌输式教育实现审美趣味的"精英化导向"。总体而言，"保护主义"的美育范式的核心价值诉求是建立在现代社会资本主义垄断加剧趋势下，知识精英对资产阶级意识形态渗透以及承载这种意识形态的消费符号体系的质疑和抵制上的。从思想渊源来看，依然是对人在现代社会的启蒙理性的探寻。

　　然而进入互联网时代，后现代社会特征与网络媒介技术的交相辉映下，"人类的现代性危机"愈演愈烈，启蒙理性将"主体性美学"推至"人类中心论""个人中心论""自我中心论的"二元对立逻辑极致，并由此造成网络空间里"人与自我""人与媒介技术""人与他人"社会关系的对峙与失衡，从而产生"媒介化生存危机"。与此同时，互联网媒介特殊的技术属性——"交互性、超文本性、超媒体性"重塑了媒介审美活动的内在逻辑机制，使得"保护主义范式"时期"完整的、封闭的、线性化的、确定意义的"精英审美趣味指向被彻底瓦解。此时，在内外双重机制的变迁推动下，互联网时代的媒介审美教育，无论是理论层面还是实践层面都亟须对"保护主义范式"的"超越之思"。

"超越保护主义范式"的提出并不是单纯理论思辨层面的"自上而下"的理论演绎，它同时要立足当下复杂的媒介审美文化和问题，有针对性地提出"自下而上"的解题路径和理论升华。因此，在对互联网时代特有的"亚文化现象"和审美趣味问题的分析、批判基础上，"超越保护主义"范式的美育理念得以逐步阐释呈现。

首先，从审美意识教育层面来看，"超越保护主义范式"的媒介审美意识教育需要重视"互联网亚文化"所具有的活力和创造性的文化实践，发掘其对于总体社会文化的积极意义。提倡"接纳与批判共赢"的一种"反思性鉴赏"将为新时期媒介审美意识教育开辟更多的可能性。在往返于主流文化与亚文化之间，鼓励并引导受众，秉承批判与理解并重、解构与建构同在的立场。这才能更好地实现"人的全面发展"的美育目标，使媒介亚文化延伸成为与主流文化交相辉映、互生互长的文化类型，使媒介亚文化能够为全社会的文化整合、文化调节与文化优化提供良性因子，从而有助于社会在追求民主和谐中健康前行。

其次，从审美趣味教育层面来看，"超越保护主义范式"主张解决互联网时代审美趣味的"低俗化、娱乐化、消费化、道德非理智化"等问题，必须跳出主流文化"道德恐慌"和网络媒介原罪的"保护主义"的反应范式，也不能单纯站在旁观视角批判媒介产品审美属性的良莠高低。对此问题，转向从"道德行为主体"的角度去揭示媒介审美活动中包含的一系列价值冲突，思考如何实现"人的媒介社会关系"的全面发展才是提升互联网时代审美趣味的关键环节所在。

再次,从审美观教育层面看,"超越保护主义范式"必然需要打破"二元对立"的媒介审美态度,跳出"主体性美学"举步维艰的话语模式。在多元、交互、关联的总体文化氛围中,通过"主体间性"思想构建"兼容并蓄、互赢共存、平衡调和、自由共契"的"人与自我、人与媒介、人与他人"和谐发展的审美共同体。

最后,从审美能力教育的层面看,"超越保护主义范式"借助互联网媒介技术平台,革除以往"灌输式"审美教育的被动接受,开拓体验式、交互式、创作式的教育方法,挖掘新媒介艺术(如网络虚拟博物馆、阿普艺术)与社交平台(如微信公益)的"审美感知力、情感力、创造力"的教育价值,为全面提升互联网时代的受众审美素养探寻更多可行的路径。

对理论的建构最终是为了更好地指导实践,而媒介美育作为当代素质教育重要的组成部分,如何落实到具体的教育过程也是极具挑战性的议题。虽然本书各章节对媒介美育的实践策略提出了尝试性建议,但很显然还缺乏更符合国情和地方特色以及能与我国教学体制良好对接的更完整的落实方案,这也为本书的后续研究预留了广阔的探索空间。

参考文献

译文著作

1. ［爱尔兰］卡尔：《积极心理学》，丁丹译，中国轻工业出版社 2013 年版。

2. ［德］埃德蒙·胡塞尔：《笛卡尔式的沉思》，张廷国译，中国城市出版社 2002 年版。

3. ［美］安德鲁·基恩：《网民的狂欢——关于互联网弊端的反思》，丁德良译，南海出版公司 2010 年版。

4. ［苏联］巴赫金：《巴赫金全集·第六卷·拉伯雷研究》，李兆林、夏忠宪等译，河北教育出版社 1998 年版。

5. ［苏联］巴赫金：《巴赫金全集·第三卷·小说理论》，白春仁、晓河译，河北教育出版社 1998 年版。

6. ［美］保罗·莱文森：《数字麦克卢汉：信息化新纪元指南》，何道宽译，社会科学文献出版社 2001 年版。

7. ［法］让·波德里亚：《消费社会》，刘成富、全志钢译，南京大学出版社 2000 年版。

8. ［法］让·波德里亚：《消失的技法》，载罗岗、顾铮主编《视觉文化读本》，广西师范大学出版社 2003 年版。

9. ［日］北冈诚司：《巴赫金——对话与狂欢》，魏炫译，河北教育出版社 2002 年版。

10. ［英］布莱恩·特纳：《身体与社会》，马海良、赵国新译，春风文艺出版社 2000 年版。

11. ［英］大卫·巴金汉姆：《媒体教育——素养、学习与现代文化》，林子斌译，巨流图书公司 2006 年版。

12. ［英］戴维·冈特利特：《网络研究》，彭兰等译，新华出版社 2004 年版。

13. ［美］丹尼尔·贝尔：《资本主义文化矛盾》，赵一凡等译，生活·读书·新知三联书店 1992 年版。

14. ［美］弗莱德·R. 多尔迈：《主体性的黄昏》，万俊人等译，上海人民出版社 1992 年版。

15. ［奥］弗洛伊德：《弗洛伊德后期著作选》，林尘等译，上海译文出版社 1986 年版。

16. ［法］福柯：《规训与惩罚》，刘北成等译，生活·读书·新知三联书店 2012 年版。

17. ［德］哈贝马斯：《交往行动理论》第一卷，洪佩郁、蔺菁译，重庆出版社 1994 年版。

18. ［德］哈贝马斯：《交往与社会进化》，张博树译，重庆出版社 1989 年版。

19. ［德］海德格尔：《人，诗意地安居》，郜元宝译，广西师范大学出版社 2000 年版。

20. ［美］赫尔伯特·马尔库塞：《单向度的人》，刘继译，上海译文出版社 1989 年版。

21. ［英］华兹华斯：《抒情歌谣集一八零零年版序言》，选自伍蠡甫、胡经之主编《西方文艺理论名著选编》中卷，北京大学出版社 1996 年版。

22. ［德］霍尔斯特：《哈贝马斯传》，章国锋译，东方出版中心 2000 年版。

23. ［美］霍克海默：《批判理论》，李小军译，重庆出版社 1989 年版。

24. ［德］康德：《判断力批判》，邓晓芒译，人民出版社 2004 年版。

25. [英]雷蒙德·威廉斯：《文化与社会》，吴松江、张文定译，北京大学出版社 1991 年版。

26. [美]理查德·舒斯特曼：《身体意识与身体美学》，程相占译，商务印书馆 2016 年版。

27. [美]林文刚编：《媒介环境学——思想沿革与多维视野》，何道宽译，北京大学出版社 2007 年版。

28. [法]罗兰·巴特：《神话——大众文化诠释》，许蔷蔷、许绮玲译，上海人民出版社 1999 年版。

29. [法]罗兰·巴特：《神话修辞术——批评与真实》，屠友祥、温晋仪译，上海人民出版社 2009 年版。

30. [德]马丁·布伯：《我与你》，陈维纲译，生活·读书·新知三联书店 1986 年版。

31. [美]马尔库塞：《单向度的人——发达工业社会意识形态研究》，刘继译，上海译文出版社 2006 年版。

32. [美]马尔库塞：《审美之维：马尔库塞美学论著集》，载金慧敏等《西方美学史》第四卷，李小兵译，中国社会科学出版社 2008 年版。

33. [美]马克·波斯特：《第二媒介时代》，范静哗译，南京大学出版社 2001 年版。

34. [德]马克思：《1844 年经济学哲学手稿》，《马克思恩格斯全集》第 42 卷，人民出版社 1979 年版。

35. 《马克思恩格斯全集》，人民出版社 1979 年版。

36. [德]马克斯·霍克海默、西奥多·阿多诺：《启蒙辩证法》，渠敬东、曹卫东译，上海人民出版社 2006 年版。

37. [美]马克·波斯特：《信息方式——后结构主义与社会语境》，范静哗译，商务印书馆 2000 年版。

38. [加拿大]马歇尔·麦克卢汉：《理解媒介——论人的延伸》，何道宽译，商务印书馆 2003 年版。

39. [美]迈克尔·海姆：《从界面到网络空间》，金吾伦等译，上海科技教育出版社2000年版。

40.［美］曼纽尔·卡斯特：《网络社会的崛起》，夏铸九、王志弘等译，社会科学文献出版社2001年版。

41.［美］曼纽尔·卡斯特：《网络星河》，郑波、武炜译，社会科学文献出版社2007年版。

42.［法］米歇尔·昂弗莱：《享乐的艺术：论享乐唯物主义》，刘汉全译，生活·读书·新知三联书店2003年版。

43.［美］尼尔·波兹曼：《技术垄断——文化向技术投降》，何道宽译，北京大学出版社2007年版。

44.［美］尼尔·波兹曼：《娱乐至死》，章艳、吴燕莛译，广西师范大学出版社2009年版。

45.［美］尼葛洛·庞蒂：《数字化生存》，胡泳、范海燕译，海南出版社1996年版。

46.［英］尼古拉斯·布宁，余纪元主编：《西方哲学英汉对照辞典》，王柯平等译，人民出版社2001年版。

47.［美］尼古拉斯·卡尔：《浅薄——互联网如何毒化了我们的大脑》，刘纯毅译，中信出版社2010年版。

48.［英］乔安娜·恩特维斯特尔：《时髦的身体——时尚、衣着和现代社会理论》，郜元宝译，广西师范大学出版社2005年版。

49.［法］让·波德里亚：《象征交换与死亡》，车槿山译，译林出版社2006年版。

50.［英］特里·伊格尔顿：《后现代的幻象》，华明译，商务印书馆2000年版。

51.［英］特里·伊格尔顿：《美学意识形态》，王杰等译，广西师范大学出版社1997年版。

52.［英］特里·伊格尔顿：《沃尔特·本雅明或走向革命批评》，郭国良、陆汉臻译，译林出版社2005年版。

53.［德］瓦尔特·本雅明：《发达资本主义时代的抒情诗人》，王才勇译，江苏人民出版社2005年版。

54. [德] 沃尔夫冈·韦尔施：《重构美学》，陆扬、张岩冰译，上海译文出版社 2006 年版。

55. [美] W. J. T. 米歇尔：《图像理论》，陈永国、胡文征译，北京大学出版社 2006 年版。

56. 席勒：《审美教育书简》，冯至、范大灿译，上海人民出版社 2003 年版。

57. [英] 伊冯·朱克斯：《传媒与犯罪》，赵星译，北京大学出版社 2006 年版。

58. [英] 伊格尔顿：《二十世纪西方文学理论》，伍晓明译，陕西师范大学出版社 1986 年版。

59. [美] 约翰菲斯克：《解读大众文化》，杨全强译，南京大学出版社 2006 年版。

60. [美] 约书亚·梅罗维茨：《消失的地域——电子媒介对社会行为影响》，肖志军译，清华大学出版社 2002 年版。

61. [美] 詹姆逊：《后现代主义与文化理论》，唐小兵译，陕西师范大学出版社 1986 年版。

中文著作

1. 卜卫：《大众媒介对儿童的影》，新华出版社 2002 年版。

2. 蔡卫、游飞：《美国电影研究》，中国广播电视出版社 2004 年版。

3. 蔡正非：《美育心理学》，中国社会科学出版社 1997 年版。

4. 曹增节：《网络美学》，中国美术学院出版社 2005 年版。

5. 陈力丹：《舆论学——舆论导向研究》，中国广播电视出版社 1999 年版。

6. 陈玲：《新媒体艺术》，清华大学出版社 2007 年版。

7. 陈龙：《传媒文化研究》，中国人民大学出版社 2009 年版。

8. 崔清活：《中英传播学教育的建构与演变》，山东人民出版社 2011 年版。

9. 董适、赵宇薇：《流行语折射的网络文化》，旅游教育出版社2012年版。

10. 段京肃、杜俊飞等：《媒介素养导论》，福建人民出版社2007年版。

11. 高宣扬：《福柯的生存美学》，中国人民大学出版社2010年版。

12. 郭成、赵伶俐：《美育心理学——让教与学充满美感和生机》，警官教育出版社1998年版。

13. 郭湛：《主体性哲学》，云南人民出版社2002年版。

14. 韩模永：《超文本文学研究》，中国社会科学出版社2013年版。

15. 韩庆祥、亢安毅：《马克思开辟道路——人的全面发展研究》，人民出版社2005年版。

16. 郝建：《影视类型学》，北京大学出版社2004年版。

17. 胡泳：《众声喧哗——网络时代的个人表达与公共讨论》，广西师范大学出版社2008年版。

18. 黄凯如、黄勇贤：《穿越视听时空：广播电视传播论》，新华出版社2003年版。

19. 黄鸣奋：《互联网艺术》，文化艺术出版社2006年版。

20. 黄鸣奋：《新媒体与西方数码艺术理论》，学林出版社2009年版。

21. 黄楠森、夏甄陶、陈志尚：《人学词典》，中国国际广播出版社1990年版。

22. 蒋原伦：《媒介文化十二讲》，北京大学出版社2010年版。

23. 金慧敏等：《西方美学史》第四卷，中国社会科学出版社2008年版。

24. 李桂芝：《教育学》，科学技术文献出版社1985年版。

25. 李晓林：《审美主义：从尼采到福柯》，社会科学文献出版社2005年版。

26. 李勇：《媒介时代的审美问题研究》，河南人民出版社 2009 年版。

27. 刘小枫编：《20 世纪西方宗教哲学文选》上卷，上海三联书店 1991 年版。

28. 刘学义：《话语权转移——转型时期媒体言论话语权实践的社会路径分析》，中国传媒大学出版社 2008 年版。

29. 刘毅：《网络舆情研究概论》，天津人民出版社 2007 年版。

30. 刘兆吉：《文艺心理与美育心理》，西南师范大学出版社 1987 年版。

31. 陆晔等：《媒介素养：理念、认知、参与》，经济科学出版社 2010 年版。

32. 罗钢、王中忱主编：《消费文化读本》，中国社会科学出版社 2003 年版。

33. 马新国主编：《西方文论史》，高等教育出版社 2002 年版。

34. 孟威：《网络互动——意义诠释与规则探讨》，经济管理出版社 2004 年版。

35. 潘知常、林玮主编：《传媒批判理论》，新华出版社 2002 年版。

36. 彭聃龄：《普通心理学》，北京师范大学出版社 2004 年版。

37. 彭吉象：《艺术学概论》，北京大学出版社 2006 年版。

38. 皮朝纲、钟仕伦：《审美心理学引导》，成都电讯工程学院出版社 1988 年版。

39. 秦和明：《教育学浅说》，上海教育出版社 1985 年版。

40. 曲广娣：《色情问题的根源和规范思路研究》，中国政法大学出版社 2013 年版。

41. 任俊：《积极心理学》，开明出版社 2012 年版。

42. 任平：《走向交往实践的唯物主义》，人民出版社 2003 年版。

43. 荣建华：《中国媒介素养教育论》，中国社会科学出版社 2011 年版。

44. 石恒利、王春光、徐明君：《网络艺术教育》，人民出版社2008年版。

45. 石义彬：《批判视野下的西方传播思想》，商务印书馆2014年版。

46. 覃川等：《媒介素养与媒介德育创新——大众学生如何应对色情与暴力信息》，清华大学出版社2014年版。

47. 滕守尧：《审美心理描述》，四川人民出版社1998年版。

48. 汪献平：《暴力电影——表达与意义》，中国传媒大学出版社2008年版。

49. 王德胜：《美学原理》，人民教育出版社2001年版。

50. 王帆：《教育技术学视野中的媒介素养教育研究》，中国社会科学出版社2011年版。

51. 王克迪：《摩尔：皇帝的虚衣：因特网文化实情》，冯鹏志译，河北大学出版社1998年版。

52. 王文宏主编：《网络文化多棱镜——奇异的赛博空间》，北京邮电大学出版社2009年版。

53. 王一川主编：《新编美学教程》，复旦大学出版社2009年版。

54. 王岳川：《后现代主义文化研究》，北京大学出版社1993年版。

55. 王正平、周中之：《现代伦理学》，中国社会科学出版社2001年版。

56. 王治河：《后现代主义辞典》，中央编译出版社2004年版。

57. 吴翠珍、陈世敏编著：《媒体素养教育》，巨流图书公司2007年版。

58. 吴志翔：《肆虐的狂欢——传媒美学谈》，武汉大学出版社2006年版。

59. 燕道成、黄果：《否定与重构：媒介暴力的伦理批判》，知识产权出版社2013年版。

60. 叶朗：《美学原理》，北京大学出版社2009年版。

61. 曾繁仁：《美育十五讲》，北京大学出版社 2012 年版。

62. 张法：《20 世纪西方美学史》，四川出版集团、四川人民出版社 2007 年版。

63. 张法：《20 世纪西方美学史》，四川人民出版社 2007 年版。

64. 张开：《媒介素养概论》，中国传媒大学出版社 2004 年版。

65. 张艳秋：《理解媒介素养：起源、范式与路径》，人民出版社 2012 年版。

66. 周志强：《我点击我存在：网络》，云南人民出版社 2004 年版。

67. 朱光潜：《悲剧心理学》，人民出版社 1983 年版。

68. 朱光潜：《西方美学史》，人民文学出版社 2007 年版。

69. 朱立元：《美学》，高等教育出版社 2007 年版。

70. 宗白华：《美学散步》，上海人民出版社 1981 年版。

外文文献

1. Andrew Arato, Paul Breines, *The Essential Frankfurt School Reader*, New York: Urizen, 1978.

2. Andrew Hart, *Teaching the Media: International Perspectives*, Lawrence Erlbaum Associates, Publishers, 1998.

3. Aufder Heide, P. (ed.), *Media Literacy: A Report of the National Leadership Conference on Media Literacy*, Aspen, CO: Aspen Institute, 1993.

4. Bara B, S., et al., "Game-Based Curriculum and Transformational Play: Designing to Meaningfully Positioning Person, Content, and Context", *Computer & Education*, 2011, 58 (1): 518.

5. Binona Gros, "Digital Games in Education, the Design of Game—Based Learning Environment", *Journal of Research on Technology in Education*, 2007, 40 (1): 23-28.

6. Chen, H.-P., Lien, C.-J., Annetta, L., & Lu, Y.L., "The Influence of an Educational Computer Game on Children's Cultural Identi-

ties", *Educational Technology & Society*, 2010, 3 (1).

7. Cheng, G. "Using Game Making Pedagogy to Facilitate Student Learning of Interactive Multimedia", *Australasian Journal of Educational Technology*, 2009, 25 (2): 204-220.

8. Chuang, T.& C.W., "Effect of Computer—Based Video Games on Children: An Experimental Study", *Educational Technology & Society*, 2009, 12 (2): 1-10.

9. Colly, T.M., M.Stansfield and T.Hainey, "An Slternate Reading Game for Language Learning: ARGuing for Multilingual Motivation", *Computers & Education*, 2011: 57 (1): 1389-1415.

10. David Buckingham, *Media Education: Literacy, Learning and Contemporary Culture*, Polity Press, 2003.

11. Davis, J. "Five Important Ideas to Teach Your Kids about TV", *Media & Values* (1990 Fall).

12. Eow, Y.L., et al., "Computer Games Development and Appreciative Learning Approach in Enhancing Students Creative Perception", *Compute & Education*, 2010, 54 (1): 146-161.

13. Fredrickson B.L., Snyder C.R, Loppez S.J., *Handbook of Positive Psychology*, New York.: Oxford University Press, 2002.

14. F. R. Leavis-Author, Denys Thompson, *Culture and Environment: The Training of Critical Awareness*, Chatto & Windus, Place of Publication: London, 1933.

15. Huang, C., et al., "The Idea Storming Cube: Evaluating the Effects of Using Game and Computer Agent to Support Divergent Thinking", *Educational Technology & Society*, 2010, 13 (4): 180-191.

16. Judith Van Evra, *Television and Child Development*, Lawrence Erlbaum Association, Publishers, Inc., 2004.

17. Len Masterman, *Teaching the Media*, London, Comedia Publishing Group in Association with MK Media Press, 1985.

18. Paul, Christiane, *Digital Art*, New York: Thames & Hunson (World of Art), 2003.

19. Richard Hoggart, *The Uses of Literacy*, New York: Oxford University Press, 1970.

20. Roland Barthes, *Image Music Text*, London: Fontana Press, 1977.

21. Singer, N., D.Zuekerman, and J.Singer, *How to Use TV to Your Child's Advantage*, New York: Dial Press, 1981.

22. Tsai, F. K. Yu and H. Hsiao "Exploring the Factors Influencing Learning Effectiveness in Digital Game-Based Learning", *Educational Technology & Society*, 2012, 15 (3): 240-250.

23. WHO Global Consultation on Violence and Health, *Violence: A Public Health Priority*, Geneva: World Health Organization, 1996.

24. W. James Potter, *Media Literacy*, SAGE Publications of New Delhi, London, Thousand Oaks, and Singapore, 2008.

中文论文

1. 卜卫：《关于媒介素养教育作为性别平等倡导战略的研究》，《妇女研究论丛》2011年第5期。

2. 卜卫：《论媒介素养教育的意义、内容和方法》，《现代传播》1997年第1期。

3. 车英、汤捷：《论加拿大传播媒介素养教育及其启示》，《武汉大学学报》（人文科学版）2007年第5期。

4. 陈勃：《张慧平情色文字与图片对大学生性倾向印象形成的启动差异》，《心理发展与教育》2007年第4期。

5. 陈昌凤、胥泽霞：《网络欺凌与防范——互联网时代的未成年人保护》，《中国广播》2013年第12期。

6. 杜俊飞：《理解贾君鹏事件的三重视角》，《新闻记者》2009年第9期。

7. 杜卫：《论现代美育学的理论框架》，《文艺研究》1993年第

5 期。

    8. 高鑫、廖忠祥：《互联网艺术及其发展》，《现代传播》2002年第 5 期。

    9. 龚文庠、张向英：《美国、新加坡网络色情管制比较》，《新闻界》2008 年第 5 期。

    10. 郝建：《暴力美学的形式感营造及其心理机制和社会认识》，《北京电影学院学报》2005 年第 4 期。

    11. 郝雨、王祎：《媒介暴力：类型、效应及控制》，《新闻记者》2009 年第 6 期。

    12. 何雪莲：《超越解构主义——新媒体时代之媒介素养教育》，《教育发展研究》2012 年第 2 期。

    13. 贾磊磊：《消解暴力——中国武侠电影的叙事策略》，《当代电影》2003 年第 5 期。

    14. 姜华、曹继建：《论色情文化与青少年性犯罪》，《四川工程职业技术学院学报》2007 年第 4 期。

    15. 李凡卓：《走向媒介文化批评——媒介素养教育的理论反思与展望》，《现代大学教育》2012 年第 3 期。

    16. 李龙：《从"电影教育"到"媒介教育"》，载《北京电影学院首届电影教育国际论坛论文集》，中国电影出版社 2015 年版。

    17. 李森有：《网络环境下的媒介素养教育模式》，《情报科学》2010 年第 1 期。

    18. 李树培：《儿童媒介素养教育：缘由、实质与误区》，《教育发展研究》2014 年第 4 期。

    19. 李智：《媒介素养教育的本土化：从批判主义范式到功能主义范式》，《现代传播》2012 年第 9 期。

    20. 刘津池、解月光：《高等师范院校媒介素养教育的理论研究》，《中国电化教育》2011 年第 11 期。

    21. 刘晓慧、吴灏鑫：《网络媒介审丑对大学生社会化的影响》，《现代传播》2012 年第 4 期。

    22. 刘咏芳、员智凯：《论新媒体环境下青年社会责任教育的伦理向度》,《福建论坛》2013 年第 1 期。

23. 卢锋、张舒予:《论媒介素养教育的逻辑起点》,《教育评论》2010 年第 4 期。

24. 罗生全、欧露梅:《论媒介素养教育的伦理自觉》,《中国电化教育》2013 年第 5 期。

25. 罗昕:《网络舆论暴力的形成机制探究》,《当代传播》2008 年第 4 期。

26. [德] 克劳斯·迈因策尔:《从线性思维到非线性思维》,曾国屏译,《哲学译丛》1999 年。

27. 彭兰:《社会化媒体时代的三种媒介素养及其关系》,《上海师范大学学报》2013 年第 5 期。

28. 邱业伟、纪丽娟:《网络语言暴力概念认知及其侵权责任构成要件》,《西南大学学报》(社会科学版) 2013 年第 1 期。

29. 申金霞:《论公民记者的媒介素养教育》,《新闻界》2012 年第 9 期。

30. 宋小卫:《学会解读大众传媒——国外媒介素养教育概述》,《当代传播》2000 年第 2 期。

31. 宋妍:《芙蓉姐姐——网络成名三部曲》,《互联网周刊》2005 年第 5 期。

32. 宋永琴、武文颖:《网络伦理表征下的媒介素养构建》,《现代传播》2014 年第 6 期。

33. 孙海峰:《虚拟与现实——数字仿真的实在性问题》,载王岳川主编《媒介哲学》,河南大学出版社 2004 年版。

34. 孙伟平:《虚拟实在的价值考量》,《江西社会科学》2004 年第 3 期。

35. 陶东风:《无聊、傻乐、山寨——理解当下精神文化的关键词》,《当代文坛》2009 年第 4 期。

36. 童芳:《互联网初期之网络艺术研究》,《南京艺术学院学报》2012 年第 5 期。

37. 王守玉:《手机"黄信息"危害青少年》,《学校党建与思想

· 219 ·

教育》2010年第3期。

38. 王鸳珍：《从罗兰·巴特的符号学理论看刘文彩的"恶霸地主"神话》，《中山大学学报论丛》2006年第10期。

39. 吴娟：《暴力美学真的那么美吗？——审视近期影视及大众文化中的一个热门现象》，《文汇报》2004年1月12日。

40. 吴明红：《论网络明星及其成因》，《北京邮电大学学报》2006年第8期。

41. 吴向东：《论马克思人的全面发展理论》，《马克思主义研究》2005年第1期。

42. 吴志斌：《论屏幕媒介环境下大学生媒介素养教育》，《现代教育技术》2010年第4期。

43. 谢玉娥：《当代女性写作中有关身体写作的研究综述》，《河南大学学报》2008年第5期。

44. 杨春时：《中国美学的现代转化：从主体性到主体间性》，《湖北大学学报》（哲学社会科学版）2010年第1期。

45. 杨剑明：《论好莱坞类型电影的"经典叙事方式"》，《戏剧艺术》1998年第3期。

46. 殷企平：《用理论支撑阅读——也谈利维斯的启示》，《外国文学》1999年第5期。

47. 于春洋：《作为学术问题的情色电影：何以可能？》，《东南传播》2009年第1期。

48. 约翰·庞杰特、于亚卓：《第二次浪潮：加拿大中学的媒介素养教育》，《媒介研究》2004年第3期。

49. 曾繁仁：《论美育的现代意义》，《山东大学学报》1999年第3期。

50. 曾繁仁：《马克思主义人学理论与当代美育建设》，《天津社会科学》2007年第2期。

51. 曾繁仁：《审美教育——使人成为"人"的教育》，载《中国美育年鉴（2012）》，北京大学出版社2013年版。

52. 曾繁亭：《网络"虚拟美学"论纲》，《文艺理论研究》2014

年第 1 期。

53. 曾润喜：《网络舆情信息资源共享研究》，《情报杂志》2009 年第 8 期。

54. 张法：《身体美学的四个问题》，《文艺理论研究》2011 年第 4 期。

55. 张辉、展伟伟：《广告语义中多模态转喻与隐喻的动态建构》，《外语研究》2001 年第 1 期。

56. 张晶：《审美观照论》，《哲学研究》2004 年第 4 期。

57. 张开：《媒介素养理论框架中的受众研究》，www.chuanboxue.net，2008 年 1 月 10 日。

58. 张世英：《现实·真实·虚拟》，《江海学刊》2003 年第 1 期。

59. 张向英：《传播净化法案：美国对色情网站的控制模式》，《社会科学》2006 年第 8 期。

60. 张志忠：《身体写作：漂浮的能指》，《当代文坛》2005 年第 1 期。

61. 赵华：《对"网络红人"形成原因的伦理反思》，《道德与文明》2007 年第 5 期。

62. 赵云泽：《当下中国网络话语权的社会阶层结构分析》，《国际新闻界》2010 年第 5 期。

63. 钟立：《试析"身体叙事"小说的身体意象》，《文艺评论》2004 年第 1 期。

64. 朱东红：《网络环境下沉浸理论研究综述》，《现代商业》2010 年第 1 期。